2011 21세기북스 도서목록

21세기북스 트위터 @21cbook 블로그 b.book21.com 전화 031-955-2153 홈페이지 www.book21.com 21세기북스

|소설 / 에세이|

완전한 수장룡의 날
이누이 로쿠로 장편소설 / 값 11,500원

2011 '이 미스터리가 대단하다' 대상 수상작

섬세하고 감성적인 문장과 마지막까지 독자를 붙잡고 놔주지 않는 기묘한 분위기가 돋보인다. 단순한 미스터리가 아니라 SF와 사이코드라마를 떠올리게 하는 독특한 구성에 가슴을 치는 반전과 감동까지 준비되어 있어, '일본 미스터리의 새로운 가능성'을 엿볼 수 있다.

마리아비틀
이사카 고타로 소설 / 값 14,300원

『골든슬럼버』 이후 3년만의 대형 신작 장편

생사를 헤매는 아들을 위해 놓았던 총을 다시 잡은 남자, 아이의 천진난만함과 한없는 악이 공존하는 소년, 사사건건 충돌하는 기묘한 킬러 콤비, 그리고 지독하게 불운한 남자. 이 독특하고 위험한 이들의 운명이 신칸센이라는 고립된 공간 안에서 뒤엉키며 누구도 예측할 수 없는 질주가 시작된다.

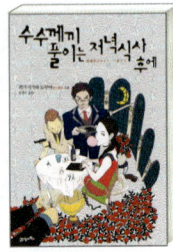

수수께끼 풀이는 저녁식사 후에
히가시가와 도쿠야 지음 / 값 12,500원

2011 서점대상 1위 베스트셀러, 출간 직후 150만 부 돌파!

재벌 2세 여형사 & 까칠한 독설 집사, 본격 미스터리에 도전하다!
"이렇게 짜증나는 집사는 처음본다. 그런데 재미있다!"

유머러스한 본격 미스터리로 정평이 나 있는 저자의 진가가 발휘된 작품으로, 특히 개성 있는 등장인물이 매력적이다. 추리도 유머도 수준이 높다. _아사히 신문

도전받은 곳에서 시작하라
류미 지음 / 값 13,500원

휠체어 탄 의사의 병원 분투기

2011 조선일보 논픽션대상 우수상 수상작! 사고로 불편한 다리를 가지게 된 순간부터 시작된, 한 여성의 끝없는 도전에 대한 기록. '박리성 골연골염'을 앓으며 지난 20년 동안 뜀박질 한번 못해 본 장애인이 '전문의'라는 목표를 따내기까지의 눈물과 한숨, 절망과 분노, 고독과 동료애의 이야기를 담았다.

| 취미 / 실용 |

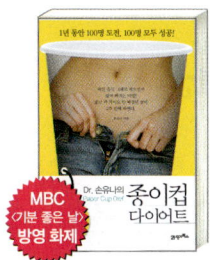

Dr. 손유나의 종이컵 다이어트
손유나 지음 / 값 12,000원

1년 동안 100명 도전, 100명 모두 성공!

입소문으로 인정받은 기적의 다이어트 법 대 공개! 밥 1컵, 채소 1컵, 단백질 0.5컵으로 끝내는 종이컵 다이어트! 칼로리 계산도, 운동도 필요없는 종이컵 다이어트 2주 프로그램으로, 요요현상 없는 기적의 살빼기를 시작하라.

안현주 다이어트
안현주, 김한상 지음 / 값 15,000원

40대 몸짱의 기적!

개그맨 배동성의 아내 안현주는 한 TV프로그램을 통해 다이어트에 도전했다. 석달 뒤 안현주씨는 40대라고는 믿기지 않는 동안 외모에 늘씬한 팔다리, 탄탄한 복근을 가지게 되었다. 이 경험을 통해 배운 평생 살찌지 않는 핵심 운동법 44가지를 공개한다.

관능의 맛, 파리
민혜련 지음 / 값 15,000원

문화와 역사가 담긴 프랑스 요리에 탐닉하다

문화와 역사가 살아 있는 프랑스 미식의 모든 것을 담은 책. 저자는 10년간 프랑스에서 유학하고, 이 후 16년간 정통 프랑스 레스토랑을 경영한 자타공인 프랑스 문화 전문가. 독자들은 이 책을 통해 프랑스 미식의 예술성과 진정성에 감탄하며 그동안 알지 못한 프랑스의 색다른 모습을 느낄 수 있을 것이다.

여행 사진의 모든 것
박태양, 정상구 지음 / 값 18,000원

찍으면 바로 작품이 된다!

인기 여행작가와 사진작가가 만나, 여행과 사진에 관한 모든 것을 담았다. 어떻게 여행 정보를 얻어야 하는지, 어디로 떠나야 내가 원하던 사진을 찍을 수 있는지, 어떻게 카메라를 다뤄야 하는지 등 여행 사진을 멋지게 남기기 위해 꼭 필요한 정보들을 자세히 소개한다.

21세기북스 트위터 @21cbook 블로그 b.book21.com 전화 031-955-2153 홈페이지 www.book21.com

21세기북스 고객분들께 드리는 특별한 지식선물~

🍃 프로직장인을 위한 대한민국 최고의 스마트 연수원

SERIPro는 삼성경제연구소가
지난 10년간 대한민국 CEO와 오피니언 리더
1만 9천여명을 열광시킨 SERICEO 콘텐츠의
제작, 서비스 노하우를 바탕으로
대한민국을 이끌어갈 프로직장인을 위한
최적의 콘텐츠와 서비스를 제공하는
'인터넷 기반의 동영상 지식서비스'입니다.
(SERIPro 연회비 : 40만원/VAT 별도)

🍃 2주간의 짜릿한 무료체험(웹사이트+모바일), 지금 바로 신청하세요!

- 매일 제공되는 아이디어 씨앗(日3편 E-Mailing 서비스)
- 바쁜 직장인들에게 최적화된 콘텐츠 서비스(평균 6분)
  (온라인+모바일 : 출근시간, 점심시간, 자투리시간 활용)
- 경제, 경영부터 인문학까지 어우르는 다양한 분야의 콘텐츠

2주 무료체험권

수강권 쿠폰번호 : 201108book21

홈페이지 접속 (www.seripro.org) ▶ 회원가입 ▶ 수강권쿠폰번호 등록 ▶ 무료체험 (2주)

🍃 결제 페이지에서 '수강권 쿠폰번호'를 입력해 주세요!

☎ 본 쿠폰 이용에 대한 문의는 02)3780-8111로 연락 주시기 바랍니다.
(고객센터 운영시간 : 주중 09:00~17:00, 토.일.공휴일 휴무)

2011년 9월 15일 발행

21세기북스 | 인문 |

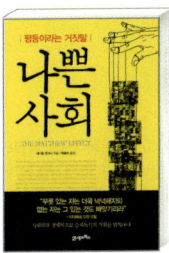

나쁜 사회
대니얼 리그니 지음 / 값 15,000원

평등이라는 거짓말

저자는 마태 효과 때문에 일어나는 불균형의 심화가 '자연 법칙'인지, 아니면 노력을 통해 완화하고 변화시킬 수 있는 '사회적 구조'인지를 탐구한다. 또한 과학, 기술, 경제, 정치, 공공 정책, 교육과 문화의 다양한 증거를 통해 이러한 마태 효과가 너무 강력해 사회적 법칙으로까지 여겨진다는 것을 보여준다.

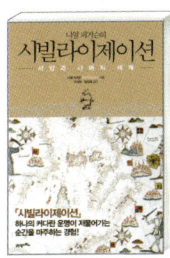

니얼 퍼거슨의 시빌라이제이션
니얼 퍼거슨 지음 / 값 22,500원

왜 세계는 서양 문명에 지배받았는가?

600년간의 세계사를 정치, 경제, 문화 등 다양한 방면에서 되짚어가며, 서양 문명의 비밀을 밝혀내는 거대한 프로젝트, 「시빌라이제이션」은 출간과 함께 영국방송 Channel 4 특별 시리즈로 방영되어 큰 파장을 불러왔다. 서양 문명이 지난 500년간 세계를 지배할 수 있었던 원인은 물론, 서양 문명의 황혼까지 예견하며 세계사뿐 아니라, 현대의 정치경제까지 풀어낸다.

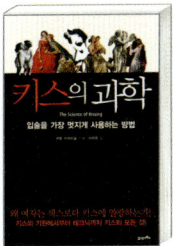

키스의 과학
셰릴 커센바움 지음 / 값 13,000원

입술을 가장 멋지게 사용하는 방법

생물학자이자 과학기자인 저자는 너무나 사적이라 차마 다른 사람에게 물을 수 없었던 키스와 관련된 다양한 궁금증들에 답한다. 진화 생물학, 고대사, 심리학, 대중문화 그리고 신경과학을 총망라했다. 기원에서부터 테크닉까지 키스의 모든 것을 해부한다.

상상에 빠진 인문학 시리즈

얼굴, 감출 수 없는 내면의 지도 벵자맹 주아노 지음 / 값 14,000원
얼굴을 통해 들어가는 내면의 세계를 안내한다

상상 한계를 거부하는 발칙한 도전 임정택 지음 / 값 13,000원
몸 멈출 수 없는 상상의 유혹 허정아 지음 / 값 13,000원
지도 세상을 읽는 세상의 프레임 송규봉 지음 / 값 13,000원

| 경제경영 |

위험한 생각 습관 20
레이 허버트 지음 / 값 15,000원

인간 행동을 지배하는 생각의 함정, 휴리스틱!

인간은 하루에도 약 150번의 선택을 하고 산다고 한다. 25년 이상 과학 분야 저널리스트로 일해온 이 책의 저자 레이 허버트는 삶을 편리하게 만들지만 때로 '죽음'을 부를 만큼 위험한 무의식적 선택 습관들을 20가지로 정리해 이 책에서 소개한다.

전략의 제왕
월터 키켈 3세 지음 / 값 20,000원

위기를 기회로 바꾼 경영의 해결사들

이 책은 비즈니스 세계에 가장 큰 영향을 미친 기업전략의 탄생과 진화에 대해 이야기한다. 그리고 그 '전략'을 기업 경영의 핵심으로 만든 컨설팅 기업들과 그 기업을 설립하고, 성공으로 이끈 주요인물 4명의 스토리와 그들의 철학을 들려준다.

불광불급
류스잉, 펑정 지음 / 값 15,000원

10년 만에 전 세계 IT업계를 장악한 '광인' 마윈 이야기

구글과 아마존이 가장 두려워하는 존재, 알리바바그룹의 미치광이 CEO 마윈! 마윈의 성공 신화를 자세히 들여다보면 서양에서는 찾을 수 없는, 동양의 문화와 철학이 느껴진다. 이 책을 통해 독자들은 마윈의 리더십과 그 바탕에 있는 삼장법사의 리더십을 배우며 세계최고로 가는 길을 깨달을 수 있을 것이다.

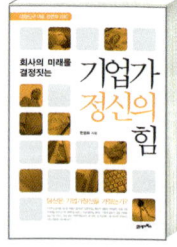

대한민국 대표 경영학 강의 시리즈

기업가 정신의 힘 한정화 지음 / 값 18,000원
영업은 기획이다 진병운 지음 / 값 14,000원
미래형 리더의 조건 백기복 지음 / 값 15,000원
재무관리 전략 박종원 지음 / 값 16,500원
글로벌 경영전략 박영렬 지음 / 값 15,000원
B2B마케팅 한상린 지음 / 값 16,000원

21세기북스 트위터 @21cbook   블로그 b.book21.com   전화 031-955-2153   홈페이지 www.book21.com

| 자기계발 |

정진홍의 사람공부
정진홍 지음 / 값 15,000원

《인문의 숲에서 경영을 만나다》에 이은 정진홍 박사의 또 하나의 역작!

'인문학적 지식을 바탕으로 우리 삶이 나아갈 방향과 태도를 제시했던 정진홍! 그가 이제 '사람'에 주목한다. 진정한 차이를 만드는 힘은 사람에게서 나온다는 신념으로 10년 동안 수많은 사람을 공부한 그 치열한 성찰의 기록을 이 책에 담았다.

사람의 마음을 얻는 법
김상근(연세대 교수) 지음 / 값 16,000원

2011 삼성경제연구소(SERI)선정 휴가철 추천도서

메디치 가문이 새로운 시대를 태동시킬 수 있었던 원동력이 무엇인지 알아보고, 그들이 이루한 성공과 실패의 부침을 살펴봄으로써 세상을 바라보는 다른 시선을 선사한다. 단순히 메디치 가문의 역사와 업적을 이야기하는 데 그치지 않고, 낡은 중세 시스템을 마감시키고 르네상스 시대를 열 수 있었던 기반과 그들의 성공 원칙과 그 탁월한 통치의 비밀을 분석한다.

이명옥의 크로싱
이명옥 지음 / 값 16,500원

명화에서 배우는 생각의 연금술

'예술계의 콘텐츠 킬러'라 불리는 이명옥 사비나 미술관 관장은 서로 다른 학문이나 기술을 섞어 가치를 창조하는 융합의 시대를 살아가기 위해서는 융합적 사고가 필요하다고 강조한다. 남과 다른 생각으로 틀을 깨는 작품을 탄생시킨 예술계의 거장들에게서 그 답을 찾아낸 결과를 이 책에 담았다.

부동의 심리학
사이언 베일락 지음 / 값 15,000원

결정적 순간에 왜 나의 능력은 마비되는가?

시카고 대학교 심리학과 교수인 저자는 심리학과 뇌 과학의 최신 연구 성과들을 바탕으로 중요한 이해관계가 걸려 있거나 다음 한 수에 모든 것이 달린 상황에서 사람들이 제 실력을 발휘하지 못하는 이유를 분석했다. 이 책을 통해 우리는 어떤 상황에서도 위축되지 않고 냉정을 유지해 훌륭한 성과를 내는 비밀에 다가설 수 있다.

| 자기계발 |

버리고 사는 연습
코이케 류노스케 지음 / 값 12,000원

버릴수록 넉넉해지는 행복한 무소유

당신은 이미 필요한 것들을 충분히 갖고 있는데도 끊임없이 소유하고 싶어 머릿속이 어지럽지는 않은가? 코이케 스님은 〈버리고 사는 연습〉에서 많이 '가진 것'이 얼마나 불편한 일인지 자신의 경험을 토대로 진솔하게 이야기한다. 돈에 쩔쩔매며 살기보다 우아하게 돈을 지배하며 행복하게 살 수 있는 방법에 대해서…

화내지 않는 연습
코이케 류노스케 지음 / 값 12,000원

이젠 더 이상 화내지 않는다!

"사람들은 누구나 행복해지고 싶어 합니다. 하지만 실제로는 행복을 방해하는 분노를 마음에 품고 있습니다. 자꾸만 화를 내게 되는 이유는 간단합니다. 모든 것을 자기 중심적으로 편집하는 마음의 버릇 때문이지요." _코이케 류노스케

생각 버리기 연습
코이케 류노스케 지음 / 값 12,000원

매일 3000명의 인생을 바꾼 베스트셀러!

쓸데없는 생각으로부터 벗어나는 법! 생각하지 않고 오감으로 느끼면 어지러운 마음이 서서히 사라진다. 우리를 괴롭히는 잡념의 정체를 짚어내며, 일상에서 바로 실천할 수 있는 생각 버리기 연습을 제시한다.

★47만부 돌파! ★YES24 2010 올해의 책 ★조선일보 2010 올해의 책
★한국경제 2010 올해의 책 ★알라딘 2010 올해의 책

언니의 독설 1, 2
김미경 지음 / 각 권 값 12,000원

국민 언니 김미경이 독한 애정으로 서른을 코치한다!

20년 동안 워킹우먼들을 키워온 스타강사로서, 20명의 직원을 둔 기업 CEO로서, 힘겨운 30대를 10년 먼저 겪은 선배로서, 김미경 원장은 애정 어린 독설로 워킹우먼들의 투지를 일깨운다. 실생활에 바로 응용할 수 있는 김미경 원장의 특유의 통찰력과 명쾌한 해답이 이 책에 담겨 있다.

21세기북스 트위터 @21cbook   블로그 b.book21.com   전화 031-955-2153   홈페이지 www.book21.com

스마트 복지
Smart Welfare

스마트 복지

진수희 전 보건복지부 장관이 풀어내는 복지이야기

Smart Welfare

| 진수희 지음 |

신뢰 소통
나눔 현장

21세기북스

추천의 글

'어머니의 마음으로' 온 국민을 품다

윤여준
(진수희 의원 후원회장, 전 환경부 장관, 한국지방발전연구원 이사장)

얼마 전 한 조간신문에 브라질의 룰라 전 대통령 인터뷰가 실렸다. 리더십을 묻는 기자의 질문에 룰라는 "자식이 10명 있을 때, 어머니는 아이들에게 공평하게 나눠주려 하지만 그중 한 아이가 다른 애들보다 아프면 어머니는 그 아이에게 더 신경을 쓴다. 어머니 마음으로 가난하고 소외받은 자들과 대화해야 한다"며 "정치는 어머니의 마음으로 해야 한다"고 답했다. 그러면서 "젊은이들은 좌·우파에 관심 없으며, 희망·자존심·일자리를 바라고 있다"면서 "사회통합 대상에는 저소득층뿐 아니라 젊은이들도 포함돼야 한다"고 말했다.

룰라 전 대통령의 인터뷰가 다시 생각난 것은 며칠 전 진수희 의원과의 통화에서였다. 그는 "여의도연구소에서 주최하는 〈드림토크〉 행사로 주말에 대전을 다녀왔는데, 대학생들의 고민을 진지하게 경청하고 왔다"고 했다. 안철수 교수 등의 '청춘콘서트'를 벤치마킹했다고 꽤 시끄러웠던 한나라당의 청년행사였다. 진 의원은 "우리가 젊은 친구들한테 마음을 여는 데 선입견을 갖고 있었고, 그들의 고민을 경청하는데 부족했었다"면서 진지하게 성찰하는 모습을 보였다.

불과 두달 전까지 온 국민의 보건복지부 장관을 지낸 진 의원과 오고가는 대화 속에 어머니의 마음으로 자식들을 품었던 룰라 전 대통령의 리더십을 떠올려봤다. 보건복지부 장관으로 가난하고 소외받는 자들과 부단하게 소통했을 것이고, 빈곤층을 중산층으로 끌어올리고 젊은이들한테 희망을 줄 수 있는 복지로 사회통합을 이루어 보겠다고 고민도 깊었을 것이다. 이 책은 진수희 의원이 보건복지부 장관을 하면서 어머니의 마음으로 온 국민을 품었던 지난 1년 여의 기록이다.

진수희 의원과의 인연은 1998년과 2003년 내가 두 차례 여의도연구소장을 맡았던 시기로 거슬러 올라간다. 당시는 두 번의 연이은 대선 패배 이후 한나라당이 대대적인 체질개선을 해야 했고, 한나라당 산하 부설 연구소인 여의도연구소에도 기민한 정세분석과 현실정치에 바로 적용할 수 있는 전략수립이 요구되던 시기였다. 그때 여의도연구소에서 처음 만난 그는 공부를 많이 한 학자들이 빠지기 쉬운 학문적 이론에만 집착하지 않고, 현실 사회와의 조우, 나아가 현실 정치에의 적용가능성을 끊임없이 고민했었던 연구위원이었다.

당시 연구소에 박사급 연구위원들이 많았지만 여성 특유의 섬세한 감수성 탓인지 그의 직관적 판단력은 정책현안에 대처하는 데 요긴하게 쓰이는 경우가 많았다. 이 책을 통해 "'무딘 복지'가 새롭게 변화하는 사회환경에 부응하지 못하기 때문에 '스마트 복지'로의 전환을 요구한다"는 그의 주장이 낯설게만 느껴지지 않는 것은 10여 년 전 '진 박사'로 불리던 그 시절처럼 그의 섬세함을 읽었기 때문이다.

2003년 연구소로 복귀해 진 박사를 다시 만났던 나는 이듬해 17대 총선에서 그를 한나라당 비례대표 후보로 추천했다. 만 9년 동안 연구소와 대학 강단, 당 안팎을 아우르며 나라의 미래와 한국정치 발전을 위해 '정치무대' 뒤에서 헌신했던 그였다. 그 시간을 거쳐 정책참모에서 나아가 '자신의 정치'에 직접 뛰어들어도 좋을 만큼의 가능성과 책임감을 확신했기 때문이다.

정치무대 전면에 나선 진수희 의원이 가는 길은 어느 하나 쉬운 길이 없었다. 눈앞에 보이는 비판과 비난이 두려워 가야할 길을 나서는 데 주저하거나, 당장의 인기와 이익 때문에 신의를 저버리지 않았다. 주머니 속의 송곳은 드러나기 마련이다. 옳은 일이라 믿으면 정치적 이해득실을 떠나 자신의 신념을 관철해야만 하는 것이 참된 정치인이다. 보기보다 강단 있는 사람, 자신의 신념이 맞다고 생각되면 더욱 더 솔직해지는 사람, 이런 신념을 현실에서 관철시킬 수 있도록 현장 경험을 지닌 사람, 바로 내가 아는 진수희 의원이다.

그렇기에 진 의원이 지난해 보건복지부 장관으로 내정됐다는 소식이 반가웠고, "친서민 전담 장관이 되겠다"고 호기 있게 포부를 밝히며 장관직에 임하는 것을 보고, '민심을 살필 줄 아는 일머리 있는 장관'이 되겠구나 하고 안도했다.

그러나 보건복지부는 워낙 각기 다른 이해관계를 가진 의사, 약사, 제약사, 병원 등을 관할하는 업무 때문에 갈등관리가 가장 난제인 정부부처 중 하나다. 내가 의원시절 보건복지 상임위를 겪어봐서도 알지만 그런 갈등들이 복지부 장관의 발목을 잡을 것이 분명했다. 또한 내 경험에 비추어 부처 내, 부처 간 공무원 칸막이의 벽이 높아 어지간한 장관의 의지가 아니고서는 손발이 되어야 할 공무원들이 움직이지 않는다는 것 또한 장관이 돌파해야 할 장벽이었다. 진 장관이 행정부 경험이 없었던 초보 장관이었기에 걱정이 많이 됐다. 장관직을 수행하는 동안 내가 걱정하는 것 이상으로 여론의 몰매도 많이 맞고 정치인 출신 장관이 감당하기 어려운 순간들도 많았을 것이다.

진 장관은 이해단체들의 갈등은 국민의 보건복지를 최우선한다는 기치로 돌파해냈고, 공무원사회의 복지부동은 현장을 누비면서 해소해냈던 것 같다. 무상급식 등 복지가 우리사회의 화두로 떠오른 지난해부터 최근까지 복지부장관을 지냈으니 적어도 복지 분야에서는 대한민국에서 가장 많은 고민과 연구를 거듭했을 그이다. 이 책은 그러한 고비 고비 순간들을 기록으로 남긴 것이다.
　온 국민의 보건복지부 장관으로 국민들의 건강과 복지를 챙기다 보니 정작 자신과 가족들은 돌볼 틈이 없었을 테고, 지역구 국회의원 출신임에도 1년여의 재임기간 동안 그의 손길이 미치지 못한 지역주민들의 볼멘소리도 많았을 것이다. 그렇게 고된 시간들이 이 책 《스마트 복지》로 묶여 나왔다. '무늬만' 후원회장 직함을 들고 있는 내게 군소리 없이 지난 시간을 견뎌준 진 의원에게 이 추천의 글이 작은 도움이 되길 바란다.

실천적 복지대책의 나침반이자 디딤돌
−진수희 의원의 저서 《스마트 복지》 간행에 부쳐

김용하
(한국보건사회연구원 원장)

지난 10여 년 동안 우리나라는 국내총생산(GDP)이 세계 10위권에 오르고, 1인당 GDP도 1997년 당시 1만 달러에서 2011년 약 2만 4000달러가 되었다. 이 같이 더 큰 대한민국이 되었음에도 불구하고, 국민의 불안전성은 오히려 증폭되고 있다. 직장을 다니는 사람이나 새롭게 사회에 진출하는 사람 모두 자신의 일자리를 걱정해야 하고, 아프거나 다치지 않을까 하는 건강과 안전에 대한 불안도 여전하다. 자녀출산·보육·교육·결혼에서부터 비정규직 등의 일자리 문제는 대부분 국민들이 공통적으로 가지고 있는 고민거리다. 내 자신의 노후는 어떻게 챙겨야 할지에서부터 등록금, 당장의 전세값, 장바구니 물가까지 모든 것이 발등의 불이다.

결국 복지가 해결책이 되어주어야 하는 상황이다. 하지만 복지문제의 근본 원인은 선진국의 문턱에 와 있는 경제 수준에 비하여 복지를 포함한 사회 및 정치 시스템은 그렇지 못하다는 데 있다. 이는 단순히 복지재정 지출 수준이 낮다는 이야기도, 복지제도가 선진국에 비하여 미흡하다는 지적도 아니다. 미래는 어차피 불확실하기 때문에 정확히 예측할 수는 없겠지만 현재 주어진 변수와 여건하에서 가능한 모든 리스크에 대하여 총체적으로 점검하고 이에 대응할 수 있는 비전과 구체적인 매뉴얼이 절실히 요구된다는 것이다.

저자가 천착한 문제도 바로 이와 같은 복지문제 해결이 중점이었다. 저자는 보건복지부 장관으로 취임하면서 복지문제에 관한 한 근본적이고 실증적 논리의 기반 위에서 해결책을 모색했다. 추상적인 관점이 아니라 구체적 대안 중심의 접근법을 그리고자 하였다. 좁은 의미의 복지대책이 아닌 넓은 의미의 국민행복 대책이 나와야 하고, 이는 경제 문제를 포함해 국민의 일상생활의 불안을 해소시킬 수 있는 방향에서 추진되는 것이 진정한 복지라고 본 것이다.

저자의 실천적 복지대책은 이번에 내놓은 《스마트 복지》에 집약되어 있다. 그의 복지는 장관 시절의 활동 그대로 '현장에 모든 답이 있다'는 문구로 요약될 수 있다. '385일간의 (보건복지부장관) 재임기간 동안 113곳을 방문하여 6075명의 국민의 목소리를 직접 들었다' 고백에서 보듯, 폐지와 쓰레기더미 속에서 생활하던 노파, 헌신적으로 결핵환자를 돌보다 그 자신도 다제내성 결핵에 감염된 간호사, 국내외 입양을 기다리며 병원의 신생아대기실에 빼곡히 누워 있는 아기들을 보며 눈물을 삼키면서 '복지의 현장성'을 체화한 것이다. 이와 같은 현장의 여건과 상황을 접한 저자는 107가지의 체감도 높은 서민희망찾기 과제를 도입·수행했으며, 그중 장관 재임 시절 이룬 과제의 달성률이 69%(107개 개별과제 중 73개 추진완료)에 이른다.

저자는 '스마트 복지(Smart Welfare)' 인프라의 중요성을 누구보다 가슴 깊이 간직해왔다. 스마트 복지는 급변하는 사회환경에 기민하게 대응하지 못하는 '무디고 답답한 복지'에서, 국민이 원하고 체감할 수 있는 가깝고 지속가능한 '스마트 복지'로의 전환이 절실하다고 보고, 한국형 복지모델을 어떻게 개발하고 착근시켜 구현할 수 있는가 하는 고민에서 구상되었다.

고민 해결의 핵심은 저자가 장관 재임 시절 슬로건으로 내건 '실천적 복지'에 담겨 있다. 거기에는 국민이 체감하는 복지와 지속 가능성의 가치에 대한 추구, 서민복지와 맞춤형복지 방향과 대책에 대한 고민의 결과가 녹아 있다. 아울러 의료개혁은 시대적 소명이라는 신념, 영유아 보육 재정은 미래성장동력에 대한 투자이며, 나눔문화의 확산을 통해 복지사회를 구현할 수 있다는 믿음 역시 반영되어 있다.

우리가 진수희 의원의 저서 《스마트 복지》에서 관심 있게 봐야 할 또 하나의 부분은 '경로당은 건강관리센터로', '촘촘한 의료 다층 안전망 구축'이라는 등의 아이디어다. 그는 '우리가 말하는 사회안전망이란 현존하는 제도 밖으로 밀려나 보장 범위를 벗어나 최소한의 욕구를 해결하지 못하고 있는 빈곤층, 또는 환경의 변화 등으로 빈곤층으로 전락할 위험 상태에 있는 계층을 위해 그들의 문제점을 완화 내지 해소시킬 목적으로 운영하게 되는 여러 가지 장치로 정의할 수 있다'고 전제하고, '빈곤층이나 취약계층을 주 대상으로 하되 더 넓게 보면 빈곤하지 않지만 실업 등으로 소득감소 혹은 중단 및 지출의 급증을 유발하는 사회경제적 비상사태 등이 발생하는 경우, 즉 과거 IMF와 2008년 글로벌 금융위기 등의 상황에서 어려움에 처하게 되는 계층의 위기극복이 가능하도록 개인 또는 가구 단위에 사회적 도움을 제공하는 것이 사회안전망의 주된 역할'이라고 정리하고 있다. 스마트 복지의 경계(境界)가 어디까지인가를 제시해주는 정의이며, 복지재정 확보와 지출의 시스템에 대한 통찰을 엿볼 수 있는 대목이다.

저자는 장관 재임시절 의료개혁을 과감하게 단행했다. 그로 인해 의약계와 껄끄러운 관계를 유지했지만 국민들은 약가에 있어 많은 혜택을 받게 되었다. 그중 리베이트 관련 문제의 척결은 진 전장관의 용기 있는 업적 중 하나라고 해도 지나침이 없다. 최근의 글로벌 경제위기로 인한 경기침체로 제조업계의 성장률이 0.39%로 둔화되었음에도 불구하고, 2010년 제약사들의 매출은 전년 대비 11.9%로 증가하여 높은 성장세를 유지하고 있다. 의약품은 기타 제조업에 비하여 매출액 대비 매출원가가 매우 낮지만 판매관리비는 3배 이상 높은 것으로 나타나는데, 저자는 이 판매관리비가 '리베이트와 직결되는 부분이기 때문'이라고 문제를 제기하였다. 그리고 제약산업에 대한 연차보고서와 주요 제약사들의 재무제표를 살펴본 후 약가 인하 여력이 충분하다고 판단, '높은 약가와 낭비적 사용으로 약제비 거품이 발생하고 영세제약회사가 난립하여 리베이트 등 부당 경쟁이 판치는 악순환구조를 해결하기 위해 읍참마속의 심정'으로 결단을 내리기에 이른다. 그 결과 '2011년 8월 12일 약가제도 개편 및 제약산업 선진화 정책'이 시행되어 약값이 평균 17% 인하되었고, 연간 총 2조 1000억 원의 국민약품비 부담이 경감되는 효과를 기대할 수 있게 되었다. 그중 국민들의 본인 부담금만도 연간 6000억 원가량이 경감될 것으로 예상되어 서민들이 약값 부담의 짐을 덜 수 있게 되었다

이와 같이 저자가 장관 재임시절에 이끈 정책들은 '실천적 복지'의 정신을 담고 있다. 이 저서를 통해 엿볼 수 있는 그의 소신과 업적은, 만개하

는 복지담론에 점 하나를 찍은 것이 아니라 현실적 복지 도입의 커다란 디딤돌을 놓은 것이라고 평가할 수 있으며, 맞춤형 복지의 예시들은 이후 복지정책 수행에 나침반 역할을 할 것으로 기대한다.

책을 내며

무딘 복지에서 스마트 복지로!

2010년 6월 지방선거를 전후하여 우리 사회의 화두로 부상한 복지 이슈가 이제 정치·사회·경제 분야 전반의 핵심영역으로 자리 잡게 되었다. 이러한 현상은 우리보다 앞서 복지를 실현하고 있는 소위 복지 선진국들의 경험에 비추어볼 때 지극히 자연스러운 사회발전의 과정이라 할 수 있다.

산업화 단계를 거쳐 민주화가 이루어지고 국민소득이 2만 불을 넘어서면 복지에 대한 국민들의 욕구와 기대가 자연스레 커지기 마련이다. 게다가 가파르게 진행되는 고령화와 세계 최저수준 출산율, 양극화 문제가 갈수록 심각해지는 상황에서 복지욕구의 분출은 필연적인 현상이 아니겠는가.

이제 우리는 복지를 할 것이냐 말 것이냐, 복지를 확대할 것이냐 축소할 것이냐의 수준을 넘어서 어떻게 사각지대를 줄이면서도 지속 가능한 복지를 할 수 있겠는지, 국가의 한정된 재정으로 국민들의 복지 체감도를 어떻게 극대화할 수 있겠는지에 대한 복지정책의 방법론을 토론하고 합의를 이루어야 할 때다.

이 같은 복지 논쟁이 뜨거워지기 시작한 지난 해 여름부터 약 13개월간 나는 보건복지부 장관으로 일할 기회를 갖게 되었다. 사흘에 한 번 꼴로 다양한 복지현장을 찾았다. 복지재정이 엄청나게 늘어났고 각종 제도적인 틀이 갖추어져 보다 촘촘하게 보완되고 있음에도 여전히 현장에서 느끼는 국민들의 복지체감도는 정부의 기대치에 미치지 못하고 있었고, 투입하는 재정에 비해 만족스러운 수준에 도달하지 못하고 있었다.

무엇이 문제일까? 어떻게 해야 하나? 나는 하루하루 엄청난 중압감에 시달리고 있었다. 수없이 고민하고 토론하고 다른 나라의 사례들도 들여다보았으며, 수많은 복지현장들을 찾아 그곳에 적용할 수 있는 방법들을 열심히 연구했다. 급증하는 복지욕구에 슬기롭게 대처하는 한편, 양극화를 완화하고, 저출산·고령화 시대를 극복하면서도 현실가능하고 지속가능한 '한국형 복지' 모델을 찾아보고자 나름대로 노력했다. 본서는 그 노력의 결과물이다.

왜 스마트 복지인가?

산업사회가 고도화되고 인터넷, 정보통신기술의 발달 등 사회적 환경의 변화와 국민의식 수준의 향상으로 기존에 작동하던 복지제도와 복지기술(welfare technology)은 더 이상 효율적이지 않게 되었다. 국민들은 이제 더 이상 복지정책을 구태의연한 이념적 논쟁의 대상으로 생각하지 않을뿐더러 끊임없는 개혁으로 급변하는 사회환경에 잘 작동되는, 체감할 수 있는 복지를 요구하고 있다. 끊임없이 복지개혁을 실천한 북유럽은 성공했고, 그렇지 못했던 남유럽은 실패했음이 우리에게 주는 중요한 교훈이다.

사회환경의 변화에 기민하게 대처하지 못해 더 이상 효과적으로 작동되지 못하는 복지제도와 기술, 정책을 '무딘 복지(dull welfare)'라고 한다면, 이제 우리에게 필요한 것은 '스마트 복지(smart welfare)'라 할 수 있을 것이다. 무딘 복지하에서는 정책의 사각지대가 광범위하게 발생할 수밖에 없으며, 투입한 예산 대비 효율성이 낮고, 제도의 지속가능성을 담보할 수 없는 한계가 존재한다. 무딘 복지는 국민들이 무엇을 원하는지, 무엇이 문제인지, 신속하고 순발력있게 해결해 나갈 수 없다. 많은 복지현장을 돌아보면서 제도 자체에 내재한 경직성과 정책집행 과정에서의 둔감함을 발견하였다. 그 결과, 효율적이면서 지속 가능한 복지정책을 추진하기 위해서는 스마트 복지로의 전환이 필요함을 인식하게 되었다. 이를 위해서는 제도가 수행될 사회 제반환경에 적합한 복지기술을 개발하여 효율성을 확보할 수 있는 핵심전략을 수립해야 한다. 무딘 복지를 스마트 복지로 전환하려면 사람들의 사고방식이나 행동양식의 변화, 즉 복지에 대한 패러다임의 일대 전환이 선행되어야 한다.

　스마트 복지는 경제와 복지, 성장과 분배의 선순환을 통해 지속가능한 국가발전에 기여하기 위한 '한국형 복지'의 구현방식(method)이다. 단순히 능동적 복지, 휴먼 뉴딜과 같은 담론(discourse) 차원이 아니라, 기존 복지정책의 한계를 극복하기 위한 핵심전략(strategy)의 차원인 것이다.

성장과 복지의 선순환

성장과 복지는 양자택일의 문제가 아니다. 성장 없는 복지는 허구요, 복지 없는 성장은 정의롭지 못하다. 최근 들어 성장이냐 복지냐의 이분법이 더 이상 주된 논쟁이 되지 않게 된 것은 참으로 다행스런 일이나, 여전히 어느 쪽(성장→복지, 복지→성장) 과정에 방점을 두어야 할지에 대해서는 이견이 존재한다. 하지만 그것은 작은 차이일 뿐이고 얼마든지 접점을 찾을 수 있는 것이라 생각된다. 즉, 경제성장으로 커진 파이를 복지를 통해 공정하게 분배(성장→복지)함으로서 사회통합을 실현하고, 통합된 국민의 힘이 또 다른 경제성장의 동력(복지→성장)이 되는, 이른바 성장과 복지의 선순환 구조를 만들어 내는 일로써 이는 우리의 과제인 것이다.

성장이 복지를 가능하게 하고 또한 복지가 성장을 견인해가는 이 선순환 과정에서는 크게 두 가지 전제가 충족되어야 한다. 먼저, 사회구성원들이 참여해 키워놓은 성장의 과실을 형평성 있고 공정한 분배를 통해 공유할 수 있다는 확신, 즉 분배의 정의와 정부에 대한 신뢰가 확보되어야 한다. 성장을 통해 키운 과실을 가져가는 것은 항상 기득권층이라는 불신과 박탈감, 갈등이 해소되지 않고서는 사회통합을 기대할 수 없다.

또한 '사회적 합의'가 전제되어야 한다. 양극화와 저출산·고령화의 위기로 발생하는 다양한 복지욕구에 부응하기 위해서 복지가 지속적으로 확대되어야 한다는 방향성에 대해서는 누구나 공감하고 있지만, 정작 이를 뒷받침하기 위해 수반될 세금, 보험금 등 각종 사회적 부담이 결국은 다시 국민에게 돌아갈 수밖에 없다는 것을 간과해서는 안 된다.

충분한 사회적 합의, 국민적 동의의 과정이 생략된 채 도덕적 당위성만으로 복지제도를 집행할 수 없다. 복지비용의 부담자와 수혜자간의 합의와 동의가 담보될 수 없다면 이로 인해 발생하게 될 갈등의 사회적 비용들로 인해 복지제도뿐 아니라 국가의 지속가능성에도 부정적인 영향을 끼치게 될 것이다. 결국 양자의 선순환은 불가능해 질 수밖에 없다.

　우리보다 앞서 다양한 복지형태를 경험하고 있는 국가들을 살펴볼 필요가 있다. 이를테면 복지선진국이라 불리는 스웨덴, 덴마크를 비롯한 북유럽, 그리고 최근의 재정파산 사태를 겪고 있는 그리스, 이탈리아, 스페인 등 남유럽, 또는 서구와는 다른 역사적·문화적 토양을 갖고 있는 미국의 복지제도 등과 같이 흔히 '전가의 보도'로 인식되는 각각의 성공과 실패의 사례들이 우리가 지향하고 수립해야 할 복지정책의 방향과 구현방식으로 '한국형 복지' 모델의 새로운 복지 패러다임을 만들어가는 데 유용한 참고가 되어줄 것이다.

양극화 시대에는 '서민복지'가 바른 해법
우리나라뿐 아니라 양극화 문제는 글로벌 이슈가 되고 있다. 무한경쟁의 신자유주의가 낳은 필연적 결과라는 것에 일정부분 동의할 수밖에 없다. 계층간의 격차를 줄이고 중산층을 복원하는 것이 정부의 최우선적 과제가 되어야 한다.

양극화 시대에 보편적 복지냐 선택적 복지냐의 논란은 소모적일 수밖에 없다. 한편으로 양극화의 문제를 제기하면서, 다른 한편으로 보편복지를 주장하는 것은 명백한 자기모순이다. 몰라서 그리 한다면 무지의 소치이고, 알면서도 주장한다면 부도덕한 것이다. 계층간의 격차를 줄이려면 힘들고 어려운 사람들, 조금만 도와주면 일어설 수 있는 서민층에게 충분한 복지를 제공하는 일이 우선되어야 함은 자명하다. 보편복지를 통해 절실하지 않거나 절박하지 않은 사람들에게 돌아갈 재원이 있다면 그마저도 어려운 서민들을 위해 착실하게 써서 이들이 빈곤의 굴레로부터 벗어나게 만들어야 하지 않겠는가?

민주주의하에서 국가들의 궁극적인 목표는 국민의 삶의 질 향상에 있고, 우리 헌법에도 국가는 국민의 복지증진에 노력할 의무를 명시하고 있다. 그러나 국가의 자원은 한정되어 있으며, 따라서 시급하고 꼭 필요한 부분부터 투입하게 되는 것이 순리이다. 복지 분야도 예외가 될 수 없다. 당장 정부지원이 필요한 계층부터 차곡차곡 복지혜택을 확대하여 보편복지를 향해 나아가는 것이다. 경제·사회 전반의 양극화를 해소하기 위해 정부는 모든 계층에 복지를 확대하기보다는, 취약계층에 대한 지원을 집중적으로 강화함으로써 이들이 중산층으로 일어설 수 있도록 하는 것이 올바른 길이다.

  나를 포함한 정치권이 모두 반성해야 할 일이 재정조달 방안이 마련되지 않은 평등과 재분배 등 복지정책의 확대는 결과적으로 양극화를 심화시키고 중산층의 삶의 질을 떨어뜨릴 수밖에 없다는 사실이다. 지금 당장 내가 누릴 수 있는 최대한의 복지가 아니라 후손들에게 빚을 지지 않는 지속 가능한 복지를 위해서 모두가 변해야 하고 지혜를 모아야 할 것이다.

  양극화 시대에는 서민복지가 바른 해법이다.

의료개혁은 시대적 소명

지난해 8월에 취임하고 올해 연두 업무보고를 준비하면서 의료제도 개혁의 시급성과 절박함을 깊게 인식하게 되었다. 서둘러 보건의료미래위원회를 띄우고 작업에 착수하였다. 알면서도 서로 피하고, 인정하면서도 차일피일 미루어오던 의료개혁 작업들에 다시 손을 대었다. 암울한 장기재정 전망과 악화된 건강보험재정 상태, 급속한 고령화 속도에 비추어보건대 더 이상 미룰 수 있는 일이 아니었다. 심지어 바로 이 의료개혁 작업이야말로 지금 내가 보건복지부 장관이라는 자리에 있게 된 이유이자 소명이라는 생각까지 들었다. 어떤 개인적, 정치적 손해를 감수하고서라도 지금이 아니면 안된다는 책임감이 나를 누르고 있었다.

하나 하나씩 손댈 일도 아니었다. 과제 하나 하나에 당사자들(stakeholders)의 이해관계가 첨예하게 대립되어 있었다. 한 테이블에 관계 당사자들이 모두 모여 모든 의제를 올려놓고, 한 바구니에 모든 이해관계를 담아서 '패키지 딜'을 할 수밖에 없다는 판단을 하게 되었다. 어느 쪽이 손해보고 다른 쪽이 이득보는 차원이 아니라 국민 모두의 지속 가능한 보건의료체계의 구축을 위해서는 모두가 조금씩 손해를 감수해야 함을 인식할 수 있도록 하였다. 의사, 약사, 제약회사, 병원, 심지어 의료 소비자인 국민들까지도 당장 겪게 될 손해와 불편함이 우리의 의료체계를 오래도록 지속 가능한 것으로 만드는 일이라는 점을 설득하고자 했다.

'보건의료미래비전 2020'을 만들면서 희망도 보았고 절망하는 순간도 있었다. 위원회에 참여하는 위원들의 사명감과 열정적이었던 위원장의 탁월한 리더십으로 어렵사리 결과물이 만들어져 발표되는 순간 희망을 보았다. 반면, 비교적 우리사회 기득권층이자 지도층이라 할 수 있는 보건의료분야 종사자들의 직역이기주의는 순간순간 나를 낙담하게 만들기도 하였다.

영유아보육 재정은 미래성장동력에 대한 투자

강력한 산아제한 캠페인 구호가 아직도 기억에 생생한데, 대한민국은 어느새 세계에서 가장 아이를 적게 낳고 가장 빨리 늙어가는 나라가 되었다. 걱정거리가 되고 있는 고령화의 속도는 출산율만 어느 정도 회복되면 감당해낼 수 있다. 결국은 출산율이 문제인 것이다. 저출산의 원인은 크게 세 가지다. 아이들을 낳고 기르는 데 드는 비용부담과 믿고 맡길 데가 없다는 불편함, 일과 가정을 병행하는데 지장을 주는 기업문화와 고용관행이 그 이유다. 이 세 가지 요소는 아이를 낳기 주저하게 만드는 큰 장벽이다.

이제까지 육아지원 재정은 복지의 영역에 포함시켜왔다. 이제 이 프레임을 바꾸어야 한다. 아이들을 낳고 기르는 일을 개별 가정의 가족구성원을 충원하는 의미를 넘어서 차세대 사회구성원을 충원하는 일이라는 관점에서 접근해야 한다. 육아와 관련된 재정을 소극적인 복지재정의 개념이 아니라, 대한민국의 미래성장동력을 위한 투자의 개념으로 과감하게 발상을 전환해야 할 시점이다. 우리가 생애 초기 육아지원에 많은 관심을 기울여야 하는 것은 다른 시기에 비해 재정 투입대비 인적자원 투자효과가 가장 크고, 사회·국가적으로 양극화 해소와 범죄율 감소에 기초한 복지비용 감소효과를 극대화할 수 있기 때문이다.

보다 공격적인 재정투입을 통해 이제 막 가정을 형성하면서 경제적인 어려움을 겪고 있는 젊은 부부들의 육아비용 부담을 획기적으로 덜어주고, 보육이나 유아교육 관련 시설과 서비스의 질을 파격적으로 개선하지 않는다면 저출산의 문제는 참으로 풀기 어려운 문제가 될 것이고 국가의 존립에 가장 위협적인 요인이 될 것임이 분명하다. 아울러 기업들이 당장의 손해에 연연하지 말고 저출산의 문제를 바로 자신들의 문제(생산인력 부족, 매출 감소 등)로 인식하고 출산친화적이고 가족친화적인 고용관행과 직장문화를 정착시키는 데 솔선수범해야 할 것이다. 미래 인적자본 확충을 위한 투자야말로 개인과 가정에게 가장 생산적이고 실효성있는 복지이자, 국가와 사회에는 미래의 성장동력 확충을 위한 가장 효과적인 투자가 될 것임을 확신한다.

나눔문화의 확산을 통해 스마트 복지의 완성을 꿈꾼다

보건복지부장관 재임기간 내내, "나눔은 모음"임을 외치고 다녔다. 작은 정성이라도 이웃과 나누면, 주는 사람과 받는 사람의 마음이 하나로 모아진다는 이야기를 하고 싶었다. 몰래 하는 기부, 왼손이 하는 일을 오른손이 모르게 하는 식의 나눔은 더 이상 미덕이 아님을 강조하면서 우리국민 속에 내재한 나눔의 DNA를 충분히 발현시키고자 하였다. 이미 전재산을 기부한 바 있는 대통령과 청와대도 적극적으로 도와주었다.

정부가 제 아무리 복지재정을 확대한다고 해도 여전히 사각지대는 존재하기 마련이다. 나눔문화의 확산을 통해 민간의 자발적인 나눔이 함께 이루어진다면, 정부예산 제약의 한계도 극복할 수 있을 뿐 아니라 양극화로 인한 사회갈등에서 벗어나 국민의 마음을 한데로 모아 사회통합 효과도 기대할 수 있을 것이라는 판단이다.

다행히 최근 들어 기부문화의 확산을 위한 세제개편 등 제도개선이 이루어지고 있고, 최고 부유층의 개인기부도 점차 늘어나고 있을 뿐 아니라 기부의 형태도 물질적 나눔과 시간을 나누는 자원봉사, 재능나눔과 지식나눔 등으로 다양화되고 있다. 그런 맥락에서, 나는 안철수 교수의 나눔 실천이 그 의도의 정치적 해석에도 불구하고 참으로 반갑다. 잔잔한 감동으로 마음이 훈훈해짐을 느낀다.

머지않아 '나눔'의 씨앗이 방방곡곡 흩어져 우리 사회에 한 트렌드로 자리잡을 수 있게 되기를 바란다. 그리하여 우리 대한민국이 가진 자와 가지지 못한 자, 가난한 자와 부유한 자가 서로를 인정하고 존중하고 보듬어 주는 전 세계에 모범이 되는 복지사회를 구현할 수 있기를 간절히 소망한다. 사각지대를 메워나가며 국민들이 체감할 수 있는 복지, 나와 미래의 후손까지 누릴 수 있는 지속 가능한 복지, '스마트 복지'는 나눔문화 확산을 통해 우리 사회 구성원 모두가 참여하고 책임을 공유함으로써 비로소 완성될 수 있을 것이다.

차례

추천의 글 '어머니의 마음으로' 온 국민을 품다 · 윤여준 _ 5
　　　　　실천적 복지대책의 나침반이자 디딤돌 · 김용하 _ 10
책을 내며 무딘 복지에서 스마트 복지로! _ 16

PART 01
의료개혁, 더 이상 미룰 수 없다

01 국민들이 왜 제약사를 먹여 살려야 하나? _ 37
리베이트 척결과 약가 인하

02 바꾸지 않으면 국민 건강이 위험하다 _ 44
보건의료 미래비전 2020

03 1,000억 부자가 건강보험료 2만 원? _ 53
건강보험 부과체계 개편

04 23년 만의 숙원이 풀리다 _ 60
의료분쟁조정제도 도입

05 5급 사무관 진수희 _ 66
국민 의약품 구입 불편 해소 제도의 도입, 그 뒷이야기

06 MRI·CT 검사료 인하, 왜 소송 대상인가? _ 74
'반값 MRI·CT' 충분히 가능하다

07 미국에서 중동으로, 다시 중앙아시아까지 _ 82
해외 환자 유치, 병원 진출 그리고 콜럼버스 프로젝트

08 소아 전용 응급센터와 중증 외상센터 도입 _ 90
위기에 직면한 응급의료 시스템 개선

09 답보상태인 원격의료 도입 _ 101
의료 접근성 확대와 고부가가치산업 사이

10 무상의료는 없다 _ 107
의료서비스 수준 향상과 의료보장 강화 방향

PART 02
복지는 현장이다

01 현장에 모든 답이 있다 _ 115
385일 113곳의 현장 방문과 서민희망본부 출범

02 Think We, Before Me _ 122
나눔문화 확산과 코리아핸즈 설립

03 100만 독거노인시대 고독사(孤獨死), 그 해답은? _ 135
독거노인 문제, 그리고 빈곤노인 지원대책

04 마더하세요, 마음을 더하세요 _ 142
전국순회 저출산 극복 실천대회

05 기·사·도를 위해 건배하자 _ 148
기초생활보장 강화 및 효율성 제고, 부양의무자 기준 완화

06 보육은 미래에 대한 투자 _ 158
보육료 지원 확대, 그리고 국민 체감형 보육의 필요성

07 복지 깔때기 현상의 해법을 찾아 뛰다 _ 166
사회복지공무원 7,000명 확충과 소외계층 일제조사

08 일로영일(一勞永逸) _ 173
일하는 복지, 탈빈곤 희망 사다리 프로젝트

09 서로 이해했던, 그래서 가능했던 장애아동지원법 제정 _ 181
남이 아닌 우리의 문제

10 '전자발찌법'부터 '도가니방지법'까지 _ 188
어린 생명들의 뼈아픈 희생, '불편한 진실' 앞에 우리 모두는 부끄럽다

11 무상복지는 없다 _ 197
'공리론'과 '사회정의론'의 최대공약수는?

PART 03

스마트 복지, 가야 할 길은 아직 멀다

01 왜 스마트 복지인가? _ 207
사회변화에 기민하게 대처하는 똑똑한 복지

02 경로당을 건강관리센터로! _ 214
노인 만성질환, 국가가 책임지는 시스템 구축

03 촘촘한 다층 의료안전망 구축 _ 218
의료안전망기금 조성

04 지방 복지재정 시스템 개편 _ 222
사회복지교부금 신설, 포괄 보조금 도입

05 노인빈곤 문제 해결을 위한 공공형 역모기지 제도 도입 _ 226
소득 보장의 사회보장제도에서 자산 영역의 복지로 지평 확대

06 권역별 '복지파수꾼' 설치로 권리구제는 높이고, 부정수급은 낮춘다 _ 230
복지 전달체계 효율 극대화

07 국민이 낸 연금으로 바로 국민에게 혜택을! _ 234
연금복지재단 설립, 자산유동화 연금 도입

08 보건복지 제3섹터 활성화 _ 238
민간 주도의 지속가능한 사회서비스 일자리 창출

09 주택 바우처 도입 _ 242
저소득 임차가구 주거비 부담 완화

10 보건의료 정보 통합 제공체계 구축 _ 245
경쟁 원리와 효율성 강화

11 기초생활보장 급여체계 개편 _ 248
통합 급여에서 개별 급여로

12 글로벌 경쟁력 강화를 위한 보건산업진흥원 개편 _ 251
보건산업의 전략적 육성

13 저출산·고령사회 특별회계 신설 _ 254
저출산·고령사회에 대한 선제적 대응 필요

14 타임뱅크와 계획기부 도입 _ 257
나눔의 접근성 및 지속가능성 확보

감사의 글 385일 "마음을 얻는 데서 시작하라"는 성현의 말씀을 가슴에 새기며…… _ 260

01

의료개혁,
더 이상 미룰 수 없다

스 마 트   복 지
S M A R T
W E L F A R E

1. 국민들이 왜 제약사를 먹여 살려야 하나?

리베이트 척결과 약가 인하

장관직에서 물러나기 며칠 전인 주말 아침, 휴대전화 벨소리가 울리기 시작했다. 눈코 뜰 새 없이 바쁜 일정을 마치고 정말 오래간만에 휴식을 취한 참이라 몸이 움직여지지 않았지만, 여간해선 끊어지지 않을 듯한 벨소리에 정신을 차리고 전화를 받았다. 어떻게 전화번호를 아셨는지, 전화를 한 어르신은 제대로 말을 잇지 못하고 감사하다는 말만 연발했다. 연유도 모른 채 울음을 터뜨리시는 노인을 달래며 들은 사연인즉, 고혈압으로 평생을 병원에서 약을 타 드셨는데 항상 4만 원가량 나오던 약값이 이번 달 들어 3만 6000원으로 줄어들어 문의해보니, "진수희 보건복지부 장관이 리베이트로 적발된 제약사의 약값을 강제로 인하시켜 본인 부담이 줄었다"라는 설명을 들었다는 것이다.

2011년 7월 리베이트를 건네다 적발된 제약사들의 131개 의약품 가격을 최대 20%까지 인하시키는 '리베이트 연동 약가 인하제도'를 도입한 바 있다. 처방 확대를 위해 또는 처방 대가로 뇌물을 제공하다 적발된 경우에 그 제약사들에게 강한 철퇴를 내린다는 의지를 다시 한 번 표명한 것이었다. 만 원의 행복이라고 했던가? 비록 얼마 되지 않는 돈이었지만, 누구도 관심을 가져주지 않고 혼자 힘으로 약값을 부담하며 살아온 그 어르신에게는 몇 천 원의 절감이 큰 도움으로 느껴졌던 듯했다. 통화를 마치고 나자 움직여지지 않던 몸이 보약을 먹은 듯 가뿐해졌다.

현재 우리나라 국민의료비 중 약품비가 차지하는 비중은 OECD 국가 평균의 1.6배 수준으로, 건강보험 지출의 29.3%를 차지하고 있다. 연간 13조 원에 가까운 돈이 건강보험에서 약품비로 지출되고 있는 것인데, 이는 바꿔 말하면 매년 건강보험에서 13조 원을 제약사들에게 지급하고 있다는 말이다. 국민의 건강을 책임지고 있는 건강보험의 규모가 증가하면서 약품비를 절감하기 위해 끊임없이 노력하고 있음에도 불구하고, 우리 국민의 약품비 부담률은 여전히 높은 수준이다. 그 이유는 무엇일까?

혹자는 우리나라 사람들이 지나치게 약을 좋아해서, 약을 많이 먹기 때문이라고 말하기도 한다. 하지만 약을 좋아하는 우리나라 사람들의 습관을 비판하기 전에 그러한 과다 복용 행태를 조장한 근원적 환경을 살펴봐야 한다. 지금까지 상당수의 제약사들이 매출을 올리기 위해 치열한 영업 경쟁을 벌이면서 의사들에게 처방 확대 또는 처방 대가로 리베이트를 제공해왔다. 그에 따라 약이 고가 위주로, 과다하게 또는 불필요하게 처방되는 일이 비일비재하게 발생했다. 흔히 외국에서는 가벼운 감기 증상 정도는 그냥 방치하기 마련인데, 우리나라에서는 약봉지가 가득 찰 정도의 약을 처방하곤 한다.

약가는 어떤가? 구매력지수 기준으로 약가를 비교해보면 선진 16개국

중 우리가 가장 높으며, 단순히 환율을 기준으로 해도 일본, 미국을 제외한 대부분의 국가보다 높다. 게다가 현재 우리나라의 약가제도는 만일 어떤 약의 특허 기간이 만료되어 많은 제약사에서 생산이 가능해지더라도 여전히 높은 가격 수준을 유지할 수 있도록 하고 있다. 이렇게 제약사에게 유리한 환경 속에서 우리나라 제약시장은 어땠을까? 영세 규모의 제약기업들이 난립하며 제약사들은 기술 투자보다는 판매와 영업경쟁에만 치중하는 후진적인 모습을 보였다. 그러면서 리베이트와 같은 부당 경쟁이 과열되었고, 결국 그 부담은 우리 국민들에게 고스란히 돌아가고 말았다.

'500억대 리베이트 적발'
'○○제약 리베이트 적발, 행정처분 철퇴'
'현금-상품권-골프 접대-논문 번역료 리베이트 제공'
'제약사 15곳, 의사 1천여 명 리베이트 적발'

우리가 뉴스에서 며칠에 한 번씩 쉽게 볼 수 있는 보도들이다. 그렇다면 리베이트를 하기 위한 돈은 어디서 나왔을까? 쉽게 짐작할 수 있을 것이다.

우리나라 상장 제약사의 매출액은 지난 10년 동안 3배(268%) 가까이 증가했다. 최근 글로벌 경제 위기로 인한 경기 침체로 제조업들의 성장률이 0.39%로 둔화되었음에도 불구하고, 2010년 제약사들의 매출은 전년 대비 11.9%로 증가하며 높은 성장세를 유지하고 있다. 매출액 대비 매출원가는 기타 제조업에 비해 매우 낮으면서도 판매관리비는 3배 이상 높은 것으로 나타나는데, 바로 이 판매관리비가 리베이트와 직결되는 부분이다. 낮은 매출원가로 고수익을 거두면서 그 돈으로 판매관리비를 통해 리베이트에 퍼붓고 있는 것이다.

글로벌 제약사들과 단순 비교만 해봐도 우리의 현실을 알 수 있다. 영업이익률은 글로벌 제약사들이 국내 제약사에 비해 2배 이상 높지만, 매출원가율은 글로벌 제약사들이 국내 제약사의 반밖에 되지 않는다. 판매관리비도 국내 제약사들이 훨씬 높지만, 연구개발비는 글로벌 제약사들의 3분의 1 이하 수준이다. 이러한 후진적 제약산업 구조를 이대로 두고 볼 수는 없었다. 시장에는 보이지 않는 손만 있는 것이 아니라, 보이지 않는 발(invisible foot)도 있다. 보이지 않는 발이란 용어를 처음 쓴 사람은 프랑스의 경제학자 랑그로와다. 보이지 않는 손이 시장을 움직인다면, 보이지 않는 발은 시장에 제대로 적응하지 못하는 기업을 시장 밖으로 차내는 힘이라는 것이다.

제대로 작동하지 않으며 시장에 적응하지도 못하는 기업은 보이지 않는 발에 의해 시장 밖으로 나가야 한다. 그것이 당연한 시장의 법칙이다. 심지어 생산라인도 없이 휴대전화만 가지고 리베이트를 통해 장사를 하는 제약회사, 아니 제약 장사꾼들이 판을 치고 있는 것이 우리나라 제약시장의 현실이다. 더 이상 늦어지면 우리 제약산업의 미래는 없다.

제약산업은 인구 고령화 등에 따라 성장 잠재력이 큰 고부가가치 산업이 되었으며, 맞춤 의약 등 새로운 시장 창출 가능성도 높다. 하지만 이처럼 국내 시장에만 안주한 탓에 우리나라 제약사들의 국제 경쟁력은 매우 미흡하다. 고수익을 보장하는 외국의 복제약(제네릭)들을 가지고 치열하게 부당 경쟁하며 가격만 부풀리면서도, 신약 개발에 투자할 최소한의 수익 구조를 유지시켜달라며 정부의 약가정책에 반발하는 것이 이해가 되는가? 그동안 국내 제약사에서 개발한 의약품 중 미국, 유럽에서 허가를 받은 품목은 단 6개에 불과하다는 사실을 아는 사람은 많지 않을 것이다. 나머지는 대부분 특허가 만료된 외국의 복제약들이다.

인구 고령화, 만성질환자 증가 등으로 의료비 폭발은 임계점을 맞이하고 있다. 현재 건강보험은 노인과 만성질환자가 늘어나면서 지출은 증가하고 있지만, 경제 성장률 둔화와 경제 활동인구 감소로 수입 기반이 취약해지면서 재정불안정이 가중되고 있다. 그 가운데 제약사들은 지속적으로 높아지는 약품비 덕분에 매출을 계속 늘려가고 있다.

그동안 시장형 실거래가 제도, 리베이트 쌍벌제 도입 등 약가를 인하해보려는 노력은 계속되어왔다. 그러나 시장형 실거래가 제도는 가중 평균가를 기준으로 한 가격 인하 폭이 최대 10%에 불과해 약가 인하 속도가 더디고, 거품 제거에 상당한 시간이 소요된다는 단점이 있었다. 또 리베이트 쌍벌제는 사후 적발을 위한 제재 수단으로, 약값에 존재하는 거품을 사전에 제거하여 리베이트 여력을 없애는 정책이 함께 도입되어야만 정책 효과가 배가될 수 있다는 한계가 있었다. 때문에 일괄 약가 인하라는 강수를 둘 수밖에 없었다.

내가 복지부 장관으로 내정된 지 얼마 되지 않았을 때, 국무회의 후 이명박 대통령이 국민들의 약값 부담이 크다면서 지금의 약가제도는 너무 복잡하다고 지적한 적이 있다. 그 뒤 약가 인하 방안을 여러 가지로 고민해봤지만, 제약업계의 반대 목소리가 너무 높아 면밀한 준비가 필요했다.

나는 먼저 제약업계가 약가 인하를 감당할 수 있는 여력이 과연 없는지 분석해보았다. 제약산업에 대한 연차보고서와 주요 제약사들의 재무제표를 펼쳐놓고 꼼꼼히 살펴보니 약가 인하 여력은 충분한 것으로 판단됐다.

높은 현금유보율, 안정적인 부채비율과 자기자본비율, 제조업의 3배가 넘는 총자산증가율 등은 그동안 제약사들이 부풀려놓은 약품비를 정상화시키는 데 충분한 근거자료였다. 일괄 인하라고는 하지만, 이는 무조건적인 약가 인하를 뜻하는 것이 아니다. 특허가 만료되는 약의 가격을 글로벌 수준으로 현실화하겠다는 말이다. 특허가 만료되면 많은 제약사들이 약을 생산할 수 있게 되니 약값이 대폭 떨어져야 하는 것이 당연한 논리 아닌가? 높은 약가와 낭비적 사용으로 약제비 거품이 발생하고, 영세 제약회사가 난립하여 리베이트 등 부당 경쟁이 판치는 악순환 구조를 해결하기 위해서는 읍참마속(泣斬馬謖)의 심정으로 결단을 내릴 수밖에 없었다.

2011년 8월 12일 발표한 '약가제도 개편 및 제약산업 선진화' 정책을 통해 약값이 평균 17% 인하되었고, 연간 총 2조 1000억 원의 국민 약품비 부담(건강보험+본인부담)이 경감되었다. 그중 본인부담금만도 연간 6000억 원가량이 경감되면서, 약값 부담으로 인한 서민들의 짐을 덜어드릴 수 있게 되었다. 예를 들면, 고혈압으로 3가지 약을 복용하는 63세 이 모 씨의 경우 연간 6만 원의 약값 부담이 줄어들고, 간염에 걸려 간염치료제인 헵세라정을 복용해야만 하는 57세 김 모 씨의 경우는 연간 21만 원의 약값 부담이 줄어든다.

이 제도가 발표된 후, 많은 분들로부터 격려의 전화를 받았다. 심지어 그중에는 제약기업의 현직 CEO도 있었다. 약가 인하로 인해 리베이트 여력이 없어지면, 리베이트 덕분에 제약시장에서 토착화된 기업들보다는 오히려 기술이 우수한 혁신형 제약기업들이 성공할 수 있는 토양이 마련될 것으로 기대된다는 이야기였다. 김대중 정부 당시 약가제도 개편을 추진한 바 있던 이태복 전(前) 보건복지부 장관도 본인이 하지 못한 한을 풀어줬다며 감사의 말을 전했다.

약가 인하 외에도 다양한 지원책을 마련했다. 적정한 사용량을 처방하는 병·의원에 대해 인센티브를 제공하고, 국민들이 약을 과다 복용하지 않도록 약 관련 정보를 쉽게 찾아볼 수 있게 했다. 제약산업 선진화와 관련해서는 R&D 등 기술 개발에 노력하는 혁신형 제약기업을 선정하여 약가 우대 및 세제 지원을 하고, 제약기업 전용 CBO 발행 등 자금 조달 비용을 줄여줄 수 있도록 금융 지원도 모색했다. 또 글로벌 펀드 조성, 해외 컨설팅 등을 통해 국내 제약사들이 세계로 진출할 수 있도록 국제 경쟁력을 강화해나가기 위한 지원책도 마련했다.

공익성은 있지만 수익성이 떨어져 시장에서 퇴출 우려가 큰 특허의약품이나 퇴장방지의약품, 필수의약품 등은 안정적인 의약품 공급을 위해 적용 대상에서 제외했고, 새로운 제도 시행으로 약가 인하 효과가 상쇄되는 시장형 실거래가 제도는 1년간 적용을 유예하되 지속적인 모니터링을 통해 보완하도록 했다. 그럼에도 일부 제약사들은 필수의약품, 퇴장방지의약품을 공급하기 어렵다며 국민을 상대로 '협박'을 하고 있다. 한심한 노릇이다.

이제 제약사들은 고용 축소와 필수의약품 퇴장을 담보로 국민들을 위협하기보다는 그동안의 리베이트 관행에 대해 뼈저리게 반성해야 한다. 또한 세제 지원·연구개발비 세액공제 비율 상향·투자 세액공제 비율 상향·혁신형 제약 전용 CBO 발행·특례 보증·이차보전사업 등 정부의 다양한 제약산업 선진화 구조 개혁 노력과 함께 발을 맞추어 그동안 국민들의 약값 부담으로 호의호식해온 세월을 뒤로하고 그들 스스로 경쟁력을 갖추기 위한 비전을 마련해야 할 것이다.

2. 바꾸지 않으면
국민 건강이 위험하다
보건의료 미래 비전 2020

오바마 미국 대통령은 한국에 대단히 호의적인 것 같다. 오바마가 한국을 언급하면서 침이 마르게 칭찬하는 것이 몇 가지 있는데, 그중 대표적인 것이 교육과 건강보험이다. 오바마가 제시한 가장 중요한 공약은 '전 국민이 건강보험제도의 혜택을 받는 것'이었는데, 그는 한국의 건강보험제도를 벤치마킹하여 모델로 삼아 도입할 계획이라고 공언해왔다. 미국에서 지난 2010년 3월 우여곡절 끝에 향후 10년간 재정에서 9400억 달러를 투입해 보험 사각지대에 있는 3200만 명에게 혜택을 제공함으로써 건강보험 수혜율을 95%로 올리는 건강보험개혁안이 힘겹게 통과되었다. 그러면서 다시 한 번 그 모델이 됐던 우리나라의 건강보험제도에 대한 관심이 높아졌다.

이러한 이야기들이 널리 퍼지면서, 그동안의 미국의 의료 현실을 적나라하게 비판하는 〈식코〉라는 영화가 주목을 받게 되었다. 그런데 이 영화가 묘하게 정부가 건강보험 민영화를 추진하려 한다는 괴소문(?)과 얽히며 '미국도 부러워하는 우리나라의 건강보험제도를 이명박 정부가 포기하고 건강보험을 민영화하려 한다'는 억측으로 이어진 적이 있다. 전 보건복지부 장관으로서 단언컨대, 이는 전혀 사실이 아니다. 단 한 번도 건강보험 민영화를 추진하려고 한 적이 없기 때문이다. 경제자유구역과 제주도에 도입하려는 투자 개방형 영리 병원이 나비효과가 되어 거기까지 연계된 것으로 짐작은 되지만, 보완이라면 모를까 '전 국민 건강보험'이라는 우수한 제도를 포기할 어리석은 정부는 단언컨대 없다.

  2011년 3월 미국을 방문했을 때, 백악관에서 만난 오바마 대통령의 보건정책 보좌관은 면담 내내 시종일관 한국의 건강보험제도에 대해 깊은 관심을 보이며 내가 답변하기 곤란한 상세한 부분까지 질문을 해 약간 곤혹(?)스러웠던 적이 있다. 그리고 이제는 말할 수 있게 된 사실 하나, 당시 백악관을 방문했을 때 건강보험 및 건강관리에 대한 지대한 관심 때문인지 오바마 대통령과 비공식 면담을 가지기로 약속이 되어 있었다. 하지만 갑자기 리비아 사태로 인한 긴급 대국민 연설이 잡히는 바람에 오바마 대통령과의 면담은 안타깝게도 불발이 되고 말았다. 그러나 이는 오바마 대통령이 한국의 건강보험을 비롯한 보건의료제도에 얼마나 큰 관심을 가지고 있는지 확인할 수 있는 일화라고 할 수 있겠다.

  이처럼 우리나라의 보건의료체계는 오히려 국외에서 높이 평가되는 등 상당한 성과를 거두어왔다. 우리는 최단기간에 전 국민 건강보험제도를 도입하여 국민의 의료 접근성을 가장 빠르게 개선한 국가 중 하나로, 다른 OECD 국가에 비해 낮은 의료비를 지출하면서도 선진국 수준의 건강 지표를 달성했다. 최근에는 중동의 여러 국가들이 우리의 이러한 건강보험 시스템을 도입하기 위해 지대한 관심을 표명하고 있을 정도다. 하지만 이러한 성과에도 불구하고 최근의 급격한 의료환경 변화는 우리 보건의료체계의 지속가능성에 중대한 위협으로 작용하고 있다. 초고령화 시대를 목전에 두고 경제활동인구 감소와 막대한 의료비용 증가라는 피할 수 없는 상황에 직면해 있으며, 식생활 변화 등 건강상태가 악화되고 질병구조가 변화하면서 대사증후군 등 건강 위험 요인이 나날이 늘어가고 있다. 새로운 의료기술 발전과 국민의 의료욕구 증가 또한 의료비용 증가의 잠재적 원인이 되고 있다. 이러한 고령화, 건강상태 악화, 의료기술 발전 등은 단순 의료비용 증가뿐 아니라, 현행 보건의료체계의 중대변화가 필요함을 보여주는 환경적 요인들이다.

미래 국민의료비 시나리오에 대한 연구 결과를 보면 2020년 국민의료비 규모는 251조 원으로 GDP 대비 11.1% 수준이다. 이는 2010년 기준 81조 3000억 원, GDP 대비 6.9%에 비해 상당히 높은 금액이다. 151조 원의 공적재원이 필요하며 110조 원의 건강보험 지출이 소요된다는 말인데, 여기에 새로운 의료기술의 발전과 증가하는 국민들의 의료욕구까지 감안했을 때 의료제도 개혁을 통해 이러한 비용에 대해 충분히 대비하지 못한다면 오바마도 부러워하는 우리의 우수한 우리나라의 건강보험제도의 지속가능성에 심각한 문제가 생길 수밖에 없다. 한정된 재원으로 빠른 속도로 늘어나는 의료비용을 충당하려면 국가 전체적으로 상당한 규모의 비용 부담이 발생할 것이며, 이는 건강보험을 포함한 현 보건의료체계의 지속가능성 확보와 적정 수준의 의료보장 달성을 더욱 어렵게 만드는 요인이 될 수밖에 없다. 때문에 보건의료제도의 지속가능성은 향후 의료보장체계 발전에 있어 가장 중요한 가치다.

향후 10년 보건의료 분야의 다양한 제도개선 이슈를 종합적으로 논의할 '보건의료미래위원회'가 발족되었다. 보건의료미래위원회 1차 회의에서 발언하고 있는 진수희 전 장관

　　존 롤스는 《사회정의론》에서 "다른 처지를 감안한 평등이 합당하며, 그 사회에서 가장 최소의 혜택을 보는 사람에게 우선적인 기회를 주는 것이 정의롭다"고 밝힌 바 있다. 의료기술의 발달과 국민의 의료욕구 증대, 고령화라는 다층적인 주변 환경의 변화로 급격한 비용 상승의 위기를 겪고 있는 시점에서, 우리는 우선 비용 부담이 높은 필수의료 중심, 의료 소외 계층 중심으로 의료보장을 강화해야 한다. 그렇게 해야 건강보험, 나아가 우리나라 보건의료제도 전체의 지속가능성을 담보할 수 있다는 것은 자명한 사실이다. 무분별한 보장성 확대 요구는 결국 비용 의식을 약화시키고 국민의 부담을 늘려 미래세대의 부담을 초래할 수밖에 없다. 문제의 심각성을 인식하고 급격한 의료환경 변화에 대비하여, 지속가능한 의료체

계를 만들어야 한다. 그러기 위해서는 단순 비용 절감 차원의 단기 대책이 아닌, 국가 미래 전략 차원의 장기적이고 종합적인 대책을 마련할 필요가 있다고 생각한다.

물론 이러한 장기적이고 종합적인 논의는 이해 관계자 및 단체들의 심한 반발을 가져올 수 있다는 우려의 목소리가 높았다. 또한 정치인으로서 이러한 반발이 심한 부담이 될 것이라는 지적도 있었다. 그러나 더 이상 미루게 되면 자랑스러운 우리의 우수한 건강보험제도는 지속가능성을 위협 받을 수밖에 없으며, 국민의 건강에도 악영향을 미칠 것이라는 걱정에 긴급하게 보건의료미래위원회를 출범시켰다.

2011년 4월부터 8월까지 전체위원회 7회, 소위원회 20회를 개최하여 단기간 동안 집중적인 논의를 진행한 끝에 그간의 논의 결과를 종합해 '2020 한국 의료의 비전과 정책 방향'을 채택했다. 정책건의의 주요 내용은 건강보험의 보장성 원칙과 재원, 보험료 부과체계 및 지불제도에 대한 사회적 합의와 의료소비자 권리 향상, 건강 수준 및 공공의료 개선, 의료자원의 평가와 효율적 관리 등이었다.

일부 위원들 및 단체들을 설득해 단일한 합의안을 도출하는 것이 쉽지는 않았다. 그러나 향후 10년의 보건의료체계의 교과서를 만든다는 신념으로 합리적인 대안을 제시하고 끊임없이 설득한 결과 마침내 합의를 도출했다. 시간적인 제약으로 보다 다양한 안건들이 다루어지지 않은 데 대해 아쉬움을 나타내는 위원들이 많았으나, 너무 오래 끌게 되면 배가 산으로 갈 뿐만 아니라 당초의 절박한 개혁추진의 결심과 의지가 퇴색될 수 있을 것이라는 우려에서 가급적 빠른 시일 내 합의를 도출해내고자 했다.

퇴임 직전인 2011년 9월 7일에는 이러한 정책 건의를 바탕으로 '2020 보

> 〈 2020 보건의료 미래 비전을 위한 10대 정책 〉
>
> 01_ 비용 부담이 높은 필수의료 중심으로 의료보장을 강화한다.
> 02_ 보험료를 합리적으로 조정하고 국가 재정의 역할을 강화한다.
> 03_ 국민이 공정하다고 느낄 수 있는 보험료 부과 시스템을 구축한다.
> 04_ 국민 건강 수준 향상을 위해 예방적 건강 정책을 강화한다.
> 05_ 의료소비자 권리 향상을 위한 정책을 추진한다.
> 06_ 보건의료의 공공성을 소유 중심이 아닌 기능 중심으로 강화한다.
> 07_ 의료의 질 제고를 위해 의료자원 관리체계를 합리화한다.
> 08_ 국민부담 경감 및 제약산업 발전을 위해 약가제도를 개선한다.
> 09_ 종합적이고 지속적인 논의를 통해 건강보험 지불제도를 개편한다.
> 10_ 보건의료산업이 일자리와 기술 발전에 기여할 수 있도록 육성한다.

건의료 미래 비전 후속 계획'을 발표했다. 앞서 기술한 약가 인하는 물론이고, 불필요한 낭비를 줄이기 위한 보험료 지불제도 개편, 보험료 부과의 형평성 제고를 위한 제도 개선, 만성질환 관리체계 구축 및 기능중심의 공공의료 강화 원칙 확립 등 매우 어렵지만, 더 이상 늦추게 되면 국민 모두의 건강을 위협할 수 있는 중요하고도 시급한 과제들 위주로 구체적인 로드맵을 마련했다. 이러한 노력의 결과로 올 초, 1조 원의 당기 적자가 예상되어 상황이 심각했던 건강보험 재정이 3년 만에 흑자로 돌아서 2198억 원의 흑자를 낼 것으로 추정되고 있다는 소식에 큰 보람을 느꼈다. 국민 건강을 수호하는 건강보험의 지속가능성에 드디어 작은 청신호가 켜진 것이다.

보건의료 개혁은 의료소비자, 공급자, 이해당사자 간에 입장이 첨예하게 대립되는 영역인 만큼, 이해당사자 간의 합의와 갈등 조정도 중요하지만 이해관계에 휘둘리지 않고, 국민건강을 최우선 가치로 여기는 신념이야말로 정책추진의 핵심 성공 요인이라고 생각한다.

   2020 보건의료 미래 비전을 위한 10대 정책은 얼핏 간단명료해 보이나 매우 중요하면서도 합의를 도출하기 힘들었던 내용들이다. 지금 바꾸지 않으면 국민의 건강이 위태로워지고, 국민의 건강이 위태로워지면 나라 전체가 위기에 처한다는 공동의 위기의식이 있었기에 합의를 이끌어낼 수 있었다.

〈 제1차 보건의료미래위원회 인사말 〉

우리 의료제도는 세계 어디에 내놓아도 자랑할 만한 성과를 가지고 있습니다. 세계 어느 나라보다 국민의 의료접근성을 빠르게 개선했고, 그 결과 건강 수준도 향상되었습니다. 저는 이러한 성과가 결코 정부가 잘해서 이룩한 성과가 아니라는 것을 잘 알고 있습니다. 지금도 의료현장을 지키고 계신 보건의료인, 의료제도를 고민해 오신 전문가들, 우리 제도의 발전을 위해 관심을 갖고 조언해주신 시민단체와 국민 모두의 협력이 없었다면 이러한 성과를 거둘 수 없었을 것입니다.

하지만 성과가 우리 모두의 몫이듯, 직면한 문제 역시 우리 모두의 문제입니다. 우리 의료제도는 변화하지 않으면 안 될 상황에 이미 직면하고 있습니다. 고령화와 의료기술의 발전은 의료비용의 급격한 증가를 예고하고 있고, 더 높은 의료보장과 다양한 서비스를 원하는 국민의 요구도 더 커지고 있습니다.

이러한 변화로 인해 우리나라는 지난 10년 동안 OECD 국가 중 가장 빠르게 의료비용이 증가한 국가입니다만, 앞으로 다가올 10년은 더욱 빠른 속도로 의료비용의 증가를 경험하게 될 것입니다.

다행히 국민·의료공급자·보험자 모두 변화가 필요하다는 인식도 높아지고 있습니다. 이제 이러한 상황에 대한 진지하고 근본적인 논의와 변화가 시작되어야 할 시점이라고 생각합니다.

다가올 10년은 우리나라뿐 아니라 대부분의 선진국에서도 지속 가능한 의료제도 구축이 가장 중요한 이슈가 될 것입니다. 사회적 합의를 거쳐 비용을 아끼면서 자국의 실정에 맞는 제도를 갖는 국가는 국민의 건강과 경쟁력을 확보할 수 있지만 의료제도를 둘러싼 사회적 갈등이 일어나고 비용을 증가시키는 제도를 유지하는 국가는 국민의 삶의 질도, 국가경쟁력도 확보하기 어려울 것입니다.

미래를 설계하고 꿈꾸지 않으면 미래뿐 아니라 현재도 존재하지 않습니다. 그런 의미에서 우리 의료제도의 미래를 걱정하고 서로의 입장을 내어놓고 이야기할 보건의료미래위원회를 만들어서 서로 머리를 맞댄다는 것은 역사적 의미가 있는 일입니다.

이처럼 중요한 위원회에서 개혁 방향을 논의하는 데 있어 몇 가지만 당부 말씀을 드리려고 합니다. 우선 무엇보다 국민의 입장에서 생각해주시고 논의해주십사 하는 것입니다. 적절한 비용으로 양질의 의료서비스를 제공할 수 있는 의료제도를 어떻게 만들어나갈지에 대해 우리 국민들이 위원회를 바라보고 있다는 점을 잊지 말아 주십시오. 각자의 입장에서 한 발짝 떨어져서 우리 의료제도를 이용할 국민의 입장에서 논의해주시기 바랍니다.

둘째는 종합적이고 장기적인 관점에서 논의해주십사 하는 것입니다. 복잡한 이슈가 얽혀 있는 의료제도의 개선은 몇 개의 과제만으로 결론을 내릴 수 없다고 생각합니다. 하지만 답을 내기 어렵다고 해서 논의를 더 이상 미루고 있을 수는 없습니다. 단기적으로는 풀어내기 어려운 과제들도 좀 더 넓은 관점에서 종합적으로 논의하면 최소한의 원칙을 도출할 수 있고 최소한의 원칙에서 출발하여 세부적인 과제들을 구체화해나갈 수 있다고 생각합니다.

셋째는 상호 신뢰하에 논의해주십사 하는 것입니다. 서로에 대한 신뢰가 모든 논의의 첩경이라고 생각합니다. 사안별로 입장이 다르실 수 있는 것을 잘 알고 있습니다. 하지만 어떤 경우에도 어느 한쪽이 모든 것을 잃거나 모든 것을 얻는 경우는 없을 것입니다. 너무 무겁게 논의하시기 보다는 서로 농담도 하시고, 식사도 하시면서 서로 같은 문제를 고민하고 있다는 것을 발견해주시기 바랍니다.

존경하는 위원장님, 그리고 위원 여러분! 위원회에서 모든 의료제도의 현안에 대해 답을 찾을 수 없을지도 모릅니다. 오히려 여러분들의 논의는 지속 가능한 의료제도를 구축하는 대장정의 시발점이 될 것입니다. 여러분들의 논의와 합의가 방향타가 되어 향후 10년 우리 의료제도 발전의 밑그림이 될 것입니다. 저는 여러분들이 그러한 밑그림을 그리시는 데 필요한 지원을 아끼지 않겠다는 말씀을 드립니다.

3. 1,000억 부자가 건강보험료 2만 원?

건강보험 부과체계 개편

2011년 현재 세계 곳곳에서는 '불공정'을 외치며 공정에 대한 갈망을 표출하고 있다. 뉴욕에서 시작된 월가 점령 시위는 캐나다와 호주를 넘어 유럽 등 전 세계로 확산되고 있다. 이는 2008년 글로벌 경제 위기 이후 많은 나라들이 경제 불황에 직면해 소득 불평등이 심화되고, 중산층이 몰락하는 등 서민의 경제 상황이 극도로 피폐해졌기 때문일 것이다.

2010년 이명박 정부는 국정 기조로 '공정사회'를 내세운 바 있다. 혹자들은 5공 시절 군사정권이 내세웠던 '정의사회 구현'이 떠오르기도 해 반신반의했을 테지만, 공정사회를 화두로 던진 것은 최근의 사회환경을 감안한 현명한 선택이었다고 생각한다. 2010년과 2011년 선풍적인 인기를 얻은 최고의 베스트셀러가 하버드대학 마이크 센델 교수의 《정의란 무엇인가》였음을 볼 때, 우리 국민들의 공정사회에 대한 갈망이 얼마나 큰지 알 수 있다.

공정한 사회의 개념은 3가지 구성 요소로 정리할 수 있다. 첫째, 사회 구성원이 동의할 수 있는 공평한 출발의 기회를 제공하는 것이다. 둘째, 게임의 룰을 넘어서는 반칙과 특권을 허용하지 않는 것이다. 셋째, 결과에 대한 승복과 패자에 대한 재도전 기회를 제공하는 것이다. 즉, 사회적 약자에게 불이익을 주지 않고 공평한 기회를 제공하며, 사회적 강자의 반칙과 특권을 허용하지 않는다는 이중적 의미를 가지고 있는 것이다.

이 중 반칙과 특권을 허용하지 않는 공정사회의 의미는 형평성 있는 보험료 부과와 직접 연계될 수 있다. 사회보험으로서 건강보험의 지속가능성은 공정한 보험료 부과체계에 달려 있다고 해도 과언이 아니다. 실제로 전체 건강보험 재정 수입의 83.9%를 보험료 수입에 의존하고 있는 실정을 고려해보면, 보험료 부과의 공정성이 전제되지 않고는 건강보험제도에 대한 국민의 신뢰를 얻기 어려울 것이다. 그동안 건강보험료 부과의 형평성 논란은 끊이지 않았는데, 직장보험과 지역보험의 보험 재정 통합 이후에도 사실상 이원적으로 운영되어온 건강보험 부과체계에 대해 직장보험 가입자는 물론 지역보험 가입자도 형평성 문제에 불만을 제기하고 있는 실정이다.

직장보험 가입자는 자신들의 소득은 투명하게 드러나기 때문에 소득을 제대로 신고하지 않는 지역보험 가입자에 비해 성실하게 납부하고 있다고 주장한다. 반면 지역보험 가입자는 영세사업자, 실직자 등 취약계층임에도 불구하고 소득 탈루 가능성이 있다는 이유로 오히려 재산·자동차·세대원 수 등을 반영하여 보험료 부담이 높다고 주장한다. 양쪽 모두가 불공평을 주장하고 있는 것이다.

그동안 제기됐던 문제점들을 요약하면 다음과 같다.

첫째, 근로소득만 따져 건강보험료를 부과하는 직장보험 가입자와 달리 지역보험 가입자는 부동산 등 보유재산과 임대·금융소득을 모두 합해 부과하기 때문에 급여 외에 소득이 훨씬 많은 직장보험 가입자는 상대적으로 보험료를 덜 내는 모순이 생겼다. 이를 악용해 직장보험을 위장취득해 고액 재산에도 불구하고 약간의 소득에 대해서만 건강보험을 납부하는 등의 행태가 만연했다. 2010년 기준으로 100만 원 이하의 급여를 받아 소액(평균 보험료 2만 2255원)의 건강보험료를 납부하는 직장보험 가입자 가운데 재산이 100억 원을 넘는 사람은 149명으로 나타났고(심지어 1000억 원이 넘는 이들도 있었다. 1000억 원이 넘는 재산을 가지고도 월 건강보험료로 단 2만 원을 냈다는 말이다). 제도적 허점을 악용해서 연간 수십억 원의 임대·금융소득을 올리면서도 건강보험료를 아끼려고 100만 원짜리 월급쟁이로 위장 취업하는 도덕적 해이가 판을 치고 있는 것이다.

둘째, 지역보험 가입 대상인 고액 재산가들이 건강보험료를 덜 내기 위해 직장보험 가입자인 자녀의 피부양자로 등재되면서 건강보험료를 내지 않는 경우가 발생했다. 때문에 과표재산이 10억 원이 넘고 고급 승용차를 보유하고 있음에도 자녀의 피부양자로 등재되어 건강보험료를 내지 않는 경우가 비일비재했다. 동일한 경우에 피부양자로 등재될 자녀가 없는 경우에는 월 25만 2000원, 연간으로는 302만 4000원의 건강보험료를 내야 한다.

셋째, 지난 2003년부터 5명 미만의 소규모 사업장 근로자도 직장보험 가입자로의 전환이 가능해졌는데, 이는 본래 영세사업장 근로자 등 취약계층을 보호하기 위한 제도였으나 이 때문에 오히려 의사·변호사·약사·회계사 등 고소득 전문직과 임대사업자들이 직장보험 가입자로 전환해 이들의 보험료 부담을 합법적으로 대폭 줄여주는 엉뚱한 결과를 초래했다. 취약계층 보호를 위한 제도를 악용해서, 막대한 소득으로 지역보험 가입자의 월 보험료 상한선인 182만 원(부과체계 개선 전)을 내던 고소득 전문직이 사업소득을 월 300만 원만 신고하면, 기타 소득이 1억 원을 넘더라도 17만 원만 납부하게 된 것이다.

그동안 건강보험의 소관부처인 보건복지부 내부에서는 이러한 문제 해결의 필요성에 대해 충분히 공감하고 있었음에도 불구하고, 형평성 있는 부과체계 개선이 국민들의 부담을 가중시킨다는 우려로, 아니 솔직하게 말해서 집권당인 한나라당의 지지계층의 부담을 가중시킨다는 우려로 논의가 지지부진했던 것 같다.

그래서 우선 고액의 재산을 보유한 피부양자는 지역보험 가입자로 전환하여 보험료를 부과하고, 보험료 상한선을 조정하여 고소득자도 소득에 비례하여 보험료를 부담하도록 하는 등의 과제를 선정하여 본격적인 부과체계 개편 작업에 착수했다. 피부양자제도의 본래 취지는 경제적 부담 능력이 없어 직장보험 가입자에 의해 주로 생계가 유지되는 자의 경우에는 직장보험 가입자의 부담으로 건강 위험에 대처한다는 것이다. 그러나 고액의 재산을 보유하고 있는 자산가들의 경우, 사회 통념상 직장보험 가입자에 의해 생계가 유지된다고 볼 수 없으므로 피부양자에서 제외하여 보험료를 부담시키는 것이 타당하다고 할 수 있다.

이때 가장 중요한 문제는 어느 정도의 고액 재산을 보유한 피부양자를 부담 능력이 있다고 볼 수 있는가였다. 그 기준을 너무 낮게 책정할 경우, 주택 등 부동산을 보유하고 있으나 소득이 거의 없는 일반적인 은퇴 노인들까지 피부양자에서 제외되는 문제가 발생할 수 있다. 반면 기준을 너무

첫째, 근로소득만 따져 건강보험료를 부과하는 직장보험 가입자와 달리 지역보험 가입자는 부동산 등 보유재산과 임대·금융소득을 모두 합해 부과하기 때문에 급여 외에 소득이 훨씬 많은 직장보험 가입자는 상대적으로 보험료를 덜 내는 모순이 생겼다. 이를 악용해 직장보험을 위장취득해 고액 재산에도 불구하고 약간의 소득에 대해서만 건강보험을 납부하는 등의 행태가 만연했다. 2010년 기준으로 100만 원 이하의 급여를 받아 소액(평균 보험료 2만 2255원)의 건강보험료를 납부하는 직장보험 가입자 가운데 재산이 100억 원을 넘는 사람은 149명으로 나타났고(심지어 1000억 원이 넘는 이들도 있었다. 1000억 원이 넘는 재산을 가지고도 월 건강보험료로 단 2만 원을 냈다는 말이다). 제도적 허점을 악용해서 연간 수십억 원의 임대·금융소득을 올리면서도 건강보험료를 아끼려고 100만 원짜리 월급쟁이로 위장 취업하는 도덕적 해이가 판을 치고 있는 것이다.

둘째, 지역보험 가입 대상인 고액 재산가들이 건강보험료를 덜 내기 위해 직장보험 가입자인 자녀의 피부양자로 등재되면서 건강보험료를 내지 않는 경우가 발생했다. 때문에 과표재산이 10억 원이 넘고 고급 승용차를 보유하고 있음에도 자녀의 피부양자로 등재되어 건강보험료를 내지 않는 경우가 비일비재했다. 동일한 경우에 피부양자로 등재될 자녀가 없는 경우에는 월 25만 2000원, 연간으로는 302만 4000원의 건강보험료를 내야 한다.

셋째, 지난 2003년부터 5명 미만의 소규모 사업장 근로자도 직장보험 가입자로의 전환이 가능해졌는데, 이는 본래 영세사업장 근로자 등 취약계층을 보호하기 위한 제도였으나 이 때문에 오히려 의사·변호사·약사·회계사 등 고소득 전문직과 임대사업자들이 직장보험 가입자로 전환해 이들의 보험료 부담을 합법적으로 대폭 줄여주는 엉뚱한 결과를 초래했다. 취약계층 보호를 위한 제도를 악용해서, 막대한 소득으로 지역보험 가입자의 월 보험료 상한선인 182만 원(부과체계 개선 전)을 내던 고소득 전문직이 사업소득을 월 300만 원만 신고하면, 기타 소득이 1억 원을 넘더라도 17만 원만 납부하게 된 것이다.

그동안 건강보험의 소관부처인 보건복지부 내부에서는 이러한 문제 해결의 필요성에 대해 충분히 공감하고 있었음에도 불구하고, 형평성 있는 부과체계 개선이 국민들의 부담을 가중시킨다는 우려로, 아니 솔직하게 말해서 집권당인 한나라당의 지지계층의 부담을 가중시킨다는 우려로 논의가 지지부진했던 것 같다.

그래서 우선 고액의 재산을 보유한 피부양자는 지역보험 가입자로 전환하여 보험료를 부과하고, 보험료 상한선을 조정하여 고소득자도 소득에 비례하여 보험료를 부담하도록 하는 등의 과제를 선정하여 본격적인 부과체계 개편 작업에 착수했다. 피부양자제도의 본래 취지는 경제적 부담 능력이 없어 직장보험 가입자에 의해 주로 생계가 유지되는 자의 경우에는 직장보험 가입자의 부담으로 건강 위험에 대처한다는 것이다. 그러나 고액의 재산을 보유하고 있는 자산가들의 경우, 사회 통념상 직장보험 가입자에 의해 생계가 유지된다고 볼 수 없으므로 피부양자에서 제외하여 보험료를 부담시키는 것이 타당하다고 할 수 있다.

이때 가장 중요한 문제는 어느 정도의 고액 재산을 보유한 피부양자를 부담 능력이 있다고 볼 수 있는가였다. 그 기준을 너무 낮게 책정할 경우, 주택 등 부동산을 보유하고 있으나 소득이 거의 없는 일반적인 은퇴 노인들까지 피부양자에서 제외되는 문제가 발생할 수 있다. 반면 기준을 너무 높게 정하게 되면, 적용 대상자의 범위가 작아 제도 도입의 실효성이 없게 된다. 건강보험 데이터베이스를 통해 다양한 대안에 대한 모의적용을 해본 결과, 과세표준액 9억 원 초과 재산 보유자를 제외하는 것이 적절하다는 결론이 났다. 종합부동산세 등 타 조세제도에서 사용되는 기준 등도 참고한 결과였다. 재산세 과세표준액 9억 원은 공시가를 기준으로 주택 15억 원, 토지·건축물 12억 9천만 원에 해당하는 고액 재산이다. 피부양자 중 약 1만 8000명이 이 기준에 따라 피부양자에서 제외될 것으로 전망되었다.

9억 원이라는 기준을 정하자, '종합부동산세를 폐지하자는 한나라당의 주장과는 맞지 않는다', '한나라당을 지지하는 일부 강남지역에서 심한 반발을 불러올 수 있다' 등 여러 반발이 있었으나, 공정사회라는 더 큰 가치에 확신을 갖고 과감한 개혁을 추진할 것을 지시했다. 보유한 재산이 과세표준액 9억 원을 초과하더라도 장애인 및 국가유공상이자 등 사회적 보호가 필요한 취약계층과 국가에 대한 공헌도를 인정할 수 있는 경우에는 피부양자로 인정했다. 당초 20세 미만 미성년자와 대학원 이하 재학 중인 학생의 경우까지 예외로 포함했으나, 규제개혁위원회에서 미성년자나 학생까지 예외로 하는 것은 과도한 보호라고 하여 이들은 피부양자에서 제외하는 것으로 결정되었다.

피부양자제도 개선과 함께 고소득자의 소득에 비례한 보험료 부담 강화를 위해 상한선을 조정할 필요성이 제기되었다. 건강보험료 상한선은 2002년 이 제도가 도입될 당시 전년도 월평균 건강보험료의 30배 수준으로 설정된 것이나, 이후 소득 수준의 향상 및 보험료율의 증가 등으로 상한선이 평균 보험료의 25~26배 수준으로 낮아져 이에 대한 조정이 필요한 상황이었다. 2010년도 평균 보험료는 직장보험 7만 3000원, 지역보험 6만 9000원 수준이었으며, 그 30배 수준으로 보험료 상한선을 조정하기 위해 직장보험 가입자의 보수월액 상한선을 월 6579만 원에서 7810만 원으로, 지역보험 가입자의 보험료 부과점수 상한선을 1만 1000점에서 1만 2680점으로 각각 상향 조정했다. 이로써 직장보험 가입자의 보험료 상한선은 월 186만 원에서 220만 원으로, 지역보험 가입자는 월 182만 원에서 210만 원으로 인상되었다.

이러한 노력 끝에 2011년 6월 국민건강보험법 시행령이 개정되었고, 이에 따라 약 3400명의 고소득자들에게 23억 원의 보험료가 추가로 부과되었다. 또 7월에는 동법 시행 규칙이 개정되어 그 다음 달부터 과세표준액 기준 9억 원을 초과하는 재산을 보유한 1만 8000여 명이 피부양자에서 제외되어 지역보험 가입자로 전환되었다. 이들은 월평균 약 22만 원의 보험료를 부담하게 되었으며, 8월에 총 39억 원이 부과되었다.

건강보험 재정이 통합된 이후 지역보험료 재산점수 조정 등의 부분적인 개선은 있었으나, 통합 당시의 제도는 큰 변화 없이 현재까지 유지되고 있었다. 그런 의미에서 이러한 부과체계의 개편은 시기적으로 매우 의미 있는 첫걸음이라고 할 수 있다.

또한 직장보험에 가입되어 있으나 근로소득 이외 수입이 훨씬 많은 고소득자, 즉 고액의 임대소득·사업소득·배당소득 등을 보유한 빌딩 소유자, 대주주 등이 어려운 서민들보다도 건강보험료를 적게 내는 제도적 허점을 보완하기 위해 직장보험 가입자라도 근로소득 외 종합소득에 추가적인 보험료를 부과하는 방안을 마련했다. 2011년 하반기쯤 개정안이 국회에 제출되어 2012년부터 시행될 예정으로, 이렇게 되면 앞서 언급한 1000

억 원 상당의 재산을 보유한 고액 자산가가 월 보험료 2만 원을 내는 일들은 없어질 것이다.

이와 동시에 지역보험 가입자의 경우, 취약계층임에도 직장보험 가입자에 비해 높은 건강보험료 부담을 지니고 있는 이들을 위해 재산·자동차에 대한 보험료 비중을 축소하여 실질 소득이 낮은 취약계층의 보험료 부담을 경감해주어야 하는 부분이 남아 있다. 더불어 보험료를 낼 여력이 없는 취약계층에게는 국가가 예산으로 보험료를 지원해줄 수 있는 보완책을 마련해야 할 것이다. 또한 장기적으로는 모든 소득에 대해 보험료를 부과하여, 취약계층의 보험료 부담을 낮추되 여력이 있는 계층의 보험료 부담을 다소 올리는 소득 중심의 부과체계를 마련하고, 지역보험 가입자의 소득 파악 방식을 개선하여 보험료 부과의 형평성을 제고하는 방안 등을 단계적으로 추진해야 할 것이다.

4. 23년 만의 숙원이 풀리다
의료분쟁조정제도 도입

우리나라에서 의료사고는 매년 약 2000여 건이 발생하고 있는 것으로 추정된다. 하지만 실제 발생한 의료사고 중 분쟁화되지 않은 것까지 고려한다면 그 수는 훨씬 더 많아질 것이고, 이에 따른 사회적 손실 또한 막대하다. 의료사고는 남의 이야기가 아니다. 언제, 어디서, 누구에게나 일어날 수 있는 사고다.

가벼운 감기 증상으로 병원을 찾았는데 실제로는 뇌수막염 초기 증상이었음에도 의사가 진단을 제대로 하지 못하고 감기로 오인하여 발생한 의료사고, 복부 지방 흡입 수술을 받던 중 마취를 담당하는 간호사의 실수로 인한 사망 사고, 맹장 수술을 위해 입원했다가 하반신이 마비되는 사고 등 우리가 흔히 접할 수 있는 상황에서 의료사고가 발생하곤 한다.

하지만 막상 의료사고가 발생하는 경우, 그 과실에 대한 입증 책임이 고소인인 환자 측에 있기 때문에 피해 사실에 대한 전문적 지식의 부족과 증거자료 확보의 어려움 등으로 제대로 입증을 하기가 쉽지 않다. 그에 따라 신속한 배상이 이루어지기가 사실상 어렵고, 승소율도 30% 전후에 불과한 데다가 소송 기간도 평균 26개월이나 걸렸다. 국민들의 입장에서 보면 보건의료 서비스가 일상생활에서 차지하는 비중은 계속 커지고 더욱 절대적인 위치를 차지해가는 데 반해, 의료 서비스의 특성(침습성, 전문성, 폐쇄성, 재량성 등)상 그 과정이나 결과에 있어서 의료소비자가 사고 여부를 밝혀내기가 어려운 측면이 많아 그로 인한 불만과 피해는 다양한 형태로 발생하고 있다. 또한 의료사고로 인한 분쟁은 국민들의 의료불신으로 이어져 사회적 비용까지 증가시키게 된다.

의료계 입장에서도 의료계 나름대로 의료사고를 우려해 방어진료를 하거나 위험과목 진료와 새로운 의료기술 적용을 기피하는 등 불안정한 의료환경에 직면해있다. 국민의 건강권이 보장될 수 있으려면 이를 뒷받침하는 전문화된 의료기술과 의료인의 진료권도 존중되어야 한다. 그럼에도 불구하고 의료소비자의 권리 의식 증대와 더불어 의료인에 대한 막연한 불만과 불신은 의료인들의 진료 환경을 점차 어렵게 만들어가고 있었던 것이다. 따라서 환자와 의료계 간의 낭비적인 거래 비용을 줄임으로써, 당사자 모두에게 이익이 될 수 있는 제도를 구축할 필요성이 있었다.

그동안 의료사고를 당한 국민은 의료법에 따른 의료심사조정위원회의 조정, 소비자보호법에 따른 소비자분쟁조정위원회의 조정 등을 이용할 수 있었다. 그러나 전자는 역할이 유명무실한 실정이었고, 후자는 충분한 전문성을 갖추지 못한 채 소액사건 위주로 기능을 발휘하는 한계에 부딪힐 수밖에 없었다. 따라서 의료사고 분쟁에 따른 사회적 비용을 최소화시키고, 의료사고 피해의 신속한 배상 및 진료 환경의 안정성 등을 제고하기 위해서는 관련 법 제정이 절실했다.

이러한 문제로 지난 1988년 의료계와 환자단체, 국회 등이 나서서 시작한 '의료사고 피해 구제 및 의료분쟁 조정 등에 관한 법률(이하 의료분쟁조정법)' 제정은 23년간 계속 이어져왔다. 그러나 이러한 노력에도 불구하고 무과실보상·분쟁에 관해 조정을 먼저 청구하고, 조정이 이루어지지 않은 경우에 비로소 심판을 청구할 수 있다는 원칙인 조정전치주의, 책임보험 의무가입, 형사처벌 특례, 입증 책임을 의사로 전환하는 문제 등에 대해 의료계와 시민단체, 관계부처들이 현격한 입장 차이를 보여 제14대 국회 때부터 제17대 국회 때까지 매번 입법이 무산되어왔다.

약 20년간 국회에 법 제정이 공전된 후 18대 국회에서 상임위를 통과하면서 법 통과 가능성에 희망을 갖게 되었으나, 법사위 심의과정이 지연됨으로써 이후 수년간 논의가 이루어지지 않고 있었다. 의료분쟁조정법의 입법화를 위한 끈질긴 노력은 23년간의 표류 끝에 2011년 3월 11일, 드디어 국회 본회의를 통과함으로써 그 결실을 맺게 되었다. 국민과 의료계 당사자 모두에게 긍정적인 기능을 할 수 있는 법이 통과됨으로써 세계적으로도 유래를 찾아보기가 어려운 이정표를 마련한 것이다. 이렇게 기나긴 여정에 마침표를 찍기까지 수많은 장애물이 있었지만, 입법화를 위한 노력들도 끊임없이 계속되었다고 할 수 있다.

2011년 초 당정 협의를 시작으로 법사위 위원, 재정당국, 시민단체, 의료계 등에 대한 설득 및 협조를 끈질기게 지속해나갔으며, 야당의 원내대표와 법사위 위원들을 일일이 만나 그들의 의견 및 의료현장의 고충, 민원들을 경청하면서 삼고초려의 마음으로 전력을 기울인 끝에 결국 2011년 3월 9일 법사위 제2소위에 상정해 의결을 이끌어낼 수 있었다. 이 과정에서 특히 법사위 제2소위 박영선 위원장에 대한 설득이 결코 쉽지는 않았다. 박 위원장은 동법이 자칫 의료계의 입장을 대변할 수 있다는 우려를 표명했는데, 법안에서 입증 책임 전환 문제가 아직 해결되지 않았기 때문에 충분히 일리가 있는 지적이었다. 그럼에도 불구하고 쟁점 사안별로 일대일로 설득하고 절충안을 적극적으로 제시하는 등 여러 노력을 지속한 끝에 법사위 상정이 이루어지게 되었고, 결국 의료분쟁조정법안 중 감정부에 검사 1인이 참여하는 안 등을 보완함으로써 마침내 법안이 통과되었다. 통과와 함께 당시 심의 중이던 의원들과 정부 관계자는 축하의 박수를 함께 보냈다.

원래 의료분쟁조정법 통과는 그 사안의 복잡성 때문에 사실 2011년 말 제정을 하는 것으로 목표를 설정해놓았다. 하지만 이처럼 조기에 통과될 수 있었던 것은 국민과 의료계, 복지부, 국회 등 관계자 모두가 23년간 법 제정의 필요성 및 역할을 진정으로 갈구해왔기 때문일 것이다. 이때까지만 해도 이 법안이 그토록 보건복지부의 숙원사업이었다는 점을 체감하지는 못했다. 보건복지부에 근무한지 20년이 넘는 직원들의 이야기를 듣기 전까지는.

의료분쟁조정법의 핵심 내용은 환자, 의료인, 병원 등 당사자의 이해관계를 조정·중재하는 특수법인 형태의 독립 기구인 한국의료분쟁조정중재원을 설치하는 것이다. 한국의료분쟁조정중재원은 조직 내에 의료분쟁조정위원회와 의료사고감정단을 두어 조정과 감정을 이원화하여 상호 견제 및 감정의 독립성을 확보하고, 각 조직에는 대표성과 전문성을 고려하여 위원을 임명(또는 위촉)하게 된다. 이 한국의료분쟁조정중재원 설치와 조정중재원 내에 마련될 의료분쟁조정위원회와 의료사고감정단은 의료

분쟁의 신속·공정 및 효율적 처리를 위한 최소한의 조정체계로써 향후 의료분쟁조정제도의 공정성, 신속성, 전문성을 담보할 것으로 기대된다. 2년 넘게 걸리던 의료사고 피해 구제가 120일 이내로 단축되고, 의료사고 피해자가 조정 절차를 거치지 않고도 언제든지 소송을 제기할 수 있도록 임의적 조정전치주의를 채택했으며, 손해배상금의 확실한 지급을 담보하기 위해 중재원에서 대불해주는 손해배상금 대불제도도 법안에 포함되어 있다.

자평하자면, 국민들에게는 의료사고 피해의 신속·공정한 배상의 토대가 마련되었으며, 의료 서비스 공급자에게는 안정적인 진료 환경을 조성해줄 것으로 기대된다. 또한 외국인에 대한 의료분쟁 해결을 통해 해외 환자 유치를 위한 기반도 마련될 것이다. 다만 법사위에서도 지적이 되었던 의료사고의 입증 책임 문제에 대한 부분이 반영되지 못한 점은 사후에 더욱 심도 깊게 고민되어야 할 문제다.

이제 막 시작되는 의료분쟁조정제도의 성공적 안착과 공정성의 확보를 위해서는 몇 가지 우리가 준비해야 하는 것들이 있다. 첫째, 시행령 등 하위 법령을 세밀하게 준비해나가야 한다. 둘째, 한국의료분쟁조정중재원의 공정하고 전문적인 인력 배치를 통한 조직을 구성해야 한다. 마지막으로 이에 수반된 적정한 예산을 확보하여 국민들이 실질적으로 체감하는 정책을 만들 수 있도록 해야 한다.

의료분쟁조정제도의 시행은 당장 2012년 4월부터 예정되어 있다. 시행을 앞두고 철저한 사전준비가 필요하다. 의료분쟁조정중재원의 궁극적인 목표 달성을 위해서는 앞서 말한 바와 같이 공정성이 최우선으로 전제되어야 하며, 따라서 중재원 내 인력을 중립적이고 전문적인 인사들로 충원하여 이해 당사자의 주장들에만 매몰되지 않도록 해야 한다. 이를 통해 국민의 신뢰를 확보함으로써 23년을 기다리며 모두가 갈망해왔던 의료사고 분쟁조정제도의 세계적인 시금석을 만들 수 있을 것이다.

5. 5급 사무관 진수희
국민 의약품 구입 불편 해소 제도의 도입, 그 뒷이야기

'5급 사무관 진수희', 감기약 약국 외 판매 제도를 추진하면서 모 일간지 기사를 통해 생겨난 별명이다. 그 기사가 보도된 2011년 6월초 복지부는 발칵 뒤집혔다. 대변인실에선 기사가 작성되기까지 과정을 되짚어가야 했고, 업무를 담당했던 의약품정책과는 우리의 정책 추진 의도가 평가절하되고 있는 것에 당황했다. 무언가 잘못됐을 것이 분명했다.

'OTC(일반의약품 슈퍼 판매)'이라고도 표현되는 이 제도는 심야와 공휴일의 의약품 구입 불편 해소를 위해 안전성이 충분히 확보된 일반의약품을 의약외품으로 전환하여 일반 소매점에서 판매하게 하는 한편, 감기약이나 해열진통제 등의 의약품은 약사법 개정을 통해 약국 외의 장소에서도 판매할 수 있도록 하는 제도다. OTC, 'Over the Counter'의 약자로 이렇게 불리는 이유는, 이 제도가 시행되고 있는 미국의 경우 편의점과 같이 있는 약국에서 약사는 카운터에 앉아 있는데 약은 카운터 건너편의 편의

감기약, 해열진통제 등을 심야 및 공휴일에도 약국 이외의 장소에서 구입할 수 있도록 한 약사법 개정에 관해 브리핑을 하고 있다.

점 진열대에 놓여 있기 때문이다.

이 제도를 도입하게 된 이유는 간단하다. 누구나 한 번쯤 약국이 문을 닫은 시간에 필요한 약을 구해지 못해 발을 동동 굴러본 적이 있을 것이다. 특히 아이를 키우는 부모의 입장에서는 그런 경험이 더 가슴에 와 닿을 거라 생각한다. 간단한 해열제만 구할 수 있었으면 응급실까지 안 갔어도 됐을 거라는 생각. 가벼운 감기라고 해도 자녀가 한밤중에 열이 나면 부모는 당연히 걱정하지 않을 수가 없다.

2000년 의약분업 실시 이후 약국의 주요 기능이 처방에 의한 조제 중심으로 변화하면서 약국의 운영도 의료기관에 의해 많은 영향을 받기 시작했다. 병·의원이 문을 닫는 시간에 맞춰 약국도 문을 닫게 되었고, 약국의 위치도 집 주변에서 병·의원 주변으로 이동하게 되었다. 이처럼 동네 약국에서 문전 약국 중심으로 약국 운영 행태가 변화함에 따라 심야 및 공휴일에 문 여는 약국을 찾기가 더욱 어려워졌고, 민원, 대중매체, 관련 단체 의견 등으로 국민의약품 구입 불편 목소리가 다양한 경로를 통해 오랜 기간 제기되어왔다. 한편 대한약사회에서는 이러한 의약품 구입 불편을 해소하기 위해 2010년 7월부터 6개월간 심야응급약국 시범사업을 시행했지만, 참여 약국이 전국 60여 개에 그쳐 국민들의 의약품 구입 불편을 해소하기에는 미흡했고, 국민들이 체감하기에도 한계가 있었다.

복지부 장관으로 일을 하게 되면서 이 문제에 대해 약품의 안전성과 편의성 사이에서 어떤 가치를 우선해야 할지 고민에 빠질 수밖에 없었다. 고민에 빠질 수밖에 없었다. 고민이 깊은 만큼 대안 마련에 신중을 기해야 했다. 우리나라의 약 남용 실태는 사실 심각한 수준이다. 약을 탄 급여일수가 1년에 2000일 이상인 사람(하루에 약을 6일치 이상 복용)이 400명을 넘어서고 있고, 약 사용량은 매년 14.3% 증가하고 있으며, 처방전당 약품목수는 4.16개로 미국·독일의 2배가 넘는데, 이는 거의 세계에서 가장 높은 수준이다. 특히 감기 환자나 18세 미만 아동에 대한 과다한 약 처방으로 오히려 국민의 건강을 해치고 있다는 우려가 존재한다. 이러한 문제 때문에 정책 도입에 신중을 기할 수밖에 없었고, 실무자 및 관계자들과 함께 여러 차례 심도 깊은 논의를 하면서 정책을 수정하고 다듬어나갈 수밖에 없었다.

이렇게 의약품 구입 불편 해소를 위해 고민하던 중, 조기에 불편을 해소하기 위해서는 우선 기존 제도하에서 대책을 마련하는 것이 중요하다고 생각하여 의약품 구입 불편을 해소할 수 있는 특수 장소 확대 방안을 검토했다. 기존에 운영 중인 특수 장소를 방문하여 현장의 운영 현황을 파악하는 한편, 24시간 운영이 가능하면서도 국민들이 쉽게 접근할 수 있는 장소인 소방서, 경찰서, 보건소, 응급의료기관 등 공공기관에 방문하여 특수 장소로의 지정 및 협조 가능 여부를 조회했다. 약 오남용 문제를 막기 위해서는 근처 약국 약사들의 관리가 이루어지면 된다고 판단했다. 하지만 공공기관에서 의약품을 취급하는 것에는 한계가 있었고, 때문에 특수 장소 지정 확대를 통한 의약품 구입 불편 해소는 약사의 적극적인 협조가 필요했다. 그래서 이 제도를 약사회에 제시했으나, 약사회에서는 이 제도를 거부했다.

한편 의약품 구입 불편 해소 차원에서 전문의약품과 일반의약품 간의 재분류, 일반의약품의 의약외품으로 전환 등을 위해 식약청 등 관계기관 전문가들과 지속적인 검토를 해왔다. 특히 의약외품을 확대하여 의약품 구입 불편 해소를 하기 위해서 우리나라와 유사하게 의약부외품을 운영하고 있는 일본의 사례를 적극 검토했다. 수개월간의 검토를 거쳐 2011년 6월 3일, 오남용의 우려가 없는 안전한 품목을 위주로 십수 년간 논의만 있고 시행되지 못했던 의약품 구입 불편 해소를 위한 대책을 발표했다. 가장 먼저 안전성이 충분히 확보된 일반의약품은 의약외품으로 전환하여 일반 소매점에서 구입이 가능하도록 하고, 의약품 사용의 안전성과 편의성이라는 양쪽의 가치를 충족시키기 위해 전문의약품과 일반의약품 간 분류를 실시하는 한편, 현행 약사법 규정상 의약외품으로 전환되지 못하는 감기약·해열진통제 등을 제한적으로 일반 소매점에서 판매할 수 있도록 하는 약사법 개정을 추진한다고 발표했다. 이를 위해 각종 여론조사도 참고했는데, 대부분의 조사에서 국민들의 80% 이상이 가정상비약의 약국 외 판매에 적극적인 찬성 의사를 보였다. 다만 법률 개정 등에 소요되는 기간 동안에는 의약품 구입 불편 해소를 위해 당번약국을 운영하도록 대한약사회에 요청했다.

하지만 이러한 발표가 언론에 일부 잘못 알려지면서 약국 외 판매 의약품 도입에 대한 내 의지가 없는 것처럼 비쳐졌다. 법 개정 등 관련 행정 조치에 소요되는 시간의 공백을 메우기 위해 당번약국이 활성화될 수 있도록 대한약사회에 요청한 것이었는데, 당번약국 시행만으로 복지부가 정책을 마무리하려고 한다는 오해가 생긴 것이었다. 장관이 국민의 눈높이에서 면밀하게 판단을 하지 못하고 특정 이익집단의 목소리만 들어 정책을 추진한다면서 '5급사무관'처럼 일한다는 비판기사가 났다. 언론과 시민단체의 반응은 당연히 싸늘했다. 나 역시 당혹스러웠고 속이 많이 상했다. 국민들의 끊임없는 요구와 그 필요성에도 불구하고 역대정권에서 논의만 무성했던 정책을 수개월간의 토론과 고민 끝에 약사회의 반대를 무릅쓰고 도입했는데, 오히려 그들의 입김에 휘둘렸다고 평가절하되는 것 같았기 때문이다.

그러나 비관만 하고 있을 수는 없었다. 이번 기회를 통해 우리가 아무리 좋은 취지를 갖고 정책을 추진하더라도 국민들의 눈높이에서 설득 노력을 충분히 했는지, 우리안의 논리에 매몰되어 객관적인 상황인식이 부족하진 않았는지 다시 한번 돌아보는 계기로 삼았다. 그 이후 2001년 6월 15일 중앙약사심의위원회 의약품분류소분과위원회가 열리고, 우리가 애초에 구상했던 정책의 추진의지가 드러나면서 다시 많은 국민들이 복지부의 의약품 구입 불편 해소 방안에 지지를 보내주기 시작했다.

국민들이 가장 먼저 체감할 수 있는 것은 의약외품 확대였다. 의약외품은 인체에 대한 작용이 약하거나 직접 작용하지 않는 제품 등 약사법상 의약외품의 정의에 부합하는 것으로, 우리와 동일한 의약품 분류체계를 운영하며 의약부외품을 별도 지정하고 있는 일본의 사례를 검토했다. 즉, 이상 반응이 경미하거나 안전하게 복용할 수 있는 용량 폭이 넓으며, 일본에서 의약외품으로 전환·생산되고 있는 품목 중 우리나라에서도 생산하고 있는 품목을 우선순위로 하여 의약외품으로의 전환을 추진했다.

중앙약사심의위원회 자문의 후속 조치로서 먼저 일반의약품의 의약외품 전환 추진을 위해 6월 28일부터 7월 18일까지 '의약외품 범위지정고시개정안'에 대한 행정 예고를 거쳐 7월 21일 고시를 개정했다. 이후 전환된 품목을 국민들이 조기에 구입하여 편의를 증진시키기 위해 제약회사 및 유통업체에 원활한 제조 및 유통을 협조 요청했다. 고시 개정 후, 제약회사에서 연초 생산 계획을 세워야 하고, 편의점·마트 등 소매점에서는 전산 처리를 해야 함에 따라 당장 다음 날부터 전환된 의약외품이 판매되기는 어려웠다. 하지만 차츰 의약외품 공급이 확대되면서 의약외품으로 전환된 품목은 한 달 사이에 빠르게 판매처가 확대되고, 기존에 생산되고 있지 않았던 품목도 생산이 되는 등 긍정적인 효과가 나타나고 있다. 하지만 안타깝게도 기대만큼은 확산되지는 못하고 있는 것이 사실이다.

한편 감기약이나 해열진통제 등 국민들이 심야 공휴일 시간대 가장 필요로 하는 의약품의 약국 외 판매를 위해 3회에 걸친 중앙약사심의위원회 논의를 거친 뒤, 약국 외 판매 의약품 도입 방안에 대한 관련 단체 및 국민들의 의견을 수렴했다. 약계 등 일부 단체에서는 약국 외 판매 의약품 도입을 반대했으나, 많은 전문가들이 현재 국민들의 교육 수준이 향상되었고 정보 접근성이 강화된 점을 고려할 때 국민 불편 해소 차원에서 약국 외 판매 의약품 도입에 대해 찬성하는 입장을 보였다. 이러한 전문가 의견 수렴, 공청회 등을 통해 약국 외 판매 의약품 도입을 위한 약사법 개정안을 마련했다. 의약품의 안전성을 우선시하는 정책 기조를 유지하되 의약품 사용의 불편함을 해소하기 위해 대상 의약품 선정, 의약품 판매자 등록 및 교육, 판매량 제한 및 구입 연령 제한, 구분 진열, 표시 기재, 판매자에 대한 관리 의무 부과, 등록 취소 등 제재 조치 등 안전 관리 대책을 담은 개정안을 마련한 것이다.

액상소화제, 외용연고 등 일부 품목은 의약외품으로 전환되었지만, 아직까지 약사법이 개정되지 않아 감기약이나 해열진통제 등은 일반 소매점에서 판매하기 어렵다. 또한 그와 관련한 이해 관계자의 반발이 심한 것도 사실이다. 정치인 출신이었기에 특정집단을 적으로 만들면서까지 그럴 필요가 있겠느냐는 주변의 만류도 있었지만 보건복지부 장관으로서 나는 정면돌파의 길을 택했다. 단순히 편의성만을 우선하려고도 하지 않았다. 국민의 건강을 지키기 위해 안전성을 담보할 수 있는 장치들을 마련하는데 소홀함이 없도록 하였다. 이같이 많은 우여곡절 끝에 9월 말 정부입법으로 약사법 개정안이 정기국회에 제출됐다. 이해단체의 반발과 이를 부담스러워하는 국회의 소극적 태도로 상임위에 상정조차 되고 있지 못한 현실이 무척 안타깝다.

'5급 사무관 진수희.' 반년 이상을 심사숙고해 내놓은 정책과제의 추진 과정에서 붙은 불명예스런 별명이었다. 그러나 돌이켜보면 그마저도 자랑스러운 별명이다. 마치 사무관처럼 그 모든 과정을 속속 들여다보고 직접 챙겼다. 그 이름에서 제 아무리 좋은 우수한 정책이라도 국민의 신뢰와 지지 없이는 무용지물이고, 이를 추진하는 과정에서도 공무원과 정치인 등 우리 기준이 아닌 국민의 눈높이에서 진정성 있는 노력을 기울여야 함도 깨달았다. 복지부장관을 그만두고 나왔지만, 국민들의 의약품 구매 불편 해소를 위한 나와 복지부의 노력들은 여전히 진통을 겪고 있다. 오로지 국민만 보고 달려온 수개월이다. 그러한 노력들이 국회에서 의미 있는 토론으로 이어져 결론나기를, 이로 인해 국민생활에 도움 되는 실질적인 정책으로 집행될 수 있기를 바란다.

6. MRI·CT 검사료 인하, 왜 소송 대상인가?

'반값 MRI·CT' 충분히 가능하다

약가 인하와 더불어 국민의료비 부담을 덜기 위한 고민은 병원 영상검사료 인하로 이어졌다. 이유는 간단했다. 영상검사료가 너무 비싸 국민들의 의료비 부담을 가중시키고 있었기 때문이다.

종종 병원에서 검사료가 너무 비싸다고 병원과 실랑이를 벌이는 어르신들을 심심찮게 볼 수 있다. 자식을 위해서는 돈을 아끼지 않지만, 자신의 몸을 위해서는 만 원조차 아까워하시는 어르신들이 MRI 검사비가 수십만 원이라는 말에 검사비를 깎고자 호소하다가 생기는 일들이다.

영상검사 건수는 지속적으로 증가하고 있다. CT의 경우, 평균 검사 건수는 2005년 1665건에서 2009년 2868건으로 72%가 증가했으며, 건강보험에서 병원에 지급하는 급여비는 3997억 원에서 8504억 원으로 증가하고 있다.

왜 영상검사는 이렇게 비싼 것일까? 우선 검사를 위한 의료장비가 매우 고가이기 때문이다. 병원 입장에서는 장비 구입 비용을 충분히 뽑아내야 하는데, 그러다 보니 내용연수를 초과한 노후한 의료장비들, 즉 제대로 검사도 되지 않는 의료장비들을 계속 사용하는 경우가 많은 것이 현실이다. 그러다 보니 검사 결과가 뚜렷하게 보이지 않는 경우가 있어 오진확률이 높아질 수밖에 없고, 때문에 불필요한 중복 검사를 발생시킨다. 한 병원에서 CT를 찍었다가 다른 병원으로 옮겼을 때 또 CT를 찍어야 하는 경우가 있는데, 이는 물론 병원의 영리 욕심이 작용했을 수도 있지만, 의사 입장에서는 다른 의사가 찍은 화면을 신뢰하기 위해서는 정확한 검사 영상이 보여야 하는데 그것이 불분명할 경우 본인이 위험을 감수할 이유가 없기 때문이다.

우리나라가 정말 세계적으로 뛰어난 보건의료기술과 우수한 건강보험제도, 세계적인 IT 인프라를 가지고 있음에도 불구하고 아직까지 전자건강기록(EHR: Electronic Health Record)을 제대로 도입하기 어려운 이유 중의 하나로 이 문제가 거론되기도 한다. EHR에 대해서 잠깐 살펴보자면 EHR은 환자 개인의 기록을 디지털화한 것으로 예방접종 현황, 알레르기 현황, 특정 약물에 대한 반응, 각종 검사 결과 등을 포함한다. 그 데이터를 통해 환자에게는 맞춤형 의료 서비스와 의료비의 절감이라는 효과를 가져올 수 있고, 의료진 입장에서는 오진의 확률을 낮추고 환자의 상태를 보다 정확하게 진단할 수 있게 한다. 하지만 노후한 장비로 인해 제대로 된 검사가 이루어지지 않는다면 이러한 진료·검사 기록의 공유는 어려울 수밖에 없다. 물론 개인정보 문제도 있지만 그 문제는 여기서는 다루지 않겠다.

이처럼 노후한 의료장비를 퇴출시켜 검사의 품질을 높이고, 영상검사료를 인하하여 국민들의 의료비 부담을 줄이고, 장기적으로 보건산업에 대한 투자를 늘려 국산 기술로 개발된 저렴한 의료장비를 병원에 공급하는 여건을 만들어 검사비를 대폭 낮출 수 있도록 하는 것이 영상검사 분야의 정책목표였다. 그렇게 되면 흔히 유행하는 '반값 트렌드'를 차용한 '반값 병원 검사' 정도는 충분히 가능할 수 있겠다는 판단이었다. 이러한 이유로 우선 단기적 목표로 영상검사에 대해 수가를 조정하여 환자들의 부담을 줄이는 동시에 노후 장비는 자연스럽게 퇴출될 수 있도록 했다.

영상검사료 인하를 위해 자료를 보고받다 보니, 현재 병원에서 사용하고 있는 영상 장비들의 26~35%가 내용연수(5년)를 초과하고 있고, CT·MRI 등의 장비 가격 또한 점점 하향 추세라는 점을 알 수 있었다. 검사료를 충분히 인하할 수 있는 요인이 있는 것으로 판단하여, 2011년 3월 28일 건강보험정책심의위원회를 개최해 영상검사료 수가를 CT는 14.7%, MRI는 29.7%, PET는 16.2%를 각각 인하하기로 했다.

수가, 정확히 말하자면 의료수가(醫療酬價)란 간략히 말해 환자와 건강보험이 의료 서비스 제공자에게 제공하는 돈을 말하며 본인부담금과 보험급여의 합으로 구성된다. 우리가 병원에서 지불하는 금액은 본인부담금이 되고, 건강보험에서 보험가입자를 위해 부담하는 부분이 보험급여가 된다. 예를 들어 CT의 수가가 20만 원인데, 그중 본인부담금이 10만 원, 보험급여가 10만 원이라면 우리는 병원에서 10만 원만 내면 되고, 건강보험에서는 병원에 10만 원을 지급해주게 된다. 병원 입장에서는 20만 원의 수익을 올리는 셈이다. 수가는 물가, 서비스 정도 등을 감안하여 건강보험정책심의위원회를 통해 결정되도록 하고 있어 병원들이 마음대로 진료비를 조정하지 못하도록 하고 있다.

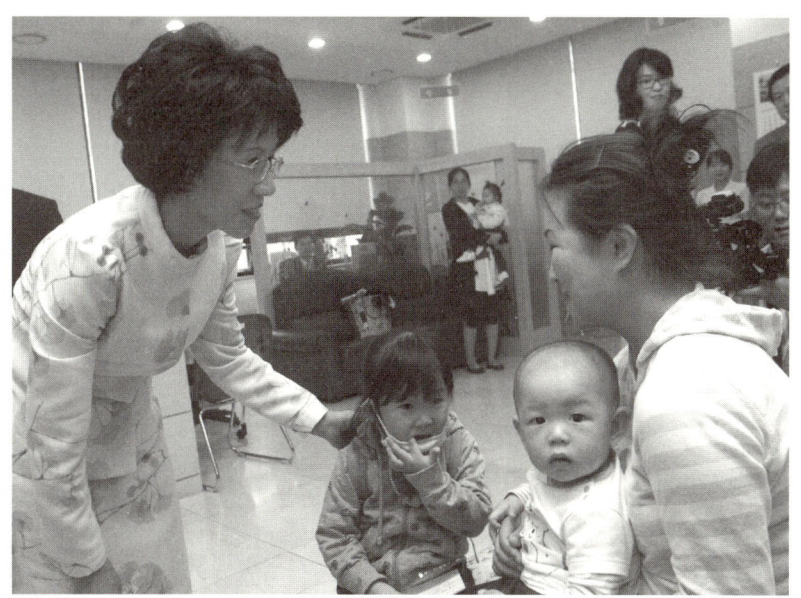
독감 예방접종을 위해 보건소를 찾은 시민들에게 환절기 건강 유의를 당부하고 있다.

몇 가지 실제 예를 들어 설명해보면, 외래환자가 뇌경색으로 상급 종합병원에서 MRI를 찍는 경우 기존의 수가는 31만 2780원, 그중 환자부담금은 18만 7670원이었다. 그러나 인하 결정 후 수가는 21만 9740원으로 떨어졌고, 환자는 5만 5830원 줄어든 13만 1840원(인하율 29.7%)만 부담하면 되게 되었다.

이 밖에 향후 보다 면밀한 정책추진을 위해 가급적 1년 이내 CT, MRI, PET의 정확한 비급여 규모 및 유지보수비 등을 파악하기 위한 실태 조사를 실시하고, 향후 각 장비별 사용연수, 검사 건수 등을 고려한 차등수가제 도입 시 실태 조사 결과를 종합적으로 검토하기로 했다.

그런데 문제가 생겼다. 이에 대해 병원협회는 병원에게 지나치게 부담을 주는 것이라며, 반대 입장을 표명하면서 행정법원에 소송을 제기했다. 상식적으로 이해가 가지 않았다. 영상검사 건수는 지속적으로 증가하고 있다. 2009년 기준 건강보험에서 CT·MRI·PET의 영상검사료로 지급한 급여는 1조 2506억 원이었다. 2005년 5639억 원에 비해 2.5배 이상 많은 수익을 거둔 셈이다. 게다가 장비들은 앞서 언급한 것처럼 30%가 내용연수를 초과한 장비들이다. 기본적인 시장경제원리에 입각해 생각해봐도, 시장은 커지고 수요가 많아지면 가격은 떨어져야 정상인 것이다. 의료의 탄력성을 감안해보면 가격이 떨어지면 기존에 이용하지 못하던 계층의 의료 이용이 증가하게 됨으로써 병원의 수입에는 거의 지장이 없게 된다. 병원들의 소송을 납득할 수 없었다.

대형 병원들의 주장인즉, 영상검사 인하 결정은 검사료를 인하할 만한 경제 현실의 변화가 없음에도 불구하고 건강보험 재정 적자를 메우기 위해 강행하는 것이라고 했다. 또한 전문가의 객관적이고 공정한 평가 없이 의약계의 의견 반영 없이 이루어졌으며, 객관적이고 과학적으로 조사된 자료에 근거하지 않고 비효율적 장비 배제라는 기준에 공정성이 없다는 것이었다.

수가 조정은 전문가평가위원회를 거치지 않고도 시의성을 감안하여 항상 선상보험정책심의위원회에서 논의되고 결정되어왔다. 굉장히 새삼스러운 주장이었다. 정부가 건강보험 재정 적자를 메우려 한다는 주장은 병원이나 이익단체들이 정부의 의료비·약품비 부담 인하 정책에 반발하며 항상 내세우는 논리 중 하나다. 그런데 건강보험 적자 문제가 해결되면 이득을 보는 이들이 누굴까? 바로 국민이다. 건강보험의 적자 문제가 해결될수록 의료 보장의 영역은 더욱 넓어지기 마련이고, 그 혜택은 고스란히 국민들에게 돌아가게 된다. 마치 정부가 재정을 빌미로 돈을 뜯고 있다는 표현을, 그것도 '이익단체'들이 하는 것은 어불성설이라고 본다. 어쨌든 병원들은 소송을 제기했고, 그쪽 소송을 담당하는 변호사가 행정법원에서 막 나온 전관예우(?)를 받을 가능성이 있는 변호사라는 이야기가 있었지만, 제도 도입의 목적이 국민건강을 지키고, 국민의 의료세 부담을 경감시킨다는 측면을 감안할 때 법원이 현명한 판단을 할 것이라 믿어 의심치 않는다.

앞으로 더 중요한 과제가 남아 있다. 이와 같은 고가 의료장비의 국산화 지원을 가속화하여 궁극적으로 의료장비의 가격을 떨어뜨려, 질 좋은 저가의 의료장비의 보급을 확대해 합리적인 가격 인하를 지속적으로 유도해 나가는 것이다. 중장기적으로는 현재의 CT·MRI 가격을 반값으로 만드는 것이 충분히 가능하다고 본다. 이는 결코 포퓰리즘적인 생각이 아니다.

2009년 고가 의료장비의 국산화를 위해 정부의 지원책이 발표된 적이 있다. 현재 1억 원이 넘는 구급차에 심전도기, 모니터부터 지혈을 시키는 전기소작기, 내시경, CT·MRI까지 국산 의료장비를 찾아보기는 거의 힘들고, 병원에서 보유하고 있는 장비들을 가격으로 추산해보면 국산 의료장비는 1%도 안 되는 것이 우리나라의 현실이다. 우리 기업들이 기술력, 자본력, 인지도 등에서 매우 열세하여 국내 수요의 62%, CT·MRI 등 고가 장비는 GE, 지멘스, 필립스 등 빅3가 최고 기술을 보유하고 있어 95%를 수입에 의존하고 있다. 그러다 보니 자연히 비싼 외국산 의료장비들로 이루어지는 검사의 수가가 높을 수밖에 없다. 특히 CT, MRI, PET의 경우는 전체 수가에서 장비 수가가 차지하고 있는 비중은 40~50%로 다른 장비(약 11% 정도)에 비해 매우 높아, 장비의 가격이 검사 비용에 막대한 영향을 끼치고 있는 것이다.

　우리가 이러한 고가 의료장비를 국산화하여 장비 비용을 대폭 줄인다면 어떨까? 현재 MRI의 평균 장비 가격은 10억 원인데, 국산화를 통해 장비의 가격을 절반으로 낮춘다면 검사 비용을 절반으로 줄이는 것도 무리가 아니다. 하지만 앞서 언급한 것처럼 국내 기업들의 기술력, 자본력, 인지도의 열세라는 현실은 장벽으로 다가온다. 때문에 우선적으로는 정부가 전폭적인 지원에 나서야 한다. 그리고 선도 기업 중심으로 세계 시장에서 경쟁할 수 있는 기술력을 확보하여 규모의 경제를 달성해나간다면 우리가 병원을 갈 때 받는 통상적인 검사비를 반값으로 하여, 국민들의 의료비 부담을 덜 수 있다고 확신한다.

　이를 위해서는 먼저 정부의 역할이 중요하다. 우리 기업과 제품에 대한 차별적 관행을 개선하는 것이 가장 우선적인 과제다. 국산이면 왠지 품질이 좋지 않을 것이라는 인식을 버리게 만들어야 한다. 우선 국공립병원 및 보건소를 중심으로 사전규격에서 외산에 유리한 스펙 작성을 방지하도록 하고, 점차 국내 대형 병원 또한 국산 의료장비에 대하여 선입견을 가지고 차별하지 않도록 환경을 조성해주어야 한다. 또한 전략적 R&D를 대폭 확대하고, 중소기업의 경우 M&A 및 자금 조달 비용 지원으로 경쟁력을 확보할 수 있도록 해야 하고, 품목허가·심사 등 인허가제도의 대폭 개선과 더불어 의료기기개발촉진센터 확대 구축 등 사업화 지원을 위한 인프라 구축을 위해 보다 적극적인 대책을 세워야 할 것이다. 2010년 10월 위기관리대책회의에서 정부 합동으로 의료기기 산업 육성 방안을 마련한 바 있지만, 추진이 다소 지지부진한 측면이 있다.

　기업들의 역할도 중요하다. 2011년 초 삼성이 의료장비 국내 1위 업체인 메디슨을 인수하면서, 삼성메디슨으로 새롭게 출범했다. 의료기기 시장이 2012년 2260억 달러, 우리 돈 250조 원 정도라는 점이 삼성에게 굉장한 메리트로 작용한 듯싶다. 다행스럽게도 삼성메디슨이 MRI 생산업체를 인수합병하기 위해 노력하고 있고, 최근에는 '엑스지오(XGEO)'라는 의료기기 통합 브랜드를 출범시켜 GE, 지멘스, 필립스 등 빅3와 경쟁하려 하는 전략을 수립한 것은 매우 긍정적이다. 삼성은 2010년 5월 5대 신성장사업의 하나로 의료기기를 선정하고, 오는 2020년까지 1조 2000억 원을 투자해 매출 10조 원을 올린다는 계획을 제시한 바 있고, 삼성메디슨이 개발을 맡고 있는 초음파 장비 분야에서 빠른 시일 내 세계 1위로 올라서겠다는 목표도 밝힌 바 있다. 이러한 부분들이 기업의 매출 및 가치 성장에만 그치지 않고, 국민 의료비 부담 경감이라는 보다 큰 공공의 이익과 합치될 수 있기를 기대한다. 목표가 합치한다면 정부 또한 큰 지원을 아끼지 않을 것이다. 삼성이 국민들의 건강과 직결된 부분에 과감한 투자를 한다면 기업 이미지 제고에도 큰 도움이 될 것이라 확신한다.

7. 미국에서 중동으로, 다시 중앙아시아까지

해외 환자 유치, 병원 진출 그리고 콜럼버스 프로젝트

보건복지부 장관으로 한 가지 확실한 기록을 세운 게 있다. 대통령과 함께 두 차례에 걸쳐 해외 순방에 나선 첫 보건복지부 장관이라는 점이다. 2011년 3월에는 이명박 대통령과 UAE 순방을 함께 했고, 8월에는 중앙아시아(몽골, 우즈베키스탄, 카자흐스탄) 순방을 함께 했다. 많은 이들이 복지에 신경써야 할 보건복지부 장관이 왜 대통령 해외 순방에 따라나섰는지 궁금해 하는 것도 당연하다.

그동안 보건복지부의 업무 성격은 주로 국내 사안에 국한되어 있던 것이 사실이다. 보건 분야에서는 건강보험을 비롯한 보건의료정책, 복지 분야에서는 다양한 복지 수혜계층을 위한 지원 정책을 만들고 집행해왔기 때문에 보건복지부와 글로벌 이슈, 산업적인 측면에서 큰 관련이 없었다. 하지만 이제 고혈압, 비만, 당뇨 등 만성질환 문제가 전 세계적인 공통 과제로 대두되고, 고령화에 따른 의약품 수요 증가, 의료기술 발달 등에 대응한 보건산업이 미래 먹거리로의 가능성이 높아지면서 보건복지부의 업무도 글로벌화될 수밖에 없는 주변 여건이 조성되기 시작했다. 또한 세계의 빈곤을 반으로 줄이고자 하는 범세계적인 약속인 밀레니엄 개발 목표(MDGs, Millennium Development Goals) 달성을 위해 우리나라도 국격에 맞는 역할을 해야 하며, 이 중 특히 질병과의 전쟁, 임산부 건강 개선, 유아 사망률 감소를 위해 보건복지부의 업무가 국제적인 영역으로 확장해가게 되었다.

두 번의 대통령 해외 순방에 동행한 것도 이런 의미에서였다. 우리나라는 암 치료, 장기이식뿐만 아니라 전 세계적으로 우려가 되고 있는 비만, 고혈압, 당뇨 등의 만성질환 치료에도 상당한 성과를 나타내며, 암환자 생존율, 장기이식 성공률에 있어서도 훌륭한 성과를 보이고 있다. 이러한 세계 최고 수준을 자랑하는 우리나라의 의료기술을 널리 알리기 위해 해외 환자를 유치하고 병원을 수출하며, 나아가 우리나라 보건산업의 우수성을 널리 알리고자 함이었다.

글로벌화에 따른 국제 의료 서비스 시장 확대는 새로운 블루오션으로 주목되어 세계 환자 유치를 위한 국가 간 경쟁은 매우 치열하다. 우리나라는 2009년 5월 의료법 개정으로 외국인 환자 유치 행위가 허용됨에 따라 본격적으로 해외 환자 유치 활성화 사업이 시작되었다. 하지만 우리나라는 아시아 의료시장에서 우위에 있는 태국(156만), 싱가포르(72만)에 비해 아직 규모가 미흡하며 다양한 유치 전략과 정부 지원이 부족한 실정이다. 국가별로 보면 우선 싱가포르는 한국 견제를 위해 이용 가격을 인하하여 가격경쟁력 전략을 추진하고 있다. 태국은 의료 부분 외국인 투자 자유화를 위해 관세 및 법인세를 일정 기간 감면하거나, 노인 장기 요양 서비스 목적의 외국인에게 무비자를 허용하고, 중동 국가 관광객 유치를 위해 공항에서 30일 비자 발급 등을 추진하는 등 적극적인 정책을 펼치고 있다. 아부다비를 방문하면서 알게 된 사실이 하나 있다. 아부다비에는 공공 의료기관을 관리·운영하는 아부다비 의료 서비스 회사(SEHA)의 수장이 태국 정부와 아주 밀접한 관련이 있어서 태국이 아부다비의 많은 환자를 유치할 수 있었다는 에피소드를 들을 수 있었다. 웃어넘길 문제가 아니다. 이러한 적극적 전략이 우리에게도 필요한 시점이다.

우리나라의 2010년 해외 환자 유치 실적은 실환자 8만 1789명, 연 환자 수로는 22만 4260명으로 2009년 16만 17명보다 40.1% 증가했고, 2010년 총 진료비 수익은 1032억 원으로 1인당 평균 진료비는 131만 원으로 나타났다. 하지만 2015년 30만 명의 해외 환자(실환자 기준)를 유치하여 동북아시아 의료관광 허브로 한 단계 도약하겠다는 목표를 달성하려면 제도 개선의 노력과 함께 해외 환자 유치를 위한 적극적 의지가 중요했다. 해외 국가에 우리나라의 의지를 표명하기 위해서는 주무장관이 직접 나서는 수밖에 없다고 판단했고, 그래서 결국 대통령 순방에 동행하며 직접 발로 뛸 수밖에 없었던 것이다. 이런 노력의 대가인지 생각보다는 어렵지 않게 두바이 경제자유구역(DHCC) 및 아부다비 보건청에서 한국 의료인 면허를 인정받게 되었고, UAE 보건부·아부다비 보건청·두바이 보건청과 환자 송출, 의료인 교류, 병원 수출을 위한 국가 간 MOU를 체결할 수 있었다. 방문 후인 2011년 6월에는 MOU 후속 조치 이행을 위한 실무 대표단이 방한, 실무회의를 통해 구체적인 실행에 들어갔으며, 카타르 보건부 장관 또한 방한하여 양국 간 MOU 체결 합의 및 의료인 연수, IT 기반 의료 시스템 등 우선 협력 분야를 논의했다.

2011년 8월 대통령 순방 길에서는 몽골, 카자흐스탄, 우즈베키스탄과 환자 송출, 의료인 교류 등 국가 간 MOU를 체결했으며, 특히 민간 분야 간의 교류를 확대하기 위해서도 적극적으로 나섰다. 그 결과 우즈베키스탄에서는 강동경희대병원과 우즈벡 RRCEM 병원 간 u-health 센터 설립, 환자 진료/의뢰, 교육 등 협력을 위한 MOU 체결을 이끌어냈고, 카자흐스탄에서는 중외제약과 카작 JSC 킴팜(JSC Chempharm) 간 3400만 달러 수출의 기반이 될 수액공장 설립을 위한 MOU 체결과 서울대병원과 카작 공화국 병원·대통령궁 의료센터 간의 MOU 등 총 8건의 민간 분야의 MOU 체결을 지원했다.

이처럼 해외 환자 유치와 병원 진출을 위한 대외적인 문제는 진도가 빠르게 나가고 있지만, 사실 국내 환경을 개선하는 문제는 아직 갈 길이 먼 것이 사실이다. 특히 외국인 환자 배상 시스템 도입, 수도권 의료기관 내 숙박시설 신 증축 시 용적률 완화(20%), 외국인 환자 원내 조제 허용, 외국인 의사의 국내 연수 확대 및 제한적 임상 참여 허용, 의료통역사 등 전문 인력 양성 확대, 의료기관별 외국인 환자 유치 인프라 평가, 비자 서류 간소화 등 7대 중점 과제를 중심으로 제도적 개선을 조속히 시행해야 할 것이다.

미국 방문은 콜럼버스 프로젝트의 일환으로 이루어졌다. 보건의료산업 시장에 있어 미국 시장이 한국 의료의 높은 품질과 기술력을 세계적으로 입증받을 수 있는 핵심 무대라는 것을 감안하여, 북미 시장 진출의 중요성을 인지하고 특화된 맞춤형 지원을 하기 위해 미국을 처음 발견한 콜럼버스의 이름을 따서 '콜럼버스 프로젝트'라고 명명하게 된 것이다.

보건의료산업, 다르게 표현하면 HT(Health Technology)산업은 전 세계적으로 포스트 IT 시대를 이끌 신 성장 엔진으로 주목받는 분야로, 미국·유럽·일본·중국 등 주요 국가들 또한 HT산업 연구개발 예산 확보 및 전략 계획 수립 등에 힘을 쏟고 있어 전 세계적으로 시장 성장 가능성이 무한한 것으로 조사되고 있다. 하지만 국내 HT산업은 전 세계 HT산업 시장에서 차지하는 비중이 1.21% 수준에 불과하여 매우 협소하고, 또 협소한 국내 시장에 안주한 결과 소규모 과당경쟁 구조로 인하여 글로벌 기업이 부재하고, 선진국과의 기술 격차 또한 크다. 뿐만 아니라 FTA·WTO 등 국제 간 경쟁이 심해지고 있기 때문에 협소한 내수시장마저도 위협받는 실정으로 경쟁력 강화를 통한 선진시장 진출은 필연적이다.

따라서 국민의 건강과 직결된 HT산업의 자주권을 확보하고 국제 경쟁력 강화를 도모함과 더불어 새로운 성장 동력 산업으로 육성하기 위해서는 높은 품질과 기술력을 세계적으로 입증받을 수 있는 핵심 무대인 미국 시장을 바탕으로 글로벌 시장 진출을 모색하는 것이 매우 중요했다. 이제까지처럼 국내 영업에만 치중하는 산업 구조로는 우리나라 HT산업의 미래는 없다는 게 내 판단이었고, 2020년까지 'HT 글로벌 TOP 7 강국'으로의 도약이라는 비전을 달성하기 위해서는 적어도 두 개 이상의 글로벌 혁신 신약을 개발해야 한다는 구체적 목표를 제시했다. 이에 부처 공무원들이 비전과 목표를 이뤄내기 위한 구체적 방안들을 마련하기 위해 총력을 기울인 결과, 콜럼버스 프로젝트가 탄생했다.

우선 북미 시장 진출 의지, 진출 대상 품목의 우수성, 경쟁력, 시장성 등 객관적인 평가지표를 통하여 콜럼버스 프로젝트 참여 기업 총 42개사(제약 22개사, 의료기기 17개사, 화장품 3개사)를 선정하여 지원 품목별로 맞춤형 지원체계를 구축했고, 콜럼버스 프로젝트 참여 기업들이 활용할 수 있는 정부 및 관련 단체의 모든 지원 사항들이 망라된 'HT기업 해외 진출 지원 정책 핸드북'을 제작 배포했다.

또한 HT산업이 글로벌 시장으로 진출하기 위해서는 HT산업에 전문성을 가진 복지부도 중요하지만 해외 시장에 전반적인 인프라를 구축하고 있는 지경부 등과의 협력 관계가 중요하기 때문에 지경부를 비롯한 식약청, 중기청, 특허청, 진흥원, 코트라, 수출입은행, 무역보험공사 등과 'HT산업 글로벌 수출 지원 협의회'를 구성하여 해외 진출에 관한 정보의 상호 제공, 해외 마케팅, 인허가 서비스, 금융 지원, R&D 공동 기획 등에 대한 상호 협력을 강화하는 내용으로 협의회를 운영하도록 했다.

이러한 기반을 토대로 2011년 4월에 미국 뉴욕을 직접 방문해 미국 내 제약·바이오기업 관계자, 벤처캐피탈회사, 재미한인의사협회(KAMA) 및 규제 관련 비영리단체 등을 초청하여 한미 보건의료산업 투자 포럼을 개최했다. 투자 포럼에서는 콜럼버스 프로젝트 참여 기업들과 함께 국내 의료·제약·바이오기업의 우수성을 홍보하고, 한미 간 협력 방안 및 투자 동향을 소개하는 등 국내 HT산업에 대한 미국 내 관심을 고조하는 성과를 거둔 바 있다. 미국의 머크(Merck)와는 2100억 원에 달하는 투자양해각서(MOU)를, 프로디아시스템(Prodea System)과는 1700억 원 규모의 투자의향서(LOI)를 체결하면서 보건복지부 최초로 3800억 원의 해외 투자 유치를 이루어냈다.

우리나라는 뛰어난 IT기술, 우수한 인적 자원과 의료 인프라, 정부의 적극적 육성 정책 등을 바탕으로 HT산업 분야에 짧은 시간에 괄목할 만한 성장을 거두어왔지만, 아직은 부족한 것이 사실이다. 우리는 미국 시장의 혁신성을 벤치마킹해야 한다. 미국의 제네테크(Genetech)는 유전자

국내 보건의료 산업의 경쟁력 제고와 북미 시장으로의 성공적 진출을 위해 미국 뉴욕에서 개최한 '한미 HT 투자 포럼'에서 머크사와 MOU를 체결하였다.

한-UAE 정상회담을 통해 양국의 보건의료 분야 협력을 위한 MOU를 체결하였다.

재조합 기술로 성장호르몬, 인슐린, 인터페론 등의 개발을 통해 비약적으로 성장해왔으며, 암젠(Amgen)은 1993년 필수 지방산인 EPO(Evening Primerose Oil)를 이포젠(Epogen)이라는 빈혈치료제 상품으로 출시하여 2010년 시가총액이 500억 달러에 이르는 엄청난 바이오회사로 성장한 사례가 있다. 이러한 북미 시장 진출이 계기가 되어 미국의 뛰어난 기초과학과 한국의 세계 최고 수준의 임상시험기술이 결합되어 경쟁력 있는 제품 생산이 용이해지고, 한국의 IT기술이 미국 제품의 부가가치를 한 단계 높이는 윈-윈 효과를 가져올 수 있을 것이라고 본다.

앞으로도 갈 길은 멀다. 국내 HT기업들이 연구개발에 집중하여 글로벌 신약을 개발할 수 있는 기반을 마련하기 위하여 해외 진출 임상시험, GMP 공장 투자 등에 정부의 전폭적인 재정적 지원도 이루어져야 한다. 다른 산업 분야보다 전문성이 요구되는 HT산업에 특화된 지원을 하기 위해 현재 뉴욕, 중국, 싱가포르 3곳에서 운영되는 수출지원센터의 기능을 확대해야 한다. 이를 통해 수출 계약, 수출 정보 제공, 현지 인허가 획득을 지원하기 위한 체계를 강화하고, 글로벌 컨설팅 지원, 해외 관련기관 파트너십을 구축할 수 있을 것이다.

8. 소아 전용 응급센터와
중증 외상센터 도입
위기에 직면한 응급의료 시스템 개선

소아 전용 응급센터는 후진적 응급의료체계 개선의 시작이다.

한밤중 아파서 응급실에 달려갔을 때, 기다리지 않고 치료를 받은 경험이 있는 사람들이 얼마나 될까? 부득이 누군가 아파서 응급실을 방문해야 할 상황이 닥치면 많은 불편함을 감수할 수밖에 없는 것이 우리나라 응급 의료의 현실이다. 이는 응급환자 집중 현상이 일부 대형 병원에 심하게 편중되어 있기 때문이다. 응급환자 집중 현상이 심한 대형 병원들은 입원 정체로 인한 과밀화로 후진적 진료 환경이 심화되고 있다. 2006~2009년 대국민 응급의료 이용자 만족도 조사 실시 결과를 보면, 응급실 이용 시 주된 불만사항은 '응급실 내 진료 대기 시간'으로 분석되었는데, 실제 이를 확인한 결과 응급실 이용환자의 82%는 방문 후 6시간 이내 퇴원환자로 그렇게 심각한 상태가 아닌 경우가 많다. 하지만 이 때문에 응급실이 만성질환자, 경증 응급환자의 입원 통로로 활용되어 중증 응급환자는 오히려 적시에 치료를 못 받게 되고, 정말 위급한 중증환자가 적절한 치료를 제대로 받지 못해 사망에 이르는 최악의 상황도 발생하게 된다.

응급실에는 이러한 과밀화 현상으로 인한 후진적 진료 환경 말고도 또 한 가지 문제가 있다. 바로 우리 아이들의 문제로 소아 응급환자에 대한 진료 환경이 너무나 열악하다는 것이다. 소아 환자의 경우 위중도, 응급 해당 여부에 관계없이 대형 종합병원으로 집중되고 있는데, 응급환자 전체 발생 건수 중 소아 응급환자가 25%에 이르고 있다. 하지만 소아 전용 침상, 소아 전용 기도삽관 및 골강내주사 등의 필수장비를 비롯하여 소아 전용 진료장비는 턱없이 부족하거나 전무한 실정이며, 소아의 진정제 사용 시 보호자 동의나 아동 학대 등의 관리체계 또한 전혀 마련되어 있지 않다. 그리고 소아과 전문의(전담의)가 상주하고 있지 않으며, 소아 전담 진료 구역이 없어 중증·상해환자 등의 불필요한 치료 장면 목격으로 소아환자의 공포 또는 정신적 충격 등을 방지할 방법이 없는 실정이다. 전국 권역·지역 응급의료센터(총 128개소) 중 소아청소년 전담 인력이 없는 기관이 52%나 된다.

2010년 11월 21일 대구에서 네 살배기 장중첩증 소아 응급환자가 대구 시내 5개 주요 병원 응급실을 찾아다녔으나 적절한 치료를 못 받고 끝내 경북 구미 병원에서 사망한 사건은 우리 모두의 가슴을 울렸고, 반성하게 만들었다. 너무나 속상하고 괘씸한 마음에 어린 생명 앞에 의료기관으로써 제 의무를 다하지 못한 병원들에 내린 가장 강력한 제재 가운데 하나로 경북대병원의 권역 응급의료센터 지정 취소를 지시했다. 이후 정말 수많은 곳에서 압력 아닌 압력이 들어왔음에도 뜻을 굽히지 않았다. 그러나 경북대병원을 취소하게 되면 경북대병원에 가기 전 자신의 딸을 거부한

다른 병원들이 그 자리를 대체하게 될 상황이 싫다는, 그래서 증오와 억울함 그리고 자책이 아닌 딸에 대한 그리움으로만 눈물을 흘리기로 했다는, 눈물이 흘러 손으로 쓰지 못한 아이 아버지의 편지를 받고서야 지정취소가 아닌 다른 행정처분을 내리게 되었다.

아직도 이 사건을 생각할 때면 아이 아버지의 한 맺힌 편지, 글자 하나하나에 묻어나는 아버지의 딸에 대한 그리움과 뼈아픈 고통이 머리끝부터 발끝까지 저며 와 가슴을 울린다. 작은 심장이 멈추어 큰 세상이 변화하는 모습을 지켜보겠다는 아이 아버지의 말을 가슴 깊이 새기고 있다.

다시 본론으로 돌아가서, 이처럼 우리나라 응급의료는 많은 위기와 마주하고 있으며, 전공의들이 점점 응급의학과를 기피하게 되면서 상황은 더욱 악화되고 있다. 이에 응급의료의 선진적 진료 환경을 마련하고 차세대 응급의료 모델을 개발을 추진하도록 했고, 가장 우선순위로 '소아 전용 응급센터' 모델 개발을 추진했다. 일거양득(一擧兩得)의 효과를 노린 것이다. 소아 응급환자에 대한 맞춤형 진료 환경을 조성하여 우리 아이들이 제대로 치료받지 못하는 일이 없도록 하는 것을 최우선으로 하면서, 동시에 소아 응급환자 중 경증 응급환자가 80~90%에 이르기에 응급실 과밀화 현상에 일조하는 점을 감안하여 소아 전용 응급실 개발을 통해 응급실 적체 현상도 해결할 수 있도록 목표를 삼았다.

먼저 응급의료기금을 통한 지원을 늘려 2011년 4개 대형 병원에 각 10억 원씩 지원하여 소아 전문 응급센터를 설치하도록 했다. 작년 그리스마스를 맞아 개소된 서울아산병원의 소아 전문 응급센터의 경우를 예로 들면, 기존의 응급실과는 별도의 독립 공간에 소아 전용 응급외래진료실, 소생실, 외상환자 수술 처치실, 격리실 등을 설치하고, 소아 전용 초음파,

엑스레이, 이비인후과 진료장비, 응급 혈액 검사장비 등 소아 응급치료를 위한 전문 의료시설과 장비를 갖추었고, 특히 소아과 전문의가 24시간 진료하도록 상주하고 전공의·인턴, 간호사 등 26명의 전담 인력체계로 운영되어 소아 응급의료 서비스 수준을 상당 수준 높여 치료 성공률을 높이고 합병증을 최소화하도록 했다. 또한 환자의 중증도 분류에 따라 가장 빠른 진료가 이뤄질 수 있도록 외래응급실(Fast Track)을 동시에 운영하여 입실에서 치료, 퇴원까지 평균 응급실 체류 시간을 60분 이내로 단축시켜 환자와 보호자의 만족도를 높이도록 했다.

다행스럽게도 소아 전용 응급센터 도입으로 이전에 비해 소아 환자 전체 수는 30% 정도 증가했음에도 응급실 체류 시간은 최대 30%까지 감소했고 이용자 만족도도 대폭 늘어난 것으로 나타났다. 당연한 말이지만 이렇게 시작된 소아 전문 응급센터는 앞으로 지속적으로 확대하여 전국 128개 권역·지역 응급의료센터 전부에 설치될 필요가 있다.

1명의 중증 외상환자를 살리는 데 10억도 아깝지 않다.

"환자를 살릴수록 적자가 쌓여서 괴롭다. 그래서 외국 용병회사 취업도 생각했다."

영화 속에 나오는 이야기 같지만, 이는 아주대병원 외상전문의 이국종 교수가 토로한 고충이다. 삼호해운 사건으로 널리 알려진 이국종 교수는 내가 석해균 선장 병문안 차 아주대병원에 방문했을 때 우리나라 중증 외상 시스템 현실을 자괴하며 격정적으로 시스템 개편의 필요성을 역설했다. 석 선장의 상태를 두고, 오만 의료진의 대응 미비가 있던 게 아니냐는 질문에 그는 중증 외상환자에 대한 응급의료체계에 관한 한 오만이 우리나라보다 훨씬 선진국이라고 대답했다. 그러면서 인구 30만 명인 우리나라 지방도시에서 외국인 노동자 환자가 복부 관통상을 포함해 온몸에 6발의 총알 맞았다면 과연 살 수 있을까 되물었다. 첨단 의료기기와 첨단 의약품이 많다고 중증 외상 시스템이 우월하다는 것이 아니라는 말이었다.

우리나라의 경우 매년 중증 외상환자가 12만 5000명 발생한다. 이 중 1만 1000명이 사망하는데, 그 가운데 적정 치료 시 살릴 수 있는 중증 외상환자가 매년 3500여 명 정도로 추정되고 있다. 중증 외상환자의 예방 가능한 사망률은 1998년 50%에서 2010년 기준 35.2%로 개선되고는 있으나, 미국·일본의 10~15%에 비해 여전히 매우 높은 편이다. 외국의 경우는 외상진료체계 도입을 통해 외상환자 사망률이 감소하고 의료 자원을 효율적으로 이용하고 있으며, 광역 거점별 외상센터(1차 외상전문센터)는 미국의 경우 203개, 독일은 90개, 일본은 22개가 있으나 우리나라는 단 1개도 없는 실정이다. 외상센터를 지정하고는 있으나 최종 치료 제공이 불충분하고, 외상 전문 치료센터가 없어 인력 양성 등이 곤란하며 외상환자를 전담하는 전문의사가 극소수에 불과해 수요에 비해 공급이 턱없이 부족한 것이 우리 중증 외상 시스템의 현실이다.

이국종 교수가 너무 힘들어 한때 해외 취업란만 계속 찾아보며, 최소한 외상외과에 대한 수요와 존중이 있는 곳에서 일하고 싶어 심지어 블랙워터(세계 최대 용병회사)에 취직할까 생각한 적도 있었다는 이야기가 괜한 이야기가 아니다. 외상 치료가 가능한 대형 병원은 질병환자의 과밀화로 인해 실질적으로 외상 진료에 필요한 전담인력, 중환자실, 수술실 등이 부족하다. 또한 외상환자 치료는 다양한 인력자원 투입, 장기간의 환자 재원 기간 등으로 병원 경영에 부담을 주기 때문에 병원은 물론 의료인에게도 위험부담과 근무 강도가 높아 대표적인 기피 분야로 꼽히고 있다. 우리나라는 세계 유일의 분단국가로 1953년 이래 전쟁을 중단하고 있는 휴전국가로서 연평도 포격사건 등 국지도발이 종종 발생해왔음을 볼 때 이는 매우 심각한 문제다.

이런 이유로 2010년부터 2012년까지 한시적으로 응급의료기금이 확충(2009년 400억 원→2010년 1900억 원)되면서 예방 가능한 사망률을 선진국 수준으로 낮추기 위한 과제로 권역 외상센터 설치를 추진하기로 했으나, 예비 타당성 조사에서 타당성이 낮게 평가됨에 따라 외상 전문 치료센터 도입 계획에 대한 수정이 불가피하게 되었다. 사실 이해가 가지 않았다. 10억 원이 들어가도 한 명의 생명을 살릴 수 있다면 충분한 것 아닌가? 국민의 생명을 왜 경제적 잣대로 분석하는가? 생명을 왜 경제적 잣대로 분석하여 비용편익분석(BC Ratio)이 1이 넘나 안 넘나를 기준으로 판단해야 하는가? 화가 날 수밖에 없는 사실이었다.

이명박 대통령이 석 선장을 병문안했을 때 아주대병원 의료진에게 한 말이 있다.

"석 선장은 모두가 최선을 다해 살 수 있었지, 그보다 못한 사람은 우리가 알게 모르게 죽을 수도 있죠. 이제 우리도 선진국이 되어가니까 앞으로 그런 것도 갖춰가야겠죠. 그런 것이 되어야 선진국이 되는 거지."

이후 이명박 대통령은 서울대병원장을 청와대로 불러 독대하면서 "국가의 예산 지원을 받고 있는 국립대학병원인 서울대학교병원이 외상센터를 운영하지 않는 것을 납득할 수 없다, 경영상의 적자가 외상센터 운영을 기피하는 이유라면 향후 정부에서 추가적인 예산 지원도 가능하다, 국가 중앙 병원이 외상환자를 치료할 수 있는 의료진이나 시설이 없다면 앞

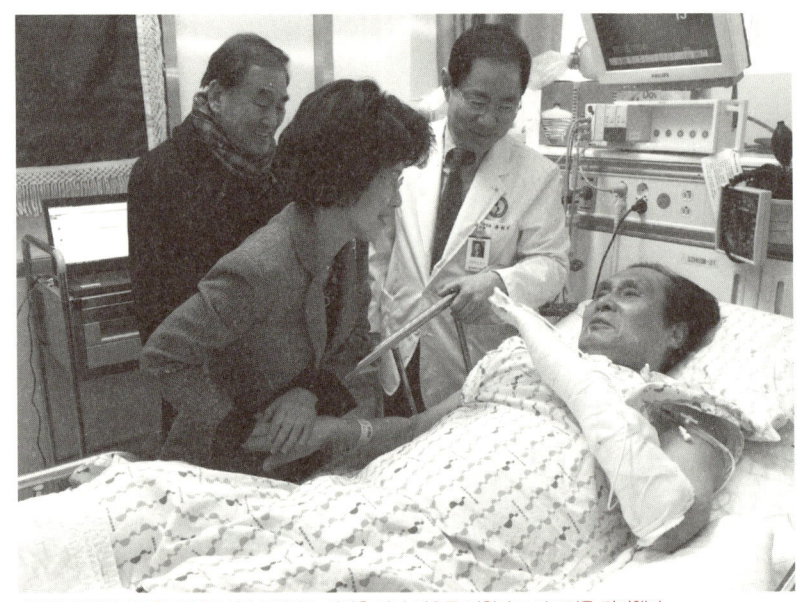
의식을 확연히 회복한 석해균 삼호주얼리호 선장을 만나 쾌유를 기원하고 의료진을 격려했다.

으로 이와 유사한 사건(테러, 연평도 포격 등)이 재발하여 수십 명의 외상환자가 발생한다면 그때도 다시 수원에 있는 아주대병원으로 가야 하는가"라고 되물으며 중증 응급의료 시스템 개편의 필요성을 강조했다.

우선 중증 외상환자 진료에 필요한 시설을 확충하여 기존 의료 자원을 최대한 활용하고 운영 지원 중심의 '중증 외상센터' 설치 사업을 추진하는 것부터 시작해야 했다. 기존 응급의료체계에 시설 투자 및 운영비 지원 등을 통해 중증 외상치료 기능을 대폭 강화하여, 중 권역별로 1개소씩(전국 20~30개소) 중증 외상 응급의료체계를 구축하고, 서초구 원지동으로 이전하는 국립중앙의료원을 중증 외상센터로 개편하여 인력 양성 및 서비스 공급의 컨트롤 타워로 활용하는 방안이 검토되었다. 국내 중증 외상체계에 울분을 토하던 이국종 교수가 만족할 만한 수준은 아니었지만, 석 선장 사건과 이국종 교수의 울분은 중증 외상환자 진료 기반의 확충으로 국가의 보건의료 수준 향상과 국민의 생명권 보호를 강화하는 데 기폭제가 된 것이다.

교통사고, 추락 등 안전사고 발생에 대비한 필수 안전망 강화로 국민이 안심하고 생활할 수 있는 환경을 조성하고, 대규모 재난 상황에 대비할 수 있는 국가 대응체계 구축하는 것이 중요하다는 것을 백 번 말해서 무엇 하겠는가? 중증 외상환자 치료 수준에 대한 지역 간 격차를 해소하고 예방 가능 사망률을 줄임으로써 선진국 수준의 외상 관리시스템을 달성하려면 이 상황을 우리가 보다 심각하게 받아들여야 할 것이다.

※ 2010년 11월 21일 장중첩증으로 대구시내 병원을 전전하다 끝내 목숨을 잃은 네 살짜리 여자아이의 아버님으로부터 받은 편지다. 편지를 주신 아이 아버님께는 허락 받지 않았지만, 이해해주시리라 믿는다. 아이를 잃은 부모의 한 맺힌 마음을 한 자 한 자 절절하게 느낄 수 있는 이 편지를 혼자만 볼 수 없어 게재한다. 어이없이 생명을 잃은 아이의 안타까운 희생이 담보가 되어 소아전용응급센터가 설치됨으로써 또래의 친구들의 소중한 목숨을 살릴 수 있는 계기가 되었다. 하늘에 있는 우리 은서도 아빠의 편지를 공개한 지금의 내 심정을 이해해줄 것으로 믿는다.

존경하는 장관님

저는 지난해 11월 제 삶의 전부인 사랑하는 딸을 천국으로 떠나보냈습니다. 파르르 떨리는 눈꺼풀을 가늘디가늘게 열어 사랑스런 눈동자를 비추이고, 산소 호흡기를 입에 문 채 가쁜 숨을 내쉬며 아빠와 마지막 인사를 한 지 벌써 한 달하고도 보름이 가까워 옵니다.

아이의 얼굴을 보면 견디지 못하고 아이가 있는 곳으로 금세 따라가 노부모를 비롯해 남은 가족들에게 연이은 고통을 안겨줄 것이 두려워 장례 절차 내내 사진 한 장 걸지 못하고, 좁은 관 속에 들어가는 모습도, 재로 변하는 순간도, 바닷바람과 갈매기 날개에 아이를 천국으로 실어 보내는 순간도 엄마 아빠는 감히 함께하지 못했습니다.

하늘나라로 가기 불과 여덟 시간 전만 하더라도 아이는 몇 주째 앓아온 감기에 목소리가 잠겼고 연신 기침을 해댔지만, 일터에서 돌아온 아빠가 사 온 초콜릿 조각을 먹으며 연신 "아빠 너무 맛있어요, 아빠가 제일 좋아요."라며 호들갑을 떨었지요.

곧이어 그 초콜릿을 다 토해내고 배가 아프다며 못난 아빠의 품에 힘없이 안겨 영원히 돌아올 수 없는 곳으로 출발했지만 엄마와 아빠에게 단 한 번의 짜증도 내지 않았습니다. 오히려 "엄마, 은서가 아프면 엄마 마음이 아픈데, 은서는 아프면 안 되는데"라며 제 엄마를 위로했죠. 네 살 아이는 그런 아이였습니다. 언제나 어디서나 그런 아이였습니다.

장관님, 저는 이번 일을 계기로 내가 국가의 보호를 받고 있다는 것을 느꼈습니다. 어찌 보면 이번 일은 저희 가족을 제외하고는 그냥 스쳐 지나가더라도 무엇 하나 이상할 것 없는, 그냥 어린아이 한 명이 사고로 죽은 그저 그런 사건으로 끝났을 수도 있었지요.

그러나 장관님 이하 정부 관계자 분들께서 들어주시고, 함께 슬퍼해주시고, 마치 자신의 일인 양 성심껏 뛰어주심에 유가족들은 슬픔의 무게를 조금이나마 덜었으며 사랑하는 우리

딸도 헛되이 간 것이 아닌 것으로 되었습니다.

2010년 12월 마지막 날 경북대병원 원장과의 대화를 마지막으로 저는 세상을 향한 저의 모든 증오와 억울함을 내려놓았습니다. 순천향 구미병원장이 흘린 눈물과 사죄의 편지를, 경북대병원장이 흘린 눈물과 자신의 이름을 건 약속을 받아들였습니다.

이후 저는 아이 할머니, 할아버지를 비롯하여 가족 모두에게 세상을 향한 증오와 억울함을 내려놓아 주십사 부탁했으며, 우리가 이를 악물고 살아 작은 심장이 멈추어 큰 세상이 변화하는 모습을 지켜보자 했습니다. 모두가 눈물을 삼키며 "그러자"라고 했습니다.

한 생명이 천하보다 귀하다는 말이 있습니다. 이 말뜻을 깨닫게 해주신 장관님께 다시 한 번 감사드립니다.

장관님, 감사의 말미에 외람되지만 한 가지 청을 드리고자 합니다. 저희 가족 모두는 우리 아이의 죽음이 선(善)으로 마무리되기를 원합니다. 지난 한 달여 기간 동안, 저는 인생의 목표를 아이의 죽음과 관련된 병원을 파멸시키는 데 둘 만큼 증오심에 사로잡혔습니다만, 정부와 언론 그리고 주위 사람들의 도움으로 생각을 바꿀 수 있었습니다.

하늘에서 우리 아이가 원하는 것은 의료인들이 각성하고 의료체계가 개선되어 친구들이 안심하고 살 수 있는 환경일 것입니다.

경북대병원장은 2010년 12월 마지막 날 밤에 자신의 모든 것을 바쳐서 지역 의료계를 변화시키겠다고 제게 약속했고, 저와 저희 가족은 그 약속이 지켜지는 모습을 보았으면 합니다. 그래서 제 아이의 죽음이 모두에게 유익함으로 귀결되었으면 합니다.

아시다시피 제 딸은 경북대병원뿐만 아니라 다른 모든 병원들로부터 버림을 받았습니다. 그런 상황 속에서 제가 경북대병원에 집중 성토를 한 이유는 법적 최종 의무 여부는 차치하더라도 경북대병원이 바로 대구를 대표하는 병원이었기 때문입니다. 경북대병원이 대구 권역에서 객관적으로 가장 우수함에도 불구하고 일벌백계 차원에서 센터 취소 처분이 되면 서울의 아주 우수한 병원이 대구에 분원을 세우지 않는 한 제 딸을 거부한 보잘것없는 병원 중 하나가 그 자리를 맡게 될 텐데 그러한 상황은 좋아 보이지만은 않습니다.

물론 장관님께서 수많은 변수와 정서를 고려하셔서 결정을 내리셨을 것이므로 제가 이런 청을 드린다 하여 한 번 내려진 결정을 쉽게 바꿀 수도 없고, 나아가 어찌 보면 개인이 이러한 부탁을 드리는 것은 외람되다고까지 할 수도 있을 것입니다.

비록 저의 청이 받아들여지지 않는다하여 이상할 것 하나 없지만, 아이를 떠나보낸 아비가 이렇게 청을 드리는 것 또한 쉽지 않은 결정이었음을 조금이나마 이해하시어 들어만이라도 주십시오.

이 사건의 종착지가 누군가를 해하고 잘못을 봉합하는 것이 아니라 궁극적으로 모두에게 유익이 되는 사회로의 변화라면 책임지고 변화하겠다는 이에게 기회를 주는 것도 방법이라는 생각이 듭니다.

냉정하게 객관적으로 평가하여 경북대병원보다 더 나은 병원이 대구에 있다면 그 병원을 대구의 대표 병원으로 세워주십시오. 그러나 안타깝게도 경북대병원을 객관적으로 능가하는 병원이 없다면 경북대병원에게 '스스로 혁신하고 나머지 병원들이 따라 변하게 하라'는 조건으로 유예 기간을 부여하시는 방법도 생각해주실 수 있지 않겠습니까?

경북대병원장을 포함하여 누구도 제게 이런 청을 드리라 말하지 않았습니다. 다만 경북대병원장이 "저와 제 처가 천국에 살아 있는 우리 딸 은서의 동생을 이 대구 땅에서 안심하고 낳아 길러도 좋은 환경을 만들겠다"고 약속했습니다. 그 때문에 모든 미움과 증오를 내려놓고 청을 드리는 것입니다.

아직까지도 운전을 하다 눈물이 하염없이 흘러 도로변에 차를 세우기 일쑤고, 아이와 함께 했던 공간을 지나치면, 아이가 좋아했던 물건들이 눈에 들어오면 그 자리에서 주저앉는 일이 반복됩니다만, 2011년 저와 제 처는 증오와 억울함 그리고 자책이 아닌 우리 딸에 대한 그리움으로만 눈물을 흘리기로 했습니다. 그리고 국가와 나에게 눈물의 약속을 한 이들을 믿고 동생을 낳으려고 합니다. 응원해주십시오.

천국 가기 전 아이의 모습을 동봉해드립니다. 사랑스런 아이의 얼굴을 보시고 이 땅에서 다시는 이린 일이 일어나지 않고 모든 어린 천사들이 웃으며 살 수 있는 환경을 만들어주십시오.

눈물이 자꾸 흘러 손으로 편지를 쓸 수 없는 점 이해해주시기를 바라며, 제가 살아 있는 동안은 장관님의 지지자가 되겠습니다. 감사압니다.

2011년 1월 2일 새벽

9. 답보상태인 원격의료 도입

의료 접근성 확대와 고부가가치산업 사이

2011년 8월, 대통령 중앙아시아 순방을 동행하면서 한국의 우수한 의료기술과 IT기술을 접목하여 개소하게 된 몽골의 제3병원 원격의료센터를 방문하여, 연대세브란스병원의 원격의료(U-health) 시뮬레이션을 지켜본 바 있다. 심장병을 앓고 있다가 한국에서 수술을 마치고 몽골로 돌아온 5세의 아이는 능숙하게 화면을 보며 한국에 있는 연대세브란스병원의 젊은 의사와 인사를 나누었다. 곧이어 몽골 현지에서 촬영한 엑스레이와 함께 아이를 담당하고 있는 몽골의 의사와 문답, 또한 아이의 상태를 화면을 통해 진찰하는 모습이 이어지는 것을 보며, 말로만 듣던 원격의료가 실질적으로 어떻게 활용되는지를 아이러니하게도 외국에서 접해볼 수 있었다.

과거의 의료는 환자가 있는 곳으로 의료진이 직접 찾아가는 환자 중심의 의료였으나, 급격한 의료기술과 의료장비의 발전 그리고 보건의료의 불균형적 분배는 우수한 병원이 있는 곳으로 환자가 직접 찾아가야 하는 병원 중심의 의료로 변화되어왔다. 하지만 이러한 변화는 환자에게 시간적·경제적 비효율성과 불편을 초래하는 한편, 의료 분야에서도 지역 간 균형적 발전을 방해하는 요인으로 작용할 수밖에 없었고, 이런 점에서 IT기술이 접목되어 원격의료라는 새로운 의료 서비스 제공 시스템이 개발·도입된다면, 이를 통해 환자가 우수한 병원이나 의료진을 찾아 이동함이 없이 우수한 전문가와의 진료 상담이나 진료 협력이 가능해진다. 원격의료의 개념을 간단히 말하자면 정보통신기술을 의료에 접목시켜 '언제나, 어디서나' 이용 가능한 원격 건강관리 및 의료 서비스를 통칭하는 것으로 한국전자통신연구원(ETRI)의 분석에 의하면 우리나라의 경우에도 높은 경쟁력·성장 잠재력을 지닌 것으로 평가되며, 국내 시장은 잠재 소비자가 720만 명, 5년 후 규모는 2조 원 정도로 매년 50% 증가가 예상되고 있다. 게다가 우리는 원격의료 분야 공개특허 점유율이 41.5%로 미국 29.8%, 일본 22.4%에 비해 월등히 높은 고지를 점하고 있다.

원격의료는 산업으로서도 무궁한 가능성을 가지고 있다. 이 때문에 의료를 산업적으로 접근한다는 불필요한 오해를 받는 부분도 있다. 원격의료를 통해 재택 진료·건강관리 서비스 등 신 산업이 출현하면서 양질의 일자리 창출도 가능할 것으로 보인다. 보건산업진흥원은 원격의료를 도입할 경우 5년간 1만 5000개의 신규 일자리가 창출될 것으로 내다봤다. 특히 우리나라의 첨단 IT기술의 장점을 활용하면 단기간 내에 글로벌 시장을 선도할 수 있는 미래 먹거리 산업이 될 가능성이 높다. 원격의료 시장은 세계적으로 연평균 15% 고성장이 예상되며, 2012년 2156억 달러, 2018년 4987억 달러에 이를 것으로 전망된다.

하지만 국내 현실은 의료법상 제한으로 답보 상태에 머물러 있다. 현행

의료법에서는 의료인 간의 의료 자문은 허용하고 있지만, 의사-환자 간의 원격의료는 불허하고 있다. 때문에 의료 접근성 확대와 의료-IT 융합 산업 육성을 위해 의사-환자 간 원격의료를 제한적으로 허용하는 의료법 개정이 추진되었다. 개정안은 매우 제한적으로 의사-환자 간의 원격의료(진찰·처방)는 허용하되, 노인·장애인 등 신체적 소외, 도서·벽지 등 취약 지역 거주자 등 466만 명의 의료 소외계층 중 재진환자를 대상으로 원격의료를 할 수 있도록 하는 내용이었으나, 야당 등의 반대로 국회에 제출된 상태로 상임위 상정조차 안 되어 있는 상황이다.

반대하는 쪽은 원격의료가 의료 산업화·민영화 지원을 위한 목적이라는 점을 가장 크게 내세우고 있다. 하지만 원격의료는 의료 민영화와는 전혀 관계가 없으며, 오히려 노인·장애인 등 취약계층의 의료 접근성 개선이 목적으로 의료의 공공성 강화를 위해 필요하다. 대형 병원으로의 환자 쏠림 가속화 우려도 의원급을 중심으로 시행되도록 제도 설계를 하기로 되어 있으며, 진찰 방법의 제한으로 인한 오진·의료사고 우려 또한 지난 2년간 다양한 원격의료 시범사업을 실시하여 의학적 안전성이 검증되고 있으며, 보다 더 안전을 기하기 위해 재진환자부터 원격의료를 허용하도록 되어 있기 때문에 세간의 우려와는 다른 부분이 많다.

원격의료는 시범사업을 통해 그 효과가 입증된 바 있다. 2009년에서 2010년까지 강릉시·보령시·서산시·영양군 등에서 4만여 건의 원격 영상진료 서비스 및 재택 건강관리, u-체력 증진, u-방문간호 서비스를 제공했는데, 의료 서비스 제공자의 만족도는 2009년 95.4%, 2010년 84.6%로 나타났고, 의료 서비스 이용자의 만족도는 2009년 98.9%, 2010년 97.9%로 매우 높은 수준이었다. 경제적 편익 또한 높다. 원격의료 서비스

건당 절감 편익은 건당 6만 원에서 8만 원에 이르며, 만약 이들 서비스 중 원격 영상진료 서비스를 전국으로 확대한다고 가정하면 국민 1인당 연평균 진료비 절감액은 5만 원, 연간 평균 204억 원 정도의 건강보험 재정이 절감되며, 2030년에는 최대 1조 467억 원이 절감될 것으로 예측된 바 있다.

해외에서는 우리와는 다르게 매우 활발하게 원격의료가 활용되고 있다. 미국의 경우 원격의료가 주로 '텔레메디신(Telemedicine)'이라는 이름으로 사용되고 있는데, 개념은 환자의 건강을 향상시키기 위해 전자통신을 이용하여 한 장소에서 다른 장소로 의료 정보를 교환하는 데 사용하는 것으로 정의하고 있다. 미국의 중앙 및 주정부는 농촌 지역 병원과 대도시 지역 병원을 연결하는 프로그램을 시행 중이며, 노인이나 교도소 수감자를 대상으로 한 실시간 검진 및 처방 서비스를 제공하고 있고, 민간사업으로는 온라인 건강 정보 사이트, 당뇨 환자 대상 하우스콜(housecall) 및 원격진료 제공자 지원사업, 전화와 이메일을 통한 실시간 의료 상담 서비스 등이 활발하게 이루어지고 있다. 그 외에도 병원과 학교를 연결한 아동 대상 원격의료 서비스, 지역 의료 시스템 및 보건진료소와 보험회사 등이 연계된 원격 정신의료 서비스, 기업 혹은 정부 대상 건강 증진 프로그램 및 질병 관리 서비스 등 다양한 사업이 진행되고 있다. 정부 차원에서도 원격의료의 활성화를 위해 공공의료 분야 중심 원격의료 기술의 개발 및 실행과, 지역별 원격의료 프로젝트를 수행하고 있는데, 특히 농촌 지역에 대해 의료 접근성을 높이기 위해 매우 적극적으로 추진 중이며, 의료 정보 기술의 기준 마련 및 적응 전략, 무선인터넷망 및 EHR portal 등 시스템 구축, 의료 정보 보호 원칙 제도화 등 정책적인 노력 또한 병행하고 있다.

캐나다의 경우는 정부 주체로 병원 진료, 가정 간호 및 자택 요양 등과 함께 포괄적으로 서비스가 제공되고 있다. 캐나다는 국가적인 차원에서 원격의료를 적극 추진하고 있으며 전국 14개 지역에서 원격의료 시범사업을 수행하고 있는데, 대학 연구소 및 병원의 시범사업과, EHR, EMR, 텔레헬스(Telehealth) 등의 서비스가 있으며, 온라인 개인 맞춤 의료, 지역 주민들을 위한 화상회의, 이동 서비스, 원격진료 서비스 등이 있다.

일본은 원격의료를 통해 환자 진료 상담, 진행 행위 실시간 지도, 원격 방사선 진단, 원격 병리 진단, 원격 가정 간호, 협동의료(의사-복지 종사자 간), 건강관리 서비스를 제공하고 있는데, 적용 범위는 내과 질환, 피부과 질환, 정신질환, 만성질환자 등이다. 다만 대상자는 의료 인력 및 시설이 부족한 격지의 환자에 한정하고 있다. 다소 협의의 의미로 원격의료를 적용시키고 있는 것이다.

국내의 우수한 의료기술과 세계적인 IT기술을 가지고 정작 우리 국민들에게는 의료 접근성 확대를 위한 서비스를 제공하지 못하고, 오히려 해외 환자들을 대상으로 국내-해외 의료기관 간 원격 협진을 통한 글로벌 원격의료를 시행하고 있는 점은 우리의 우수한 기술력에 놀라는 한편 반대로 씁쓸한 기분을 느낄 수밖에 없게 만든다. OECD 국가 중 초고속 인터넷 보급률 1위, 세계 최고 SNS 보급률, 지하철에서 맘대로 와이파이(Wi-Fi)를 이용, 세계에서 가장 빠른 확산 속도로 스마트폰 시장이 성장해 2000만 명의 가입자를 코앞에 두고 있는 디지털 선진국, 언제 어디서든 원하는 정보는 곧바로 찾아볼 수 있는 나라가 바로 우리 대한민국이다. 이러한 우수한 인프라를 가지고서도 세계적인 트렌드인 원격의료 시장에서 우리는 계속 제자리걸음으로 다른 국가와의 격차는 점점 벌어지고 있다.

과거 이동통신업체들이 같은 플랫폼을 사용하도록 해 국가적 낭비를 줄인다는 목적으로 도입했던 위피(WIPI, 한국형 무선인터넷 플랫폼 표준 규격) 의무 탑재는 아이폰 등 외산 휴대폰들의 국내 시장 진출을 막아 국내 산업을 갈라파고스화(Galapagos Syndrome)시켜버린 전례가 있다. 이 때문에 스마트폰 도입이 외국에 비해 2년 늦어버렸고, 때문에 당초 목표와는 다르게 오히려 국내 모바일 소프트웨어 업계는 해외 스마트폰 OS, 모바일 어플리케이션들에 대항할 경쟁력 마련에 진땀을 뺄 수밖에 없었다. 우리는 '위피의 교훈'을 다시 한 번 생각해야 한다. 작은 사실에 매몰되어 세계적 트렌드와 국민적 편의를 외면할 때, 결국 차후에 우리가 충분히 선도할 수 있었던 시장, 즉 미래 먹거리 산업을 외국에 내주고 또다시 국부를 유출할 수밖에 없다는 사실을 기억하고 국민의 건강과 우리나라의 미래를 위해서 과연 무엇이 필요한지 곰곰이 되짚어봐야 할 것이다.

10. 무상 의료는 없다
의료서비스 수준 향상과 의료보장 강화 방향

'월 1만 1000원만 내면 무상 의료가 가능하다?' 2010년 지방선거 당시, 한 시민단체가 월 보험료 1만 1000원(세대당 2만 8000원)만 추가부담하면 보장성 100%를 이룰 수 있다고 주장하면서 무상 의료 논란이 시작되었다. 이후 야당 또한 무상 의료를 당론으로 채택하며 구체적인 의료제도 개혁 방안을 내놓기도 하면서 무상 의료에 대한 관심은 매우 높아졌다. '무상 의료' '보장성 100%', 정말 좋은 말이다. 하지만 정말 무상 의료가 가능할까? 상식적으로 생각해보자. 정말로 저 정도 비용으로 모든 사람들이 모든 의료 서비스를 무상으로 이용할 수 있다면, 그 제도를 시행하는 정권 혹은 정당은 백만 년이고 계속 집권할 수 있게 될 것이다. 이러한 좋은 정책을 추진하지 않으려는 정권 혹은 정당이 있을까?

정말 무상 의료가 가능할까? 이 질문에 대한 나의 대답은 바로 '아니오'다. 좌냐 우냐, 진보냐 보수냐 하는 데서 비롯된 편 가르기식 정치에서 나오는 답변이 아닌, 보건복지부 장관으로서 소신을 가지고 했던 답변이었고, 앞으로도 할 수 있는 답변이다.

우선 야당에서 당시 무상 의료라고 내세우는 내용들은 실제로는 무상 의료가 아니다. 정확히 표현하면 건강보험 보장률[(급여 항목/급여 항목+비급여 항목)×100]을 현행 64% 수준에서 90%대로 높이는 방안으로써, 이를 실현하더라도 환자는 입원 10%, 외래 30~40%를 여전히 본인부담금으로 내게 된다. 다시 말하자면, 현재 건강보험제도는 진료비와 약제비 중 건강보험 적용이 되는 급여 항목은 '본인부담금+건강보험급여'로 결정되고, 건강보험 적용이 안 되는 비급여 항목의 경우는 본인부담금이 100%가 되는 것인데, 건강보험 보장성을 100% 올린다 하더라도, 본인부담금은 여전히 내야 하는 것이다. 다만 그동안 비급여였던 항목들에 대하여 본인부담이 경감되는 것뿐인데, 이를 '무상 의료'라고 표현하는 것은 전형적인 포퓰리즘이라고밖에 말할 수 없다.

더구나 비급여 항목의 경우는 기술의 발달에 따라 새로운 의료기술이 계속 등장하게 되면 기하급수적으로 늘어날 수밖에 없는데, 그렇다면 일정한 보장률 수치를 유지하기 위해서는 신 의료기술 도입에 따른 비급여 진료비를 지속적으로 급여 전환해야 한다. 이는 막대한 재정 소요 및 건보 재정 지출의 비용 효과성 저하를 초래하기 때문에 단순히 현재 기준으로 얼마까지 확대한다, 이런 수치는 전혀 의미가 없는 것이다. 수치와 단가를 맞추려고 신 의료기술 도입을 멈추고, 의료 서비스 수준을 내릴 수는 없는 것 아닌가? 또한 이를 위한 막대한 소요 재원은 결국 국민의 보험료와 세금의 대폭적인 인상으로 연결되는 만큼, 무상으로 실현할 수 있는 방안이 아님이 분명하다. 획일적 목표치보다는 '재난적 의료비', '필수의료 서비스' 등 꼭 필요한 중증 질환 중심으로 보장성 강화가 필요하다는 것이 현실적이라고 생각하지 않는가?

　보장률을 90%로 올리기 위해서는 보험료와 재원을 투입해야 하는데, 무상 의료를 표방하며 나온 개혁 방안을 토대로 역추산해보면, 보험료는 약 60~80% 올라갈 것으로 보인다. 그렇게 되면 현재 국민 1인당 평균 보험료가 3만 3000원인 점을 감안하여, 만 원에서 최대 3만 원까지 1인당 평균 보험료가 인상되고, 세대당 보험료는 현재 월 8만 원 수준에서 11~15만 원 수준으로 껑충 뛰게 된다. 참고로, 우리나라 건강보험 체납자는 154만 명에 이르고 있고, 건강보험료 1만 원인 세대가 14만 세대, 건강보험료 1만 원에서 3만 원 사이에 있는 세대가 84만 세대인데, 이러한 건강보험료의 인상이 과연 이들에게 어떻게 받아들여질지 생각해봐야 하는 문제다. 건강보험료만 증가하는 것도 아니다. 건강보험에는 매년 우리가 내는 건강보험료 이외에 국고 지원이 들어가고 있는데, 국고 지원 또한 지금보다 7~8조 원까지 늘어나게 되어 국민의 세금 부담도 2배로 증가하게 된다.

　이러한 추계에 대해 혹자들은 보장성이 높아진다고 환자가 더 늘어나는 것도 아닌데 왜 건강보험 지출이 그렇게까지 늘어나냐고 주장하지만, 의료에도 분명 가격 탄력성이라는 것이 존재한다. 기격이 낮아지면 그만큼 수요가 증가한다는 것인데, 실제로 참여정부 시절인 2006년 당시 6세 미만 영유아 입원 진료비 면제로 인해 수요가 급증해 다시 정책을 되돌린 사례에서는 가격 탄력성이 0.6으로 나타났고, 암환자 본인부담 경감의 경우는 무려 9.5로 나타났다. 또한 의료를 무상으로 이용하는 의료급여 대상자의 경우 1인당 연간 진료비가 건강보험 가입자에 비해 3.4~4.7배 높은 것으로 나타난 바 있다. 환자가 증가하지 않더라도, 기존 환자들의 입원 기간이 장기화되고 외래 방문도 더 잦아질 것으로 예상되며, 특히 예전에 비해 고가의 치료, 의약품 이용 및 사용량 증가 등으로 진료비가 급증할 가능성이 높아지는 것이다.

무상 의료의 형태인 국가보건서비스(NHS) 제도를 운영 중인 영국의 사례를 보면, 진료 대기 기간이 너무 길어 제때 치료를 받지 못하는 등 의료이용 차질이 발생해, 2008년 영국 정부는 병원 대기 기간을 18주 이내로 단축하는 것을 정책 목표로 제시할 정도다. 무상의료로 불필요한 의료 이용이 많아져 진료 대기 기간이 길어지는 등 부작용이 발생한 것이다. 의료공급자들의 이윤 동기가 없어 의료 서비스 질이 하락하는 문제도 발생했는데, 유로바로미터 서베이(Eurobarometer Survey)에 의하면 영국 국민의 65.5%가 NHS제도에 불만족스러워하며 근본적 개혁을 요구했고, 올해 영국은 대대적인 손질에 나선 바 있다.

인구 고령화 심화, 신 의료기술 발전 및 신약 개발 등으로 인해 건강보험 지출은 이미 빠르게 증가하고 있는 반면, 경제활동인구는 지속적으로 감소하여 미래세대에 대한 부담은 지속적으로 증가하고 있는 상황이다. 당장 우리의 이익을 위해 미래세대에게 그 비용을 증가히는 것이 옳은 일일까? 건강보험도 마찬가지고 국민연금도 마찬가지다. 우리는 항상 우리의 백년대계를 생각해야 하고, 우리 후손의 먹거리를 걱정해야 한다. 따라서 국민에 대한 보장을 확대하는 것은 좋시만 급격한 확대는 국민 부담 증가는 물론 중장기적으로 의료 재정의 지속가능성을 훼손하여 제도 자체의 존립이 위험해질 수 있다는 점을 명심해야 한다.

물론 우리나라 건강보험의 보장성은 아직 선진국에 비해 낮은 수준인 점은 분명하다. 2009년 기준 국민의료비 중 공공지출 비중을 보면 OECD 국가 평균이 71.5%인 데 반해, 우리나라는 58.2%에 그치고 있다. 현재 중증 고액 질환자의 부담률 경감, 진료비 부담이 큰 비급여 항목의 급여 전환, 저출산 지원 등 보장성을 지속적으로 확대 중이지만 아직 국민의 요구 수준에 크게 못 미치고 있는 것이 사실이다.

때문에 의료의 질과 양적인 부분을 모두 고려하여 우선순위 및 재원 조달 방안을 고려한 점진적 보장성 확대부터 시작하는 것이 옳다. 치료 긴급성, 의학적 안전성, 비용 효과성의 원칙 및 '적정 급여-적정 부담' 기준을 고려하여, 단계적으로 확대해나가는 동시에 의료안전망기금, 한국의료지원재단 등을 통한 다층 의료 안전망을 통해 국민의 재난적 의료비를 절감시키는 방안을 마련해야 한다. 초음파 검사, 치석 제거, 노인 틀니, 출산 진료비 확대, 항암제, 골다공증, 당뇨 치료제 등 국민들의 누구나 체감할 수 있는 부분부터 단계적인 보장성 계획이 이미 잡혀 있다. 앞으로 우리에게 남은 과제는 비급여 부분 또한 단계적으로 급여화하여 국민의 의료비 부담을 완화하고 필수의료에 대한 본인부담률 조정 등 추진해야 하는 일과 건강보험 지출 구조의 효율성을 제고하고 건강보험 수입 기반을 안정화하여 세계에서 인정받고 있는 우리의 건강보험 시스템의 지속 가능성을 확보해나가야 힐 것이다.

02

복지는
현장이다

스마트 복지
SMART
WELFARE

1. 현장에 모든 답이 있다
385일 113곳의 현장 방문과 서민희망본부 출범

우리는 누구나 떠올리기만 해도 입가에 미소가 번지는 행복한 기억을 가지고 있다. 18대 국회의원 선거를 위해 새벽부터 밤늦은 시간까지 뛰어다니며 체력전이 되어버린 선거운동에 지친 어느 날, 경로당에 들른 나에게 밥이라도 먹고 가라며 굳이 밥상을 차려주시던, 찬이 몇 개 없다며 안절부절못하시던 여든이 넘으신 혼자 사시는 그 어르신의 따뜻함 마음을 생각할 때 떠오르는 행복함을 난 여전히 잊지 못하고 있다.

2010년 8월 30일 보건복지부 장관으로 임명장을 수여받을 때부터 얼마 전 이임식을 하는 순간까지 난 이 기억을 잊지 못했다. 이 기억은 항상 내가 왜 이 자리에, 이곳에 있는지 명확하게 만들어주었다. 어려운 사정에도 남을 배려하고 생각하는 마음, 그리고 남을 이롭게 하는 것이 자신에게도 이롭다는 이타즉자리(利他卽自利)의 사상이 우리 이웃들에게 아직도 넉넉하게 녹아 있다는 사실은 내 자신부터 안주할 수 없게 만들었고, 때문에 장관으로 임명되면서 '서민 전담 장관'을 자처하며 처음 발족시킨 부서가 바로 우리 이웃에게 달려가 이웃의 사정과 목소리를 듣는 '서민희망본부'와 '현장소통팀'이다.

  영국의 공리주의 사상가 벤담이 주장한 도덕적 행위의 가치 기준인 '최대 다수의 최대 행복', 즉 가장 많은 사람에게 가장 큰 행복을 주는 행위가 선(善)이라는 것은 우리 모두가 잘 알고 있는 사실이다. 결국 가능한 한 많은 국민들의 목소리를 직접 듣고, 그들의 온정을 느끼며 그들의 행복을 위해 노력하는 것이 정치가로서, 행정가로서 가장 가치가 큰 도덕적 행위를 하는 것이라 믿었다. 서민희망본부를 통해 실행하고자 한 것은 크게 두 가지였다. 하나는 '작지만 체감할 수 있는 정책 아이디어 발굴'이었고, 다른 하나는 '기존 정책의 효율성 극대화'였다. 물론 이러한 것들은 직접 발로 뛰며, 내 얼굴과 내 두 발에는 내 땀을, 내 두 손에는 수많은 분들의 땀을 묻혀야만 할 수 있는 일이라 확신했다. 이에 서민희망본부에서는 정부의 지원이 필요하나 정책적 지원을 받지 못하고 있는 대상자를 발굴하여 공공과 민간에서 실시하는 각종 사업과 연계해 보호할 수 있도록 안전망을 점검하고, 기존의 서민 대책들이 현장에서 잘 시행되고 있는지를 살펴 부족한 점은 개선·보완하고, 더 필요한 정책이 무엇인지 발굴하는 데 집중하고자 했다.

  행정고시를 패스한 대한민국의 우수한 인재들이 책상머리에 앉아서 모닝커피 한 잔부터 우아하게 마시며, 컴퓨터 자판을 두들기면서 내놓는 정책이 아니라 장관부터 솔선수범하여 발로 뛰며 세심한 현장 행보를 통해 가능한 한 많은 국민들의 목소리를 메모해가며 내놓는 정책이 필요하다는 것이 장관 취임 일성부터 그 직을 내려놓은 순간까지 지속되어온 생각

종로구 주민센터를 방문, 행복e음 개통 이후의 상황을 현장 체험하며 사회복지 업무 현황을 파악하고 개선 방안을 수렴하였다.

이었다. 부처 공무원들에 대한 내 주문은 간단했다. "직접 가보았나? 정말 그것이 국민이 불편한 지점이 맞나?" 하는 질문에 대한 답을 제시하라는 것이었다. 2011년 9월 16일 서민희망본부를 출범시키면서, 내 스스로는 물론 차관, 고위 공무원, 실무 담당자에 이르기까지 이전보다 훨씬 강도 높은 현장 소통을 통하여 국민의 목소리를 반영하도록 지시했다.

385일간의 재임 기간 동안 113곳을 방문하며, 6075명 정도의 국민들의 목소리를 직접 현장에서 들었다. 수많은 분들이 기억에 남는다. 경기도 안양에서 폐지와 쓰레기더미 속에서 홀로 생활하시던 할머니, 영등포 쪽 방촌에 발을 뻗기에도 비좁아 쪼그려 앉은 상태로 온종일 앉아 계시던 할머니, 경기도 구리시에선 온갖 욕지거리를 참아내며 십 년 넘게 치매 할머니를 수발하며 살아가시는 할아버지, 마장동의 기초수급자 자격 신청을 사양하고 어떻게든 자신의 힘으로 살아보겠다고 큰 수술 끝에 충분한 휴식도 없이 식당에서 도우미 일을 하시던 귀화한 조선족 아주머니, 헌신적으로 결핵 환자들을 돌보다 결국 다제내성 결핵에 감염되어버린 마산결핵병원의 최 간호사, 전남화순병원에서 소아암 환자에 대한 정부의 지원에 꼭 감사의 마음을 전하고 싶다며, 퇴원도 늦추며 내 방문을 기다리고 계셨던 고3 학생 암 환자의 어머니, 입양을 기다리며 병원의 신생아대기실에 빼곡히 누워 있던 아기들을 보면서 마음속으로 많이 울었던 적도 있다.

경북대병원 소아 사망 사건을 계기로 현장 방문을 통해 응급실 환자의 25%가 소아환자임에도 불구하고, 소아들에게 맞는 침상과 의료장비는 전혀 갖추고 있지 않고, 소아의 경우 응급이 아닌 간단한 조치로 끝날 수 있음에도 오랜 시간 기다려야 하는 불편함 등 응급실 현장의 문제점을 발견할 수 있었다. 그 덕분에 '소아 전용 응급센터'를 추진했고, 그 결과 현대아산병원 등 6곳에 소아 전용 응급센터가 설치되었다. 그중 현대아산병원 소아 전용 응급센터 개소식 때는 장중첩증으로 대구 시내 병원을 전전하다가 끝내 사망한 아이가 떠올라 행사 내내 흘러내리는 눈물을 멈출 수 없었다. 두 번 다시는 이러한 일이 발생하지 않도록 일벌백계해야 한다는 심정으로 사망한 아이를 외면했던 병원에 대해 강한 중징계를 결정했지만, 오히려 네 살배기 아이의 아버지는 정부의 단호한 조치에 대한 감사와 함께 제재를 내린 복지부로 하여금 오히려 선처를 부탁하는 편지를 직접 보내온 일도 있었다.

이렇게 현장에서 접할 수 있었던 생생한 목소리와 감동, 때로는 불편함 그리고 아이디어가 함께하여 101가지의 작지만 체감이 높은 서민 희망 찾기 과제로 정리되었고, 내가 장관직에서 물러나기 직전까지 과제 달성률은 69%(107개 개별 과제 중 73개 과제 추진 완료)였다.

결과를 보면 간단한 문제지만 그 과정에는 많은 이들의 노력이 숨어 있었다. 서민 생활에 도움을 드릴 수 있는 정책을 발굴하기 위해 보건복지부의 모든 직원들은 '현장'에 초점을 맞췄다. 정책 발굴을 위해 나부터 사업과의 담당 주무관까지 모든 직원이 현장에서 국민의 생생한 목소리를 담아내고자 했다. 민원인과 일차적으로 대응하는 129콜센터부터 건강보험공단, 국민연금관리공단의 콜센터 직원들과의 간담회를 통해 사소하나 국민의 불편을 조금이라도 줄일 수 있는 정책들을 발굴했고, 또한 현장에서 정책을 수행하고 있는 지자체 공무원과 복지기관 종사들로부터 현재 진행되고 있는 정책의 개선 사항과 신규로 필요한 정책들에 대한 의견을 수렴했다.

단순 불편 사항에서 법 개정이 필요한 사항까지 다양한 의견들에 대해 신규 정책화시키는 데에는 서민희망본부가 총괄적인 기능을 수행했다. 콜센터나 지자체의 건의 사항을 서민희망본부가 총괄하여 실행 가능성 및 시행 시기 등에 대해 사업과의 검토를 거쳐 정리했다. 특히 이미 지자체들이 자체적으로 수행하고 있는 사업들(대전 복지만두레, 남양주 희망케어센터 등) 중에는 참신하고 효과 높은 아이디어들이 많아 중앙정부가 벤치마킹해야 할 부분도 많았다.

2010년 9월부터 2011년 1월까지 4개월간 보건복지부의 모든 역량을 집중하여 신규 과제들을 발굴했다. 현장에서 발굴한 과제들 중에는 이미 시행되고 있는 과제도 있고, 현행 법률체계 내에서 불가능한 사항들이 있었다. 또한 보건복지부에서 추진할 수 없는 사항, 예산의 신규 책정이 필요한 사업들도 발굴되었다.

이렇게 발굴된 과제들은 3가지 원칙에 의거하여 정리되었다. 서민의 기대 욕구·실생활 관련성 등 정책 체감도가 높고, 적은 비용으로도 구체적 효과를 거둘 수 있으며, 사회적 공감대, 이해집단 수용도, 입법·재정 여건 등을 고려해 2011년에 정책 구현이 가능한 과제들을 중심으로 선정해 '101가지 서민 희망 찾기'라는 브랜드가 탄생되었다.

실제 발굴된 107개의 과제를 아동, 노인, 장애인, 저소득층, 의료, 사회보험 6개 수혜 대상자별로 구분한 것도 국민과의 의사소통을 최대한 원활히 진행하기 위해서였다. '101가지 서민 희망 찾기'의 탄생을 알리기 위해 직접 기자실을 찾아 브리핑을 하면서 '101가지 서민 희망 찾기'는 2011년 1월 24일 세상에 모습을 드러냈다.

학위를 마치고 모교에서 강의하던 중, 1995년 미국의 부르킹스나 해리티지재단을 벤치마킹해 만든 우리나라 최초의 정당정책연구소인 여의도연구소에 뛰어들면서 느꼈던 현실정치의 참여관객(spectator engage)으로의 한계, 이를 극복하고자 다시 뛰어들었던 국회의원으로서 느꼈던 정책 실행력의 한계를 정부에 와서 조금이나마 뛰어넘을 수 있었다는 점에서 지금 돌이켜보아도 매우 값진 일이라고 생각된다. 어떻게 보면, 이러한 작은 과제들은 그냥 지나칠 수도 있고, 또 책상에 앉아서 각종 사회복지 서적들과 논문과 자료와 씨름해서는 알 수 없는 부분들이 많다. 불치하문(不恥下問)이라고 했다. 모르는 것을 묻는 것은 전혀 부끄러운 게 아니다. 정책 입안자라고, 담당 공무원이라고 모든 것을 다 알 수는 없는 노릇이지 않는가? 정책을 만드는 사람은 현장 최일선의 담당자나 정책고객인 서민들의 목소리에 귀를 기울여 작은 것부터 바꿔나가는 것이 정답이다. 위에서 아무리 거대한 복지 담론을 가지고 떠들어봤자 실제 국민들의 피부에는 와닿지 않는 공허한 메아리다.

  현장을 고려하지 않는 책상머리의 탁상행정만으로는 새롭게 바뀌고 있는 정책환경에 기민하게 대응할 수 없고 정책고객인 국민의 체감도를 높일 수 없다. '우문현답'이라고 했다. "우리들의 모든 문제는 현장에 답이 있다"는 나와 함께 일했던 복지부 직원의 명확한 해석이었다. 현장에서 많은 걸 배웠던 385일이 어제 일처럼 스쳐간다.

2. Think We, Before Me
나눔문화 확산과 코리아핸즈 설립

평생 김밥을 팔아 번 재산 전부를 장학금으로 기탁한 할머니, 부부 모두가 신장 기증으로 죽어가는 생명을 살린 이야기, 하루 종일 중국집 배달로 번 돈을 5명의 아이들에게 정기적으로 기부하는 철가방 천사 이야기, 남편의 300억 기부도 모자라 부인마저 남은 전 재산을 대학에 기부한 노부부 이야기……. 우울한 소식들이 가득한 신문지면에서 가끔 우리는 이렇게 따뜻하고도 가슴을 적시는 이야기들을 접하면서 소박하고 진실된 마음이 담긴, 우리가 삶의 곳곳에서 마주치는 편린들을 떠올리며 우리가 결코 잊어서는 안 될 삶의 가치를 느끼곤 한다.

'Think We, Before Me'

이는 미국의 사회복지공동모금회 격인, 아니 우리나라 사회복지공동모금회의 모태격인 유나이티드웨이(United Way)의 슬로건이다. '나를 생각하기 전에 우리를 생각하자.' 나를 생각하기 전에 타인만을 생각하자는 것이 아니라 나를 생각하기 전에 우리가 속한 사회 전체를 생각하자는 뜻이 담긴 이 슬로건은 공동체 사회에 있어 우리가 어떠한 마음가짐으로 나눔을 실천해야 하는지 잘 알려주는 것 같다.

나눔은 사회 통합에 중요한 역할을 한다. 자본주의 경제 구조에서 소득 격차에 따른 양극화와 그로 인한 사회적 갈등을 불가피하게 발생하고, 따라서 사회적으로 나눔 문화가 확산되면 우리 사회의 빈부 격차와 갈등을 해소함으로써 사회 통합에 기여할 수 있기에, 시민사회 발전과 공동체 결속을 위해서도 국가 차원의 중요 과제 중 하나가 바로 나눔 문화의 확산이다.

나는 '나눔'을 소비적 나눔과 투자적 나눔으로 구분한다. 고통을 나누는 것이 전자인 소비적 나눔이라면, 교육 기회의 제공·기술 혁신 지원·사회 변화 유도·문화 예술 동참 등은 후자인 투자적 나눔에 속한다. 빈곤구제·의료지원 등은 국가에 맡기더라도 미래를 위한 교육과 복지에서는 민간의 영역과 역할이 갈수록 커질 수밖에 없다. 나눔은 처음 새끼손가락을 내민다고 생각하다 결국 팔 전체를 내어주는 것처럼 나눔이 아름다운 중독이 될 수 있도록 나눔 문화가 일신되어야 한다. 믿고 기꺼이 기부하고 나눔을 행할 곳을 확보해주는 것도 국가의 몫이다.

우리 대한민국 국민들에게는 나눔의 유전자가 존재한다. 2010년, 사회복지공동모금회의 비리 문제로 온 사회가 시끄러운 적이 있었다. 그동안 대한민국 국민들은 천성적으로 위기를 극복하고, 남을 돕는 데 인색하지 않은 유전자를 가지고 있기 때문에, IMF 금 모으기 운동, 최근 일본지진 피해·복구를 위해 모여든 성금, 사랑의 열매 운동까지 모두가 한뜻으로 나누는 마음을 담아서 위기를 기회로 만들어 극복해왔다.

하지만 이렇게 터진 모금기관의 비리문제로 국민의 불신은 극에 달하였고 나눔문화 확산에 찬물을 끼얹었다. 모금액이 감소하면 소외계층에게 나눌 몫이 줄어들기 때문에 모금회의 비리에 강한 철퇴만이 능사가 아니라는 지적도 있었으나 환부의 썩은 살을 도려내지 않으면 새살이 돋아날 수 없다.

사회복지공동모금회의 비리 문제를 해결하기 위해 대의멸친(大義滅親)의 심정으로 격한 조치를 취했다. 이와 동시에 '위기는 기회다'라는 인식으로 나눔 문화 확산을 위해 총력전을 펼치기로 결정했다. 2008년 불어닥친 글로벌 경제 위기로 국가 재정 상태도 좋지 않았고, 서민들의 체감경기는 더욱 심각한 상황이었다. 그렇다고 복지에만 국가 재정을 몽땅 투입하다가는 남유럽 국가들처럼 국가 디폴트 상태까지도 넘어갈 수 있기 때문에 무조건적인 지출은 어려운 현실이었다. 현명한 대처가 필요했다. 정부의 복지에 대한 재정 지원과 더불어 대기업들의 '제대로 된' 사회 환원, 그리고 여러 가지 민간 자원의 지원과 협력 등이 멋들어지게 어우러진다면 충분히 우리는 사회갈등을 지양하고 사회 통합을 이룰 수 있지 않을까 하는 것이 다소 큰 포부였다.

삼성경제연구소의 연구 결과에 따르면 우리는 사회갈등 비용으로 우리나라 연간 GDP의 27%를 지출한다고 한다. 2010년 기준 연간 GDP가 1조 143억 달러인 것을 감안하면, 연간 약 300조 원 정도가 사회갈등 비용으로 날아간다는 것인데, 300조 원이면 대충 따져보아도 서울시의 15년 예산이며, 우리나라 1년 예산이 300조 원과 같고, 2011년 재정 적자가 25조 원인 점을 감안, 보편적 복지냐 선별적 복지냐와 같은 논란이 더 이상 일어나지 않을 정도로 우리 재정이 안정권에 접어들 수 있는 돈이다.

우리의 사회갈등지수는 0.71로 나타나는데, 이는 우리나라의 사회갈등지수가 10% 하락할 때 GDP가 7.1% 증가한다는 효과가 발생한다는 말로, 우리나라 사회갈등지수가 OECD 평균 수준인 0.44로 개선될 경우 1인당 GDP가 5000달러 이상 증가하는 셈이다. 앞서도 이야기했듯이 나는 나눔 문화의 확산은 곧 사회갈등을 치유하고, 사회 통합으로 가는 교두보를 열어준다고 확신한다. 때문에 나눔 문화의 확산을 통해 사회 통합, 또한 사회갈등 해소까지 이어지는 나름 거대한 프로젝트의 풍운의 꿈을 안고, 보건복지부 산하에 '나눔정책추진단'을 만들어 일을 추진했다.

나눔 문화 확산을 위한 정책 목표와 실천 과제를 선정하기 위하여 나눔의 현황과 문제점을 분석한 결과, 결국 우리에게 필요한 것은 '국민 누구나 나눔을 실천할 수 있는 여건 조성'이 최우선 과제라는 것을 알 수 있었다. 나눔의 유전자를 가진 우리 국민들의 특성상 여건을 조성해주는 것이 가장 중요했다. 나눔이 문화로 정착되기 위해서는 나눔이 특별한 일부 사람들만의 것이 아닌 일반 국민이라면 누구나 작은 것부터 실천하여 사회 곳곳에 스며드는 것이 중요하다고 생각했기 때문이다. 이러한 목표를 달성하기 위한 실천 과제로는 생활 속의 쉬운 나눔, 나눔 실천자에 대한 사회적 인정 강화, 노블레스 오블리주 확산, 모금기관의 신뢰성 제고 등 4가지 주요 정책 과제를 설정했다.

몇 가지 구체적인 나눔을 위한 정책 사례를 소개해보도록 하겠다.

국민들이 일상적인 구매 활동을 통해 나눔을 실천할 수 있는 행복나눔 N 캠페인을 전개했다. 행복나눔 N 캠페인은 소비자가 N마크 부착 제품을 구매하면 수익금의 1% 내외가 자동으로 기부되는 캠페인으로, 남녀노소 누구나 물건을 사는 작은 행위를 통해 실천할 수 있는 나눔 활동이라는 데 착안하여 개발했다. 현재 총 29개의 기업이 이 캠페인에 참여하고 있는데, 2011년 초에는 캠페인을 통해 마련된 기금을 도움을 필요로 하는 소외계층에 전달하는 성과도 낼 수 있었다. 이 책을 읽는 분들께서도 N마크 부착한 제품을 생산하는 기업들이 작게나마 사회에 기여하고 있다는 점을 꼭 기억해주시고, 많이 알려주셨으면 한다.

얼마 전 한 대학생 자원봉사단이 서울 시내 한 백화점에서 해외 명품회사들의 사회적 책임을 촉구하는 퍼포먼스를 보인 적이 있다. 다른 나라에서와는 다르게 우리나라에서만 유독 수익 규모에 비해 턱없이 부족한 기부를 하는 명품 브랜드를 비판하고자 한 퍼포먼스였다. 왜 기업이 돈을 벌어 사회 공헌을 해야 하느냐, 그건 기업 마음이 아니냐고 되묻는 사람이 있을 수 있다.

미국에는 '다우존스 지속가능성 지수(Dow Jones Sustainability Index)'라는 것이 있다. 1999년 세계 최대 금융 정보 제공기관인 다우존스와 글로벌 지속가능경영 평가기관인 스위스 SAM이 만든 우량기업 주가지수 중 하나로, 기업을 단순히 재무적 정보로 판단하는 데 그치지 않고 사회 공헌도, 윤리경영 등을 지속가능경영으로 평가해 우량기업으로 선정한다. 기업의 사회적 공헌도가 왜 지속가능경영에 영향을 미칠까? 바로 소비자들의 신뢰 문제와 직결되기 때문이다. 소비자들이 그 기업의 사회 공헌에 대해 바로 알게 된다면, 브랜드 가치의 상승과 이어지게 되고, 그 기업은 소비자와 지속적으로 함께 공동체에서 선순환이라는 가치사슬에서 함께 할 수 있게 되는 것이다.

또한 사회적 인정을 강화하는 것도 중요한 부분이었다. 우리 사회에서는 전통적으로 '오른손이 한 일은 왼손이 모르게 해야 한다'는 겸양의 미덕으로 본인의 선행을 외부에 알리기를 꺼려한다. 그러나 나눔 문화를 확산하기 위해서는 이러한 미담 사례를 널리 알려 더 많은 사람들이 동참하게 하는 것이 필요했다. 나눔을 실천한 사람들을 칭찬하고 존경함으로써 이들에 대한 사회적 인정을 강화하기 위하여 우선 매월 다양한 분야에서 나눔을 실천하신 분들을 선정하여 포상해주는 '이달의 나눔인'을 추진했다. 2011년 1월부터 시작하여 노블레스 오블리주, 생명 나눔, 장애인 관련 나눔, 입양·아동·가족 나눔, 호국보훈 관련 나눔, 기업 봉사 동아리, 재능 기부 등 매월 주제를 달리하여 우리 사회 곳곳에서 나눔을 실천하고 있는 분들을 선정하여, 시상식을 갖는 등 사회적 인정을 통해 그분들의 나눔에 감사를 표했다.

사회 지도층의 기부 유도는 사회갈등을 치유하고 통합으로 나아가는 데 매우 중요한 정책이었다. 외국에서는 빌게이츠, 워렌 버핏 등 기업 CEO나 사회 지도층의 기부가 활발히 이루어지고 있지만 우리나라에서는 아직 노블레스 오블리주 문화가 정착되지 못했다. 나눔을 확산하기 위해서는 사회 지도층이 솔선하여 나눔을 실천함으로써 개인 기부 활성화의 견인차 역할을 하고 나눔 실천의 선순환 구조를 만드는 것이 중요하다.

사회 지도층이 좀 더 쉽게 기부할 수 있는 다양한 기부 모델을 개발하고자 '나눔 문화 확산을 위한 한국형 계획기부 모델 개발' 연구를 진행했고, 이 연구에서는 기부자조언기금, 자선기부연금, 자선신탁 등 새로운 기부 모델을 한국에 도입할 수 있는 방안을 도출했다. 이를 토대로 전문 모금기관 및 잠재적 고액 기부자 등을 대상으로 한 계획기부 홍보 및 계획기부 활성화를 위한 법·제도 개선 등이 추진될 예정이다. 그리고 공직사회에서 먼저 솔선하여 나눔을 실천하는 모범을 보이기 위하여 '재능나눔은행'이 만들어졌고 사회복지협의회 주관 1인 1나눔계좌(월 5000원)를 활성화시켰다. 내가 먼저 모범을 보이기 위해 월 100개의 나눔계좌를 신청했고, 나를 비롯해 모든 복지부 직원의 강의료·회의비를 모아 재원을 마련해 이를 토대로 쪽방촌 내복 지원, 지역 아동센터 도서 전달 등 소외계층에게 작지만 의미 있는 도움을 주었던 사실에 마음이 훈훈해진다.

미국에서는 인터넷을 통해 기관 이름만 치면 그곳이 믿을 만한 곳인지, 얼마나 모금하여 어느 곳에 사용했는지 관련 정보를 한눈에 알 수 있다. 특히 몇 만 달러 이상의 거금을 기부하려는 사람들이 미리 charitywatch.org 같은 곳을 찾아가면 그 단체의 신용등급과 정보를 볼 수 있어 기부 여부를 판단하는 데 도움을 받을 수 있다. 하지만 우리나라의 경우 이러한 여건이 조성되어 있지 않아 불신을 낳고 불신이 나눔의 의지를 꺾는 경우가 많다.

장관으로 임명된 후, 수없이 들어오는 축하 난(蘭)을 거절하기보다는 기부하는 것이 좋을 것이라 판단하여, 기부로 유명한 모 시민단체에 모두 기부하면서 얼마만큼의 가치를 갖고 어떤 곳에 쓰이는지 문의해봤으나, 그 단체에서는 전혀 모른다고 기준조차 없다는 답변만 들었다. 난을 금전화하여 기부금으로 처리할 것이 분명했지만, 그 이후 진행과정을 알 수 없음에 의아했던 일이 있었다. 장관도 그러한 의문을 갖게 될 정도인데 일반 국민들은 어떨까?

나눔 문화 확산의 필요성에 대해서는 정부와 국민 모두가 공감하고 있으나, 2010년 사회복지공동모금회 사건 등 잇따른 성금 유용 사건으로 국민들의 모금기관에 대한 불신이 극에 달해 기부의지를 꺾게 되는 상황이었다. 나눔 문화가 확산되기 위해서는 모금기관에 대한 투명성과 신뢰를

회복하는 것이 가장 중요한 과제로 떠올랐다. 그래서 사회복지공동모금회의 투명성 제고가 일차 개선사항이었다. 사무총장 등 인적 교체, 원스트라이크아웃제 도입, 클린카드 사용 등 강력한 쇄신만이 국민의 신뢰를 회복할 단초가 된다고 보았다. 그리고 자신이 기부한 돈이 어떤 과정을 거쳐 어떻게 쓰이고 있는지 전 과정을 투명하게 알 수 있도록 공개하는 제도를 확대했고, 기부자들이 연말에 기부한 내역을 쉽게 확인할 수 있도록 연말정산 간소화 서비스도 확대했다. 마지막으로, 모금기관 담당자들이 투명한 회계 관리를 할 수 있도록 모금기관 담당자에 대한 회계 교육을 실시했다.

이러한 제도적 보완과 함께 중요한 것은 홍보였다. 나눔의 실천은 결국 국민들의 손에서 이루어지는 것이기 때문에 나눔의 필요성과 중요성에 대해 국민들에게 알리고 홍보하여 실천을 이끌어내는 것이 나눔 문화 확산 정책의 또 다른 핵심 축이라 할 수 있다. 이에 대해서는 정부뿐만이 아니라 민간에서도 필요성을 느끼고 있었으나, 민간의 다양한 기관과 단체들의 합의를 이끌어내는 것이 쉽지 않았다.

이에 2011년 초부터 경제계, 종교계, 모금기관, 시민단체 등 나눔을 주도적으로 이끌고 있는 기관과 단체들을 일주일이 멀다 하고 만나 나눔국민운동 전개의 필요성에 대해 설득하기 시작했다. 직접 청와대, 모금기관·기업·시민단체 대표들을 만나 우리 사회 나눔 문화 확산의 중요성에 대해 여러 차례 설명하고, 이러한 노력에 힘입어 기관과 단체들이 움직이기 시작했다. 그리고 마침내 2011년 6월 14일 나눔 관련 200여 단체, 1500여 명이 모여 나눔국민운동 출범식이 열리게 되었다. 나눔국민운동 출범식은 나눔국민운동의 시작을 전국에 알리고 나눔 관련 기관 및 단체들이 향후 나눔 문화 확산을 위하여 공동으로 협력하는 것을 약속하는 자리였다. 또한 실질적인 성과를 도출해내기 위해 경제계, 종교계, 시민단체, 모금 및 복지단체, 언론문화계 대표가 나와 각 분야별로 향후 실천할 행동계획을 선언한 바 있다.

나눔을 실천할 수 있는 여건 조성이라는 목표와 함께 추진한 대한민국 사회봉사단 코리아핸즈는 개인적인 숙원을 풀 수 있었던 과제였다. 코리아핸즈는 지속적인 재능 나눔을 통해 지역사회의 복지 사각지대를 해소하고, 다른 한편 참여자들의 경력 개발을 할 수 있는 새로운 나눔 모델로서 기획·설계되었다. 미국·영국 등 세계 80여 개국이 운영 중인 국가봉사단이 이제 한국에서도 대한민국사회봉사단 '코리아핸즈(Korea Hands)'라는 이름으로 출범하게 된 것이다. 최근 자원봉사 참여 인원이 400만 명을 돌파하는 등 사회적으로 자신의 재능과 시간을 나누고자 하는 분위기가 확산되고 있으나 동시에 자원봉사가 일회적인 행사 동원이나 학생들의 실적 쌓기에 국한되고 있다는 문제점이 지속적으로 지적되어왔다. 또 단기적 자원봉사 위주의 문화로 수혜자 입장에서는 지속적으로 도움을 받을 수 있는 봉사자가 많지 않다는 것도 문제였다. 봉사를 통해 사회에 적극적으로 참여하고 그 과정에서 시민 의식을 함양할 수 있는 올바른 자원봉사 문화 확립이 필요한 시점이었다.

나는 이러한 시대적 상황을 염두에 두고 당초 여의도연구소장으로 있을 때부터 미국의 국가봉사단인 아메리콥스(AmeriCorps)를 한국에 도입해 보고자 하는 뜻을 가지고 있었다. 탑다운(top-down)식의 나눔 전달이 아닌 버텀업(bottom-up) 방식의 그야말로 지역 밀착형 자원봉사를 통해 지속 가능하고 수혜자와 지역사회 입장에서 정말 필요한 부분을 해결해나가면서 일자리 문제와 청년들의 취업 문제도 함께 해결해나갈 수 있는 그런 제도를 도입해보고 싶었던 것이다. 취임 첫 인터뷰부터 나는 아메리콥스의 도입을 임기 중 희망 과제로 꼽았고, 이에 복지부는 자원봉사와 나눔이라는 시대적 화두하에 청년과 시니어층이 자신의 재능을 국가와 지역사회 문제 해결을 위해 기여할 수 있는 제도를 어떻게 만들지 고민하게 되었다. '모두가 참여하고 싶어 하는 국가대표 봉사단을 만들자!' 이것이 대한민국사회봉사단 코리아핸즈의 시작이었던 것이다.

'코리아 가드(Korea Guard)'라는 프로젝트명으로 시작한 본 사업을 성공적으로 만들기 위해 우선 선진 우수 사례를 분석하는 작업에 돌입했다. 스티븐스 전 주한 대사로 잘 알려진 평화봉사단(PeaceCorps)의 국내판인 3개 국가봉사단을 운영 중인 미국의 사례가 가장 중요한 롤모델이되었다. 미국의 국가사회서비스공사(CNCS: Corporation for National and Community Service)는 아메리콥스, 시니어콥스(SeniorCorps), 런앤드서브(Learn&Serve)의 3개 국가봉사단을 운영 중이었으며, 세계에서 가장 훌륭한 국가봉사단을 운영 중이라는 평가를 받고 있었다.

제도 설계와 지속적인 교류의 물꼬를 트기 위하여 미국 국가사회서비스공사(CNCS)를 직접 방문했다. 미국 CNCS의 성공이 있기까지의 귀중한 노하우를 공유할 수 있었는데, 특히 의회 및 NGO와 공감대를 형성하는 것이 중요하고 이를 위해 좋은 프로그램으로 지역사회의 문제를 실제로 해결해내는 것이 필요하다는 점을 다시 한 번 새기게 되는 자리였다. CNCS의 패트릭 코빙턴 CEO에게 추후 한국의 우수 봉사자가 CNCS의 프로그램을 견학할 수 있는 기회를 가질 수 있겠냐고 물었을 때, 패트릭 코빙턴 CEO가 주저없이 "Yes!"라고 답해 잔잔한 웃음이 꽃피기도 했다.

더 많은 사람이 국가봉사단원이 되어 활동하는 것을 목표로 한다는 CNCS는 청년과 시니어, 그리고 학생들이 자신이 원하는 봉사 일감을 찾아 6개월 또는 1년간 지속적으로 봉사할 수 있으며, 고귀한 활동과 헌신에 대한 보상으로 실비 또는 장학금을 받는다는 것이 가장 큰 특징이었다. 또 민간 NGO들이 국가봉사단원을 지원 받아 지역사회의 문제를 직접적으로 해결하기 위한 프로젝트를 진행하는 등 민관 협력이 조화되는 모델이었다. 그러나 시민사회와 NGO가 강하고, 모병제 아래 국가봉사 기회가 적어, 국가봉사단에 대한 수요가 있는 미국과 우리나라의 문화적 차이가 있어 단순 도입은 쉽지 않다는 의견이 많았다.

미국 방문 연구 결과를 바탕으로 우리는 국내적 도입에 대해 부처 차원의 검토와 전문 연구진의 계속된 자문을 거쳐 추진을 연말 즈음에야 확정하게 되었다. 그리고 단기적이고 봉사자 중심인 기존의 자원봉사를 넘어 청년과 시니어가 함께하는 지속적이고 수요자 중심인 새로운 나눔 모델로 2011년도 복지부의 나눔 분야 핵심 추진 과제로써 정식으로 국민들 앞에 그 모습을 드러낼 수 있었다.

대학생과 대학교의 취업 전문가, 자원봉사 전문가들의 의견수렴을 거쳤고 현장에서 봉사 수요처에서 원하는 활동이 되기 위해서는 봉사자와 대상자의 욕구를 코디네이팅하고, 현장에서 일이날 수 있는 다양한 갈등을 지속적으로 조정해줄 수 있는 관리조직의 역할이 중요하다는 의견이 주로 제시되었다. 또 다른 한편 봉사자에 대한 인센티브를 부여하는 코리아핸즈만의 차별화를 이루기 위해 국가와 지역사회의 역점 과제에 대해 청년과 시니어 등 봉사자들의 참여를 교육·슈퍼비전·활동 지원 등 조직적으로 지원하고, 활동 이후 청년의 경우 장학금 또는 해외봉사 등의 인센티브, 시니어는 명예감 등 사회적 인정을 부여한다는 내용이 담긴 기본 계획 수립을 확정 지을 수 있었다.

시범사업지역으로 대도시와 중소도시, 농어촌이 혼합된 경기도와 낙도 지역이 많아 복지 전달체계에 어려움이 있는 전라남도의 2개 시도를 선정하게 되었다.

코리아핸즈 단원과 지역사회를 이어줄 협력기관을 모집하는 일도 동시기에 진행되었다. 지역 현지에서 활동 중인 사례관리기관, 각종 복지시설 등은 지역사회에서 일어나는 문제와 복지의 사각지대를 가장 잘 파악하고 있다. 그러나 과중한 업무와 인력의 부족에 치여 해결하지 못하는 난제들이 산적한 상황이었다. 이들 기관은 우리 코리아핸즈 단원들이 지역사회에 필요한 곳곳에 배치될 수 있도록 힘을 불어 넣어줄 키포인트였다. 그러나 아직 코리아핸즈에 대한 이해가 충분하지 않아 사업 참여를 유인하기 위한 대면 설득작업을 백방으로 한 결과 청년봉사단의 협력기관 32개, 시니어봉사단의 38개 등 총 70개 사업 협력기관이 코리아핸즈와 손을 잡았다. 쉽지 않은 길이었다.

대망의 2011년 7월 5일이 다가왔다. 처음에는 여의도연구소장 당시 아이디어 차원에서 내놓았던 정책이 우여곡절 끝에 2년여 만에 드디어 빛을 보게 되는 날인 만큼 설렘에 밤잠을 설칠 수밖에 없었다. 누구보다 열정적인 우리 대한민국의 청년과 장년들은 '우리가 함께합니다'라는 코리아핸즈의 슬로건을 환호성과 함께 외쳤다. 그렇게 코리아핸즈는 전국 방방곡곡에 따스한 손길을 전달할 대한민국 대표 봉사단으로서 첫발을 내딛었다.

발대식 이후 경기도와 전라남도에서는 빈곤 지역과 도서 지역 등 기존

봉사단의 손이 닿지 않는 복지 사각지대에서 청년과 시니어 봉사단원들이 씩씩하게 활동하고 있다. 청년들의 경우 빈곤 아동과 노인, 다문화·북한 이탈 주민·도서 지역 아동과 노인에 대한 지원 사업을, 시니어의 경우 빈곤아동에 대한 통합 지원과 아동이 안전한 환경 만들기를 위한 사업을 주요 테마로 진행 중이다. 아직 시범사업이어서 봉사자들의 관리와 협력 기관과의 관계 정립 등 해결해야 할 과제들이 계속 나타나고 있지만, 100년을 내다보는 국가봉사단을 만들어내기 위해서는 이제 시작일 뿐이다. 2012년에 코리아핸즈는 보다 많은 예산을 확보하여 2010년의 2개 시도보다 늘어난 5개 시도에서 2000여 명의 봉사자들을 맞이하게 되기를 바랐지만 국회예산 통과과정이 쉽지 않은 모양이다. 또 경력 단절 여성 등 다양한 대상자군을 위한 사업 모델을 기획하여 온 국민의 대표 봉사단이 되기 위한 노력도 거듭할 것이다. 전국 방방곡곡에 '우리가 함께합니다'라는 코리아핸즈의 슬로건이 울려펴지기를 진심으로 기도하고 또 기도한다.

3. 100만 독거노인시대 고독사(孤獨死), 그 해답은?

독거노인 문제, 그리고 빈곤노인 지원대책

1995년, 6300여 명의 사망자를 낸 고베 대지진으로 고베 시엔 유난히 독거노인이 많았다. 지진 피해자를 위해 건립한 재해부흥주택에만 1만 4000여 명이 65세 이상의 독거노인들이고, 한 해 50여 명 이상의 독거노인들이 홀로 눈을 감으며, 고독사 후 20여 일이 지나 발견된 경우도 있다. 그래서 고베엔 독거노인들의 가스 사용을 24시간 점검하는 복지센터가 75곳이나 된다.

지켜보는 이 없이 홀로 죽는 '고독사'가 일본에서 사회문제가 된 것은 1970년대다. 고령화와 핵가족화로 도시 노인들의 쓸쓸한 죽음이 언론을 타기 시작했다. 주검이 발견되기까지 평균 일주일이 걸리기 시작했고, 일부는 한 달이 넘어서야 발견됐다. 60~70세 자식이 80~90세 부모를 돌보는 '노노(老老) 개호(介護)'도 많아 늙은 자식이 먼저 가면 부모가 홀로 외롭게 쓸쓸히 뒤따르게 되었다.

이러한 문제가 보다 본격적인 사회문제로 떠오른 것은 바로 고베 대지진이 중요한 계기였다고 한다. 대지진이라는 참사로 인해 혼자 살던 노인들은 고립된 채 쓸쓸히 죽어갔고, 이후에도 홀로 생존한 노인들은 쓸쓸히 고독사할 수밖에 없었던 것이다. 때문에 일본에서는 독거노인 문제 및 노인 고독사 문제 해결이 사회적 문제로 떠올랐고, 버스 순회 방문 서비스, 가스계량기 확인 서비스부터 열 감지기를 이용한 노인 안부 확인 시스템 등을 개발해 독거노인 지원에 나서게 되었다.

남의 이야기가 아니다. 우리나라도 압축적 고령화, 핵가족화, 부양 의식 및 가치관의 변화 등으로 독거노인은 급속한 증가 추세에 있으며, 우리나라의 65세 이상 독거노인은 2000년 55만 2000명에서 2011년 9월 현재 106만 5000여 명으로 노인 인구의 19.2%에 이르는 것으로 추계되고 있다. 고령사회의 도래는 다양한 사회문제를 야기하고 있는데, 여러 사정으로 가족과 떨어져 홀로 살아가는 노인의 외로움과 서글픔을 더 이상 외면할 수 없다는 건 자명한 사실이다.

독거노인은 우선적 보호를 필요로 하는 노인복지의 서비스 대상이자 수급권자다. 그러나 독거노인이 단지 혼자 살고 있다는 이유만으로 사회적 보호의 우선적 대상이 되는 것은 아니다. 많은 독거노인을 비롯한 많은 노인이 겪는 3대 문제는 외로움과 소득 문제, 건강 문제인데, 특히 독거노인은 다른 노인인구 집단에 비하여 이들 문제를 중심으로 소득, 건강, 주거, 여가 및 사회 참여 등 생활 전반에 걸쳐 다양하면서도 심각한 문제를 겪고 있다.

장관으로 취임 후 첫 번째 찾은 민생현장이 독거노인 가구였던 것은 이 때문이다. 자식들에게 자신의 모든 것을 바쳐 키워온 우리 어머니, 아버지들의 모습, 1970년대의 경제화·산업화 과정에서 그들이 쏟아부은 국가를 위한 헌신, 그들은 우리 사회가 이정도로 성장할 수 있게 한 원동력이었다. 그들의 모습은 우리의 미래고, 우리의 모습이 그들의 과거다.

2010년 8월 30일 독거노인댁 방문을 계기로 독거노인 삶의 질 향상 및 고독사 예방 등을 위해 독거노인 사랑 잇기 TF팀을 구성했고, 독거노인 종합지원센터를 설립했다. 그리고 독거노인 사랑 잇기 사업을 추진하면서, 민·관에서 운영 중인 콜센터 직원 또는 자원봉사자가 요보호 독거노인과 결연을 맺고 안부 서비스를 제공하는 사업으로 콜센터 상담원이 홀로 사시는 어르신과 1:1 결연을 맺고 주 2~3회 전화를 통해 어르신의 안부 확인 및 말벗 서비스(사랑 잇는 전화)를 하도록 하고, 방문을 통한 정서 지원 및 후원 물품을 전달(마음 잇는 봉사)하고 있다.

"할머니, 힘내시고요, 또 전화 드릴게요."

안부를 확인하고 말벗 서비스를 하게 되면, 전화를 거는 젊은 사람들의 어려움은 전화기를 놓지 않는 어르신들 때문이다. 어르신들에게 가장 필요한 것은 어쩌면 물질적인 것이 아니라 이처럼 의지하고 자신의 처지를 호소할 '인정'일지도 모른다. 민관의 콜센터 직원들은 처음에는 어르신과의 교감이 부자연스러운 면도 있었지만 이제는 자연스럽게 공감대가 형성되어 독거노인 사랑 잇기 사업을 통해 본인들이 부모님들에 대한 감사의 마음 등 느끼는 바가 더 크다고들 한다.

2011년 9월 현재까지 민간기업 및 공공기관과 세 차례의 MOU를 체결하여 32개 기업이 '사랑 잇는 전화'에 그리고 5개 단체가 '마음 잇는 봉사'에 참여하고 있으며 이 사업의 나눔 천사인 민간기업 콜센터 직원 및 자원봉사자 2만 6222명이 3만 7488명의 독거노인들에게 따스한 마음을 전달하고 있다. 앞서도 이야기했지만, 우리나라의 독거노인은 100만 명이 넘어서고 있는 현실을 생각할 때, 아직도 가야 할 길은 까마득하다.

재정당국으로서는 어려움이 있겠지만, 독거노인 종합지원센터에 대한 예산 지원을 보다 확대하고 위상을 높여야 할 것이다. 독거노인 기본 서비스 수행기관 관리 및 독거노인 사랑 잇기 사업, 어르신들 전화 상담 등의 역할을 맡고 있는 독거노인 종합지원센터에 대한 보다 많은 행·재정적 지원 등이 필요하다. 이를 통해 독거노인지원사업에 대한 전문적·체계적인 관리, 독거노인에 대한 종합 상담, 독거노인 사랑 잇기 사업의 효율적인 관리 및 교육 개발 등의 역할을 할 수 있도록 해야 한다. 중요한 것은 홍보다. 우리 사회의 많은 이들이 이 문제에 대해 관심을 가지고 함께 할 수 있는 기틀을 마련해야 한다. 독거노인의 생활 문제 예방과 복지 욕구 충족을 위해서는 무엇보다도 가족공동체와 지역공동체의 회복이 필수적이다. 이를 위해서 어릴 때부터 가정에서 효를 자연스럽게 몸에 익힐 수 있도록 가족의 웃어른에 대한 공경이 필요하며 또한 성인 자녀들을 대상으로 '효도 전화 걸기' 또는 '한 달 한 번 부모님 찾아뵙기' 운동을 전개하는 등 가족의 노인 부양 기능을 회복하기 위한 사회운동을 전개하는 것도 적극적으로 고려해야 한다.

독거노인 이야기가 나왔으니, 빈곤노인 이야기를 안 할 수가 없다. 우리가 앞으로 가장 큰 관심을 가져야 하는 분야 중 하나가 바로 빈곤노인 문제라고 본다. 독거노인과 빈곤노인 문제 간의 벤다이어그램을 그려보면, 독거노인은 빈곤노인의 부분집합으로 나타날 것이고, '독거노인 $\subset$ 빈곤노인'이라는 등식이 성립될 것이다. 우리나라의 빈곤노인은 133만 명으로 추정되고, 독거노인이 106만 명이라는 점을 감안하면 얼추 이 등식이 맞을 것이라 본다. 133만 명의 빈곤노인 가운데, 최소한의 생계를 보장받는 기초생활수급자가 얼마나 될까? 고작 42만 명에 불과하다. 나머지 91만 명은 부양의무자 기준 초과 등으로 인한 비수급 빈곤노인 55만 명, 최저생계비를 조금 넘는(120% 수준) 차상위계층의 노인 36만 명이다. 또한 중위소득 50% 미만 노인이 전체 노인의 2009년 기준 45.1%로 OECD 국가 평균 13.3%의 3.4배에 이르고 있고, 노인 절대빈곤율(최저생계비 미만)은 37.1%로 전체 가구 빈곤율 13.1%의 2.8배에 이르고 있는 점은 우리나라 노인 빈곤 문제의 심각성을 잘 알려준다.

노후 생활을 위한 국민연금·직역연금 등의 공적연금, 퇴직연금·개인연금 등의 사적연금 및 주택·농지연금과 같은 상품이 개발되어 있고, 기초생활보장·기초노령연금 등 공적부조가 실시되고 있어 겉으로 볼 때는 선진국과 같은 다층노후소득보장체계의 틀을 갖추고 있는 것 같지만, 노후 생활에 필요한 소득을 대체하기에는 턱없이 부족해서, 결국 소액의 근로소득 및 자녀용돈 등에 의존할 수밖에 없는 것이 현실이다. 여기에 부양의무자가 있거나 다소의 재산이 있다는 이유로 저소득노인이 보호받지 못하는 상황이 지속적으로 발생해 기초생활보장제도의 사각지대로 상존하고 있는 형편이다.

정부에서도 나름대로 20만 명의 빈곤노인에게 재정을 투입하여 일자리를 제공하는 등 일하고자 하는 노인에게는 근로의 기회를 제공하고 있지만, 일하기를 희망하는 노인 중 17.2%에게만 기회가 제공되며, 7개월간 20만 원씩 주는 급여 수준으로는 충분치 않아 생활 안정에는 큰 도움이 안 된다. 소득 수준 등을 고려한 차별화된 일자리 전략 부족 및 노인간 정보 격차로 인해 결국은 사업에 참여하지 못하는, 우리가 거리에서 흔히 볼 수 있는 '폐지 줍는 노인'들이 다수 발생하는 것이다.

우리에게 필요한 것은 근본적인 개선 방안이다.

첫째, 비수급 빈곤노인에 대한 맞춤형 소득 보장체계를 마련해야 한다. 가장 우선적인 과제는 다행스럽게 얼마 전 해결된 바 있는 부양의무자 기준 완화다. 부양의무자 기준 완화 문제는 별도의 장에서 언급하겠지만, 소득이 있지만 실제로 도울 수 없는 자녀들 때문에 빈곤노인들이 기초수급 대상자에서 제외되고 사각지대에 놓여 있는 문제를 해결하기 위해 기준을 완화하자는 것이었다. 일단 기준 폐지라는 목표까지는 가지 못했지만 대폭 완화하여 약 5만 명의 노인들이 수혜를 볼 것으로 예상되고 있다. 그리고 노인들이 집 한 채만 가지고 있고, 별도의 소득이 없음에도 재산 기준 때문에 아무런 혜택을 보지 못하는 점을 개선해나가는 것도 중요하다.

둘째, 노인들의 빈곤에 가장 큰 영향을 끼치는 지출비중이 높은 의료 및 주거비의 부담 경감이다. 전체 가구의 경우 의료비가 전체 지출 중 4.6%, 주거비가 6.57% 정도를 차지하고 있지만, 노인 세대의 경우는 의료비 8.3%, 주거비 9%로 부담이 2배가량 높게 나타난다. 비용 부담 때문에 노인 요양 서비스나 노인 돌봄 종합 서비스를 제대로 이용할 수 없는 노인들을 위해 본인부담금에 대한 대폭 감면이 필요하다. 또한 치매나 틀니 등 노인들에게 필수적인 의료비에 대한 보장성을 확대해나가고, 독거노인의 경우 고독사가 많이 일어나는 동하절기에 함께 생활할 수 있는 공동 주거 시설을 확충해나가는 것에 대한 고민도 필요하다

셋째, 노인 일자리 확대다. 일할 능력과 의지가 있는 빈곤노인에게 우선적으로 일자리를 제공하여, 건강 유지 등 활력 있는 노후 생활과 일을 통한 빈곤 해소를 도모해야 한다. 복지부장관으로 있을 때, 2015년까지

노인 일자리를 100만 개를 창출하는 방안을 마련해놓고 나왔지만, 수치 놀이보다는 실질적인 확대가 이루어져야 한다. 소득 하위 70%에게는 소득 중심의 일자리를 제공하고, 소득 상위 30%에게는 사회 공헌을 목적으로 그들의 전문성을 가지고 참여하는 자원봉사형 일자리를 제공하며, 숙련도에 따라 일자리도 차별화하는 등 맞춤형 일자리 제공이 필요하다.

마지막으로, 사회 서비스 지원 강화를 통해 빈곤 노인들의 삶의 질 향상을 이루어야 할 것이다. 거동이 불편한 빈곤노인에 대한 가사·활동 지원 서비스를 우선 제공하고, 앞서 이야기했던 '독거노인 사랑 잇기'를 통해 사회와 함께 돌봄 문화를 확대해나갈 필요가 있다. 그리고 노인들의 만성질환에 대한 사전 예방적 체계를 구축하기 위해 경로당을 건강관리센터로 탈바꿈한다든지, 건강관리 서비스 바우처제를 도입하여 금연·절주·식이·운동 등 생활 습관 개선을 통해 만성질환 발병을 사전에 방지하는 것은 노인 빈곤문제 해결에 필수적인 항목이다.

4. 마더하세요, 마음을 더하세요
전국순회 저출산 극복 실천대회

사실, 이 책을 빌려 고백할 일이 있다. 장관의 직위를 이용해 공권력을 남용(?)한 사실이다. 저출산 극복 실천 대회를 하기 위해서는 일과 가정의 양립을 위한 기업들의 의지와 도움이 필요했다. 특히 대기업들의 참여가 필수적이었다.

국민연금기금은 국민들이 한푼 두푼 낸 돈이 모아져 조성된 기금으로, 수많은 대기업들에게 재무적 투자를 하고 있다. 이러한 지원 때문에 기업들은 여러 가지 혜택을 보고 있다. 따라서 국민연금기금이 투자한 기업들에게는 사회적 책임을 요구하는 것은 무리한 요구가 아니라고 생각한다. 얼마 전 논란이 되었던 '주주권과 의결권 행사' 문제와는 별개로 말이다. 어쨌든 일과 가정의 양립에 솔선수범할 수 있도록 국민연금이 투자한 대기업들의 참여를 독려하도록 지시했었다. 이제는 기업의 지속가능경영에 필수불가결한 요소가 바로 사회 공헌과 윤리경영이다. 아직 우리나라의 대기업들은 이런 문화에 덜 익숙해져 있지만, 이제는 익숙해져야만 한다. 그래야만이 경제활동인구가 급속히 줄어들고 있는 저출산·고령화 시대를 현명하게 극복하고, 함께 소통을 통해 선순환적 소비 구조를 만들어낼 수 있다.

2010년 UN 인구기금이 발표한 〈세계 인구 보고서〉에 따르면, 우리나라 합계 출산율은 전 세계 186개국 중 184위로 나타났다. 185위는 유럽의 보스니아 헤르체고비나로 장기간의 내전 때문에 사실상 정상적인 국가라고 보기 어렵다. 꼴찌인 홍콩은 국가라기보다는 하나의 대도시다. 이를 반영하면, 전 세계에서 출산율이 가장 낮은 나라는 사실상 우리나라라는 이야기다. 출산율 꼴찌인 우리나라의 위급함을 알리고, 특히 일과 가정의 균형을 위해 가정에서는 아빠들을, 사회에서는 기업 CEO나 직장 동료들을 설득하는 인식 개선 사업이 필요했다.

2010년 10월 '제2차 저출산·고령사회 기본 계획'은 보육 지원 등 경제적 부담 완화는 지속적으로 추진하되, 일-가정 양립 등 새로이 증가하고 있는 정책적 수요에 중점적으로 대응하겠다는 정책 방향을 밝히고 있었다. 이는 여성의 경제 활동 참여가 당연시되고 있는 현실에서 일-가정 양립 여건 개선 없이는 저출산 극복에 한계가 있을 수밖에 없다고 판단했기 때문인데, 정부는 이러한 관점에서 육아휴직 급여를 정률제로 전환하여 사실상 휴직 급여를 인상하는 등 관련 제도를 지속적으로 확충했으나 직장 분위기상 이를 이용하기가 사실상 쉽지 않았다. 그러던 차에 2010년 11월, 경기도가 주관한 '미래 경영 전략 경기 CEO 포럼'에 참석하여 지역 기업인들을 대상으로 정부의 저출산 대책을 강연을 하면서 느낀 점은 직장문화 개선을 위해서는 기업 CEO들의 인식 전환이 핵심 성공 요인이라는 점이었다. 때문에 기업 CEO들에게 직접 메시지를 전달하기 위해 전국을 돌며 '저출산 극복 실천 대회'를 개최하게 되었다.

행사가 내실 있게 진행되기 위해서는 단순히 강연만 가지고 될 일은 아니었다. 무언가 성과가 있어야 했는데, 그렇다고 일-가정 양립, 가족 친화 경영이 꼭 많은 돈을 들여서 기업에 부담을 주는 것이 아니라 당장 작은 것부터 실천할 수 있다는 인식을 심어줘야 했다. 그래서 3대 실천 과제로 마련된 것이 ① 회사 여건에 맞추어 근무 여건을 개선할 수 있도록 일과 가정의 양립을 위한 대화의 장 만들기 ② 안정적으로 자녀를 돌볼 수 있도록 예고 없는 회식 안 하기 ③ 정시에 퇴근하는 직장 문화 정착을 위해 정례적으로 '패밀리 데이' 실시하기였다.

2011년 3월 10일 서울 행사를 시작으로 달려온 100일간의 여정이 6월 17일 강원도에서 드디어 끝을 맺었지만 좀 아쉬움이 남았다. 지방을 순회하면서 1300여 명의 기업인들을 만나 저출산 극복에 대한 기업 참여의 필요성을 설파하기는 했지만, 참석자들은 대부분 현지 중소기업인들로 그 파급 효과는 제한적일 수밖에 없었다. 그래서 마지막으로 수도 서울에서 대한민국의 대표 기업들을 상대로 마무리 행사를 갖기로 했던 것이고, 이 부분에서 국민연금의 기금운용본부의 참여 독려(?)가 이루어졌던 것이다. 초청 대상 기업들은 주식시장 시가총액 기준으로 100위까지 기업들로 결정했다. 삼성전자 등 이름만 대면 알 만한 기업들은 모두 들어 있었다.

행사 당일인 2011년 7월 5일, 삼성전자, SK 등 우리나라를 대표하는 56개 기업의 CEO 및 임원들이 참석했고, 불러나온 그들의 기대에 부응하기 위해 국민연금기금이 투자하는 사회적 책임투자펀드(SRIF)를 현재 3조 원 수준에서 2016년에 11조 원까지 확대하고, 투자 대상 선정 시 가족 친화 경영 여부를 중요 요소로 고려하겠다는 선물(?)을 안겨주었다. 100일 간 1300여 명의 기업인과의 만남, 74건의 MOU 체결, 이 자체도 소중한 성과이기는 하지만, 무엇보다 귀중한 것은 이번 일련의 행사를 통해 기업들과의 네트워크를 전국적으로 구축한 것이었다. 전국을 순회하면서 만난 기업들의 인식개선으로 기업경쟁력이 제고되어 지역경제에 활력을 불어넣기를 바란다.

저출산 실천 대회와 더불어 진행된 인식 개선 사업은 '마더하세요'로 유명해진(?) 저출산 극복 캠페인이었다. 예전 저출산 극복을 위한 캠페인은 '자식의 소중함'을 일깨우는 것에 집중하자는 것이 주된 목적이었지만 2011년 저출산 극복 캠페인 메시지의 핵심은 돌봄에 대한 기업과 사회의 책임을 강화하고 '엄마에게 주어진 육아의 부담을 덜어주자'는 것으로, 주요 콘셉트는 '마음을 더하세요, 엄마 되세요'의 줄임말인 '마더하세요'로 결정됐다.

기업 CEO나 직장 동료들을 포함하는 사회 전체의 저출산 극복 인식 개선을 위해서는 공중파 TV CF 송출이 필요했는데, 부처의 강한 의지를 담기 위해 내가 직접 출연했다. 나름 전문적 용어로 표현하자면 PI(President Identity) 전략이었는데, 임신이나 육아 모두 너무 엄마에게 집중돼 있는 사회 현실을 개선하기 위해 임산부인 직원을 배려하는 동료나 육아 휴직을 긍정적으로 바라보는 사장님 등을 에피소드로 구성해 마지막 부분에 내가 등장해서 메시지를 강조하는 것이었다. 처음 하는 CF 촬영으로 긴장을 많이 해서 부자연스러울 수밖에 없었는데, 화면을 통해 CF를 지켜본 많은 분들이 '부드러운 여성장관의 이미지로 훈훈한 메시지를 잘 전달해 관심을 많이 갖게 되었다'고 복지부 하는 일에 격려를 많이 해주셨다. 전문모델이 아니었기에 무모한 도전이었으나 직장 내 인식개선에 작게나마 일조할 수 있었기에 보람 있는 도전이었다.

'마더하세요' 저출산 극복 캠페인의 가장 큰 특징은 '저출산 극복 실천대회'와 일맥상통하여 기업의 참여를 적극 유도했다는 것이다. 롯데쇼핑과 3년간 출산 장려 공동 캠페인을 진행하기로 하고 그 캠페인의 일환으로 2009년에 이어 2010년, 두 번째로 '다둥이 가족 행복 나들이'를 잠실 롯데월드에서 개최했다. 다둥이 가족 행복 나들이는 다자녀 가족에 대한 긍정적 인식을 확산하기 위하여 전국 시·도에서 3자녀 이상 다둥이 95가족, 600명을 초청해 하루 동안 가족이 즐거운 시간을 가질 수 있도록 한 행사였다. 아이를 낳고 키우는 기쁨과 보람, 그리고 가족의 소중함을 우리 사회가 점점 잃어버리는 것 같아 매우 안타까운 마음이 컸었다. 이 행사를 통해 다둥이 가족에게 소중한 여행의 추억을 간직할 수 있는 시간을 마련해주고, 사회적으로는 다자녀 가정에 대한 우대 분위기가 확산될 수 있는 계기가 되기를 기대했다.

가정에서 엄마에게 집중된 육아 부담을 덜기 위해 아빠들의 육아 참여를 독려하기 위한 사업도 시작했다. 그중 하나가 블로그와 SNS를 통해, 방법을 몰라 육아를 등한시했을 수 있는 아빠들에게 육아에 대한 정보를 전달하기 위한 캠페인인 '100인의 아빠단'이다. 이를 확산시키기 위해 육아에 자신 있는 아빠나 앞으로 육아에 적극 참여하려는 아빠 100명을 선정해 '100인의 아빠단'도 구성했다. 가정에서 아빠들은 자의든 타의든 육아에서 아이와의 유대관계를 형성하지 못해 아이가 성장하고 나서 아내와 아이로부터 소외되기 십상이다. 아이를 낳고 키우는 기쁨과 책임은 부부 공동의 것이다. 이 땅의 모든 아빠들이 가족부양의 무거운 굴레만 짊어지지 말고 아빠도 가질 수 있는 육아의 기쁨, 가족의 소중함을 누릴 수 있었으면 좋겠다.

저출산 극복을 위한 인식 개선 사업은 1~2년 열심히 한다고 그 성과가 가시적으로 나타나는 사업이 아니라 객관적인 사회 환경 분석 후에 전략적인 메시지를 개발해 꾸준히 홍보할 때 그 결과가 꽤 오랜 시간이 지난 후에 나타날 수도 있다. 고심 끝에 개발하여 뿌듯해했던 '마더하세요' 캠페인이 다양한 수단과 방법으로 뿌리 내려 우리 국민 모두가 '엄마가 되기 위해, 엄마를 위해 마음을 더하는' 그날이 얼른 왔으면 좋겠다.

5. 기·사·도를 위해 건배하자
기초생활보장 강화 및 효율성 제고, 부양의무자 기준 완화

'깨진 유리창의 법칙(Broken Window Theory)'은 1982년 제임스 윌슨과 조지 켈링이 자신들의 이론을 월간잡지 〈애틀란타〉에 발표하면서 명명한 범죄학 이론이다. 그 내용인즉 건물 주인이 깨진 유리창을 그대로 방치해두면 지나가는 아이들이나 행인들이 또 돌을 던져 그 유리창의 나머지 부분까지 모조리 깨뜨리고, 나아가 그 건물에서 절도나 강도 같은 강력범죄가 일어날 확률까지 높아진다는 연구 결과를 정리한 것이다. 사람의 인생도 마찬가지디. 우리가 이떤 사람에게 준 작은 배러가 그 사람의 인생을 송두리째 업그레이드시킬 수 있는 반면, 그 사람의 인생을 깨진 채 그대로 방치해두면 사회적 따돌림과 부조화라는 돌멩이가 그 사람의 유리창의 나머지 부분까지 모조리 깨뜨려버리는 안타까운 결과를 가져올 수 있는 것이다.

우리가 공정사회를 이야기하면서 강조하는 것은 기회의 균등이다. 사

회 구성원이 동의할 수 있는 공평한 출발의 기회를 주고, 패자의 경우도 재도전 기회를 주어 사회갈등을 최소화하고 사회 통합을 이루는 것이 공정사회가 나아가야 할 길이다. 출발점이 다른 이들을 그 사람의 인생이 깨진 채 방치해두면 그 격차는 점점 벌어질 수밖에 없고, 결국은 대물림으로 이어지는 악순환이 될 수밖에 없다.

한 나라의 경제적 불평등이 어느 정도인지, 빈부 격차를 나타내주는 지표인 지니계수(Gini's coefficient)는 1997년 0.264에서 2010년 0.315로 상승하면서 0.4를 향해 달려가고 있다. 지니계수는 0과 1 사이 숫자로 표현되는데 1에 가까울수록 불평등이 심하다는 뜻이다. 보통 0.4를 넘기면 불평등도가 매우 심각한 것으로 해석된다. 중위소득의 50% 미만을 버는 인구 비율을 보여주는 상대적 빈곤율 또한 1997년 8.7%에서 2010년 14.9%까지 높아졌다. 물론 세계적인 글로벌 경제 위기로 인해 발생한 양극화 심화를 그대로 방치할 수는 없기에 여러 가지 특단의 대책이 필요했다.

우리가 가장 먼저 시작할 수 있는 것은 기초생활보장제도를 보다 내실화하는 한편, 부양의무자 기준을 완화하여 사각지대에 있는 어려운 서민에 대한 지원을 늘려가는 것이었다. 제도의 혜택을 보지 못하고 누락되어 있는 이들을 구제하고, 중복 수혜를 받거나 부정 수급인 경우를 정비하여 효율성을 높이는 동시에 기준 완화를 통해 도움이 필요한 어려운 서민들이 기초생활보장제도라는 국가의 보호 틀에 들어오게 하고자 함이었다.

IMF 경제 위기로 인하여 생계 유지가 어려운 저소득층의 생활 안정을 위한 사회 안전망이 필요하게 되었고, 많은 저소득층이 사회보장의 혜택을 전혀 받지 못하는 사각지대가 존재하여 국가가 모든 국민의 기본적인 생활을 제도적으로 보장해야 할 필요성이 대두되어 탄생한 제도가 기초생활보장제도다. 이 기초생활보장제도는 기본적으로 국가의 보호를 필요로 하는 최저생계비 이하의 모든 가구를 대상으로 한다. 최저생계비를 산정하기 위해서는 소득 인정액을 산출하게 되는데, 여기에는 부동산, 동산 등 다양한 재산들이 소득으로 환원되게 된다.

여기서 사회적인 큰 이슈로 떠오른 것이 바로 '부양의무자 기준'이다. 이는 효를 중시하고 부모를 부양하는 것을 당연시하던 우리나라의 관습적 영향으로 배우자, 부모, 아들·딸 등 부양을 할 수 있는 이들이 존재하는 경우에는 이를 '부양의무자'로 보고, 수급대상자 가구와 부양의무자 가구의 소득합이 최저생계비의 130%(256만 원)를 넘는 경우는 충분히 부양을 할 수 있다는 판단으로 수급대상자를 기초생활보장 수급 대상에서 제외하는 것이었다. 그러니까 자신이 한 푼도 못 벌어도 아들이 월 256만 원을 넘게 번다면 수급 대상에서 제외되었다는 말이다. 게다가 조그마한 집이라도 한 채 있는 경우는 재산을 소득으로 환원하여 계산하여, 심지어 월 100만 원만 버는 경우도 수급 대상에서 제외될 수 있는 것이다. 소득이 없는 말기암 환자가 따로 사는 아들이 버는 소득이 137만 원일 뿐인데도 제도상 부양 능력이 충분한 것으로 보아 수급자로 보호받지 못하는 등 심각한 복지 사각지대의 문제를 낳고 있는 것이 현실이다. 한국보건사회연구원의 연구 결과에 따르면 기초수급 신청 탈락자의 76%가 부양의무자 기준으로 인한 탈락자다. 이러한 문제를 해결하기 위해 수년 전부터 복지부에서는 기준 개선을 위한 정책 연구부터 기준 완화에 따라 증가가 불가피한 재정 문제를 해결하기 위해 재정당국에 대한 끊임없는 설득과 협의를 해왔지만, 결론은 항상 '일률적 기준 완화는 곤란하다' '기초생활보장제도가 탈수급을 촉진할 수 있도록 제도 개선이 되지 않은 상황에서의 기준

설 연휴를 맞아 경로당을 찾은 진수희 장관이 어르신들의 이야기를 경청하고 있다.

완화는 기초생활보장제도의 문제를 더 심화시킬 수 있다'라는 재정당국의 완고한 입장에 가로막혀 진전을 보지 못했다.

취임 후 이 문제의 심각성과 중요성을 알게 되어 복지부의 2011년 중요한 정책 목표를 '부양의무자 소득 기준 완화'로 삼았다. 2011년 복지부 연두 업무보고에 포함시키도록 했고, 연말 담당부서인 기초생활보장과와의 송년회 자리에서는 '기사도'라는 건배사가 제의되었다. '기사도'는 '기초생활보장제도 사각지대 해소에 다시 도전하자'라는 말의 줄임말이었다.

그렇게 해가 바뀌고 2011년 2월 국회가 시작되었다. 부양의무자 기준과 관련된 여야를 막론한 질문 공세와 비판은 강도를 더해갔고 점진적 기준 완화라는 답변만으로는 쉽지 않은 상황이었다. 150%로 완화하는 것도 어렵다는 게 재정당국의 입장이었지만, 내 생각은 달랐다. 150%의 개선을 가지고 국민들을 납득시킨다는 것은 말도 안 된다고 생각했다. 발상의 전환이 필요했다. '최저생계비의 몇 프로'라고 하는 방식이 아니라, 중위소득 수준(최저생계비의 185% 수준)을 기준으로 하는 새로운 접근법이 필요하다고 판단했다. 재정당국을 설득하기 위해 우선 중위소득 수준까지 부양의무자 소득 기준을 완화하되, 노인, 장애인, 한부모 등 취약계층을 중심으로 완화하자는 방안으로 정리되었다. 이 안은 기존의 150% 수준 완화안과 비교했을 때 제도 개선 효과는 크면서 투입되는 재정은 큰 차이가 나지 않는 합리적인 방안이었다. 빈곤사회연대 등 시민단체들과의 만남에서도 부양의무자 기준 개선을 위한 우리의 열정을 시민단체들에게 보여주어 복지부의 제도 개선 의지를 확인시켜주었고 '필요한 사람에게 필요한 복지를 해야 한다'는 정부의 원칙도 환기시켜주었다.

요지부동인 재정당국을 움직이기 위해서는 내가 직접 뛰어야 했다. 청와대 정책실장과 기재부 장관을 설득하기 시작했다. 그들도 당연히 필요성에 대해서는 절감했지만, 국가 재정 전반을 고려해야 하는 입장에서 역시 점진적 확대 입장을 가지고 있었다. 해외 출장을 앞두고 연애할 때도 써보지 않았던 친필의 연애편지(?)를 정책실장에게 보내놓고 비행기를 탄 적도 있고, 전방위적인 설득에 나섰다.

그 다음 순서는 대통령을 직접 설득하는 것이었다. 대통령 단독 보고 일정을 잡아 그 필요성을 역설했다. 내 논리는 단순했다. 중위소득 수준으로 부양의무자 기준을 완화할 경우에 그 정책적 효과는 6만 1000명의 생활어려운, 사각지대에 있었던 소외계층의 신규 보호뿐만 아니라 부양의무 부담을 가지고 있던 22만 9000명에게도 미친다는 것이었다. 이는 공정사회 기조와도 맞닿아 있음을 강조했다. 대통령의 긍정적 반응을 이끌어낸 후, 이러한 노력에 힘입어 중위소득 수준으로 완화하자는 개선안은 총리실의 복지서비스 향상T/F에서도 유력하게 검토되었고 언론에서도 설득력 있는 방안으로 호응을 얻게 되었다. 그 결과 당정 협의를 거쳐, 드디어 2012년 예산에 수급자 선정 기준을 월 266만 원(최저생계비의 130% 이하)에서 월 379만 원(최저생계비의 185% 이하)으로 완화하는 예산이 포함되어 국회에 제출되었다. 아무리 기다려도 오지 않을 것 같은 날이 항상 오는 것처럼, 정말 끝이 보이지 않을 것 같았던, 이루어지기 힘들 것 같았던 성과를 거두었기에 그 뿌듯함을 지금도 잊을 수 없다.

이와 더불어 기초생활보장제도의 효율성 제고 및 강화 노력도 뒤따랐다. 여러 기관에 흩어져 있던 각종 사회복지 급여, 서비스 지원 대상자의 자격 및 이력에 관한 정보를 통합 관리하고, 민간과의 연계까지 지원하기 위해 개발된 사회복지 통합관리망이 도입되면서 우리 복지는 새로운 전환점을 맞이하게 되었다.

소득재산 조사가 이루어지는 각종 급여 및 서비스가 체계적으로 관리될 수 있게 되었고, 중복이나 누락의 가능성이 현저하게 낮아져 필요한 사람에게 필요한 급여가 갈 수 있는 적정 급여 기반이 확립된 것이다. 과거에는 소득재산 정보 연계가 미흡하여 시군구 관내에 거주하지 않는 부양의무자에 대한 소득재산 파악이 쉽지 않았고 가지고 있는 정보도 부족했었다. 제도 도입 당시부터 수급자였던 분들의 경우 10년이 지났음에도 장성한 자녀의 소득이 제대로 파악되어 있지 않았던 사례도 많았고 수급자의 부양의무자 수도 정확하지 않은 경우도 많았으며, 수급대상자가 아니었으나, 부정수급하는 이들도 많았다. 이러한 문제 때문에 사회복지통합

관리망 구축 이후 부양의무자 소득재산 정비 문제는 뜨거운 감자가 될 수밖에 없었다.

현재 수급자의 반 이상이 탈락할 것이라는 예측부터 각종 추측이 난무하면서 정부가 복지를 줄인다는 비난의 목소리도 커져갔다. 그래서 누락된 보호대상자들을 발굴해내고, 부정 수급자 등을 걸러내기 위한 부양의무자 확인 조사는 앞서 말한 '부양의무자 기준 완화'와 함께 추진되어야 한다는 것이 내 생각이었고, 기준 완화 이전이었음에도 나중에 책임은 장관인 내가 질 테니 '부양의무자 기준 완화'가 될 것을 전제하고 185%로 정비하라고 지시했다. 전국적인 작업이었으니 만약 '부양의무자 기준 완화'가 되지 않았다면, 작업을 한 번 더 해야 하는 일이었지만 그만큼 내 의지는 강했다.

행정적 부담에도 불구하고 복지부 부양의무자 기준 개선 방안인 185%를 초과하는 대상자에 대해서만 자료 정비를 실시하고 수급 탈락 및 급여 감소 시 반드시 대상자에게 통지하여 충분한 소명 기회를 주며 지방생활보장위원회를 통해 부양 거부·기피, 관계 단절 등을 신속하게 판정하도록 지침을 정했던 것이다.

부양의무자 소득재산 정비가 본격적으로 시작되면서 폭주하는 현장 민원의 목소리를 들으며 탈락자에 대한 특단의 대책이 필요했다. 이제는 수급대상자가 아니더라도, 그들은 분명 국가가 보호해줘야 할 취약계층이고, 국가 재정만 원활하다면 얼마든지 더 보호해야 한다는 것이 내 생각이었다. 지자체 담당자들과 기초생활보장 관련 실무자들을 장관실로 불러 관련 대책을 직접 논의했다. 지자체 담당자들의 현장 이야기를 청취한 후 6월 말까지인 소득재산 조사 기간을 9월 말까지 연장하여 소명 기회를 충분히 부여하고, 소명 처리 전까지는 수급자로서 자격을 유지할 수 있도록 조치했다.

부양의무자 소득재산 정비 상황을 2011년 8월 1일 기준으로 잠정집계한 결과, 기준에 미달되어 3만 3000명이 수급에서 탈락하고, 14만여 명의 급여가 감소했으나, 오히려 21만 4000여 명의 수급자들은 급여가 증가되거나 유지된 것으로 나타났다. 당초 탈락할 것으로 예상되었던 4만 1000명에 비해 줄어든 숫자로 억울한 수급 탈락을 막기 위한 적극적 소명 처리, 지방생활보장위원회 심의 활성화 등 적극적 권리 구제를 모색한 결과로 풀이된다. 아울러 수급탈락자의 50%에 해당하는 1만 6000여 명에게 차상위계층 의료비 경감, 차상위 장애인 지원 등 각종 복지 급여 및 서비스를 지원하여 탈락 충격을 최소화했다. 부양의무자 기준을 185%로 완화하면서 그동안 혜택을 보지 못하던 6만 1000여 명의 소외계층이 추가로 혜택을 보게 되는 점을 감안하면, 기초생활보장제도 강화와 효율성 제고라는 두 마리 토끼를 힘들게 잡았다고 자평하고 싶다.

한 가지만 더 이야기하자면, 신용불량 등 부채 문제가 심각한 기초수급자에게 있어 생계비까지 압류당하는 현실을 해결하기 위해 서민희망본부의 대표 과제로 기초생활보장 수급자 급여 압류방지 전용계좌를 도입했다. 기초생활수급자에게 지원되는 급여비는 국민기초생활보장법 제35조의 압류 금지 규정에 의해 압류될 수 없는 것이 원칙이다. 그러나 이러한 규정에도 불구하고 사법실무상 채권·채무관계가 확인되면 채무자인 수급자의 통장 전체에 대해 법원은 압류를 승인해왔다. 단지 사후적으로 기초수급자가 법원의 압류 승인에 불복하여 '압류 명령 취소 신청'을 제기할 경우 수급자 확인을 거쳐 사후적으로 압류 명령을 취소할 수 있을 뿐이었다. 대한법률구조공단이 이러한 압류 불복을 돕고 있었는데, 압류 불복 신청 건수는 2008년 259명에서 2010년 2200명으로 폭발적으로 증가하는 추세였다. 기초생활수급비 압류 방지를 위한 제도 개선에는 금융기관의 협조가 절대적이어서 지난 참여정부 시기에도 논의가 되었으나 결실을 맺지는 못했다고 했다.

금융기관의 공공성에 대한 관심이 많아 국회의원 시절 서민신용보증기금 도입을 검토했던 기억을 더듬어서, 금융기관의 공공성 측면에서 접근하는 것이 어떨까 고민했다. 실무선에서도 사회 공헌 활동에 적극적이었던 우리은행을 떠올렸고 실무 접촉을 통해 우리은행이 압류방지전용통장 도입에 적극적으로 협조하겠다는 약속을 받아오면서 일이 풀리기 시작했다. 더욱이 우리은행장이 은행연합회의 회장을 맡고 있어 다른 금융기관들의 협조를 이끌어내는 것도 가능한 상황이었다. 뒤이은 은행연합회와의 협의는 순조로웠고 금융기관의 사회공헌 활동의 일환인 압류방지통장에 대해 우리은행 이외의 다른 은행들도 호의적인 반응을 보였다.

압류방지전용통장의 도입에는 금융기관의 협조만 필요한 것이 아니었다. 급여를 지급하는 사회복지 통합관리망과 연결된 e-호조 시스템을 관리하는 행정안전부, 금융기관의 지원과 협조를 요청하는 금융위원회의 도움이 없이는 쉽지 않은 과제였다. 수차례의 협의를 거쳐 압류방지통장 도입을 위한 부처 간 협력체계가 구축되었다. 이번에는 정말 제대로 해보자는 공감대도 형성되었다. 이러한 노력들을 거쳐 금융기관 대상 압류방지전용통장 도입 계획 설명회가 성황리에 개최되었고 은행들이 자발적으로 협조할 수 있을까 하는 우려와 달리 일부 외국계 은행을 제외한 24개 금융기관의 협조를 이끌어낼 수 있었다.

마침내 2011년 2월 8일, 복지부에 볼일이 거의 없었던 각 금융기관의 최고경영진들이 다수 참석하여 압류방지전용통장 도입을 위한 양해각서를 체결하게 되어, 부처 간·정부–민간 간 협업을 통한 제도 개선은 작지만 큰 걸음을 떼기 시작했다.

6. 보육은 미래에 대한 투자
보육료 지원 확대, 그리고 국민 체감형 보육의 필요성

복지 분야에서 '공정사회'가 추구하는 가치를 떼어놓고 생각할 수가 없다. 특히 공평한 출발의 기회를 제공한다는 차원에서 적어도 보육 분야만큼은 일반적으로 우리가 이야기하는 보편적 복지냐, 선별적 복지냐 하는 소모적 논쟁에서 제외되어야 한다고 생각한다.

보육은 우리나라 미래를 위한 가장 효율적이고 적극적인 투자처다. 저출산·고령화로 인해 초고령화 사회로 진입해가고 있는 지금, 우리의 미래에 대해 생각해보면 암울하다. 현재의 인구 구조는 피라미드 모양에서 역삼각형 모양으로 변모해갈 것이고, 부양을 받아야 할 피부양자인 노인들은 엄청나게 늘어나는 데 반해, 이들을 부양해야 할 경제 활동이 가능한 세대는 대폭 줄어들어 빈곤노인 문제는 더욱 심각해지며, 국가 전체의 경제 활동이 위축되면서 GDP 또한 감소 혹은 굉장히 더디게 상승할 수밖에 없을 것이다.

고령인구를 부양하기 위해 국가의 재정 투입은 기하급수적으로 증가해 재정 적자를 면할 수 없고, 65세가 넘어도 부양할 자식이 없어 노후에도 뼈 빠지게 일해야 하는 그런 상황이 벌어지는 것이다. 지금 농촌에 가면, 동네 청년회에서 50세가 넘은 장년층이 어린아이 취급을 받는 일이 흔하다. 그와 같은 일들이 우리 사회 전체에 퍼지게 된다는 말이다. 때문에 우리가 보육에 대한 지원을 통해 아이 키우는 비용에 대한 부담을 덜어, 출산을 유도하고 또한 공평한 출발의 기회를 만들어 아이들을 미래의 우수한 인재로 성장할 수 있게 하는 것은 지금 당장의 복지 문제보다는 우리의 미래를 위한 투자라고 정의하고 싶다.

사회 통합과 공정사회 실현이 국가적 과제로 강조되고 있었으며, 장기적인 경제 침체로 인하여 중산층이 무너지고 있는 시점에서 서민생활 안정시켜 중산층을 두텁게 하고 경제 재도약을 위한 신 성장 동력이 필요하다. 때문에 어려운 재정 여건에도 불구하고 서민 부담이 크고 서민의 체감도가 높은, 특히 생애 단계에 맞춤형으로 꼭 필요한 보육 분야에 대한 투자를 크게 확대하는 것은 당연한 일이었다.

매년 보육 예산은 대폭 확대되어왔으나, 막대한 재정 투자 규모에 비해 만족도는 낮은 편이었다. 그동안 보육료 지원을 지속적으로 확대했으나, 소득 하위 50%까지만 보육료 정부지원단가를 전액 지원하여 국민들의 정책 체감도 제고 및 양육 비용 부담 완화에 한계가 있던 것이 사실이다. 때문에 저소득층을 중심으로 지원하다 보니 맞벌이 등 중산층의 정책 체감도가 낮아 중산층 지원 강화의 필요성이 지속적으로 제기되어왔다. 맞벌이는 홑벌이에 비해 세금은 두 배 내는 대신 보육료 지원을 못 받게 되어 맞벌이 부부의 육아환경이 오히려 열악해지는 상대적 박탈감이 커지는 문제가 발생하고 있었다. 또한 정부 지원이 대부분 어린이집을 이용하는 아동에게 집중되어 있어 어린이집을 이용하지 않는 아동의 부모들과 형평성 논란이 지속적으로 제기되어 양육수당 지원 확대가 필요했다.

이에 어린이집 이용 아동에게 지원하는 보육료 지원을 중산층까지 확대하여, 보육 수요가 높은 맞벌이 가정에 대한 지원을 강화했으며, 사회통합을 위해 다문화 가족은 소득 수준에 관계없이 정부지원단가를 전액 지원하기로 했다. 또한 어린이집을 이용하지 않는 아동의 건전한 성장 발달을 지원하고 어린이집 이용 여부에 따라 달라지는 정부 지원은 형평성 문제를 보완하기 위해 지원 연령을 확대하고 지원 금액을 인상했다. 그리고 만 5세 아동에 대해서는 '5세 누리 과정'을 통해 2012년 3월부터 어떤 어린이집과 유치원에 다니든지 만 5세 어린이는 공통의 교육과정을 제공받게 되는데, 1조 3799억 원을 투입해 기존의 소득 하위 70%에만 지원하던 보육료를 만 5세 아동 전체에게 지급하도록 했다.

구체적으로 이야기하자면, 0~4세 아동에 대해 보육료 정부지원단가 전액 지원 대상을 기존의 영유아가구 소득 하위 50%에서 70% 이하 가구까지 확대했다. 지원 대상자가 기존의 76만 1000명에서 92만 2000명으로 확대된 것이다. 그리고 맞벌이 가구의 경우는 소득산정 시 부부 합산 소득의 25%를 감액하여 소득 인정액을 계산했을 때, 소득 하위 70% 이하에 해당하면 보육료를 지원해 대상자를 확대했다.

아울러 보육료 지원단가도 인상하여, 보육료 및 기본보육료 지원단가를 '10년 대비 3% 인상하여 지원하게 되었다. 어린이집을 이용하는 아동에 대한 보육료 지원을 확대할 뿐 아니라 어린이집을 이용하지 않는 아동에게 지원하는 양육수당의 지원 연령을 기존 24개월 미만에서 1년을 더

'101가지 희망 찾기'의 첫 현장으로 직장 보육시설을 방문하여 어린이들과 즐거운 시간을 보내고 있다.

하여 36개월 미만까지 확대했다. 또한 24개월 미만까지 월 10만 원으로 일괄적으로 지원하던 것을 12개월 미만은 월 20만 원, 24개월 미만은 월 15만 원, 36개월 미만은 월 10만 원으로 연령별로 차등 지원하고 지원 금액을 최대 20만 원으로 확대했다.

이렇게 써놓고 보니 복잡해 보이지만, 보육에 대한 지원을 현 정부에서 최대한 확대해나간 것은 사실이다. 하지만 솔직히 나도 이처럼 복잡하게 느끼는 이러한 제도를 국민들 모두가 알기는 참 힘들다. 그만큼 한정된 재원으로 최대공약수를 산출하려 하다 보니, 복잡한 보육료 지원제도가 만들어진 것이다. 그래서인지 체감도가 낮다. 예를 들어 0~4세 아동에 대하여 70%까지 보육료가 지원된다고 하지만, 서울 등의 대도시에서는 소득 수준이 시골보다 높기에 실질적으로는 50% 정도의 국민들만 혜택을 볼 수 있게 되어, 불만의 목소리가 높을 수밖에 없었다. 양육수당의 경우 정말로 요구가 많았지만, 기대치에 훨씬 못 미친 것이 사실이다. 그래서 보다 높은 국민들의 체감을 위해 취학 전인 5세 아동의 경우는 모두에게 '5세 누리 과정'을 통해 보육료를 지원해주도록 한 것이다. 재정 상황만 충분하다면 보육 문제만큼은 단계적으로는 5세 아동, 4세 아동, 3세 아동……, 이렇게 모든 국민들이 보육료 지원을 받을 수 있도록 해야 한다는 것이 내 소신이다.

보육에 있어 보육료 문제와 더불어 우리가 반드시 고려해야 하는 부분이 보육의 질적 문제다. 아이를 믿고 맡길 수 있는 질 높은 보육 서비스 공급은 국민들이 가장 원하는 사안이다. 열악한 보육시설, 아이들에 대한 학대, 유통기한이 지난 급식 등 우리가 뉴스에서 접하는 경악스러운 사건들은 국공립 보육시설에만 쏠리는 현상을 야기시키고 있다. 국공립 보육시설에 가려고 1년 대기하는 일들은 우리 주변에 흔한 이야기다. 질 좋은 보육 서비스를 제공하기 위하여, 정부와 지자체가 공공형 어린이집, 서울형 어린이집 등을 도입하여 지원을 늘리고 있지만 국민들의 요구 수준을 따라가기에는 턱없이 부족하다.

때문에 앞으로 우리는 보다 심도 깊은 고민과 논의를 통해 '국민이 체감할 수 있는, 믿고 안심할 수 있는' 보육제도를 만드는 데 지원을 아끼지 말아야 한다. 간단하게 '국민 체감형 보육'을 위한 몇 가지 제안을 해보려 한다.

첫째, 보육시설의 설치와 운영에 있어서 국가의 책임을 강화해야 한다. 단순히 국공립 시설을 많이 설치하자는 것이 아니다. 재정도 한정되어 있고, 기존에 있는 민간 보육시설의 어려움도 감안해야 한다. 따라서 우선 대학 시설이나 주민센터, 복지시설, 학교 교실 등 기존 공공건물을 활용해 소규모의 국공립 보육시설을 확충하고, 대신 민간에 운영을 위탁하는 방안을 추진해볼 수 있을 것이다. 보육 관련 학과가 설치된 대학의 경우, 어린이집 운영을 통해 학생들에게 실습 기회를 제공할 수 있고, 도시 저소득층 밀집지역 등 취약 지역에 우선적으로 유휴시설을 활용한 소규모 국공립 보육시설을 확충해나가면 지역적 형평성을 제고할 수 있을 것이다. 또한 국민연금 기금을 활용해 국공립 보육시설을 설치하거나, 민간 시설을 매입하는 방안도 검토해볼 수 있다. 2010년 기준으로 연기금의 복지 부문 투자 비중은 1200억 원(0.04%)으로 국민연금법상 규정된 비중(1%)에 훨씬 못 미치는 수준이다. 국공립 보육시설을 설치하거나 민간 보육시설을 매입할 수 있도록 국민연금법 시행령 제31조(복지사업)를 개정한다면 충분히 가능한 일이라고 본다. 물론 기금운용위원회의 보수적인 성격은 내가 기금운용위원회 위원장 자격으로 겪어봤기에 간단한 일이 아니라는 것은 잘 알고 있지만, 국민연금의 미래 지속가능성을 위해서 보육에 대한 지원을 강화해 출산율을 높이게 되면 미래 연금가입자의 증가로 인해 재정 균형 계획을 새롭게 수립할 수 있는 긍정적인 면도 있기에 충분히 가능하다고 생각한다. 그리고 지자체의 국공립 시설 유치 기피 원인이 되는 국비-지방비 매칭 방식을 전액 국고 지원으로 전환하는 등 획기적인 개선책이 필요하다.

둘째, 민관 파트너십을 확실하게 구축해야 한다. 경제 규모가 커지면서 정부 혼자서 무언가 다 해낼 수 있다고 생각하면 착각이다. 민간과의 협력을 통해 국공립 수준(법인, 직장, 공공형)의 시설을 대폭 확대할 수 있을 것이다. 민간 시설 중 우수 시설의 공공형 보육시설 지정을 대폭 확대해 약 7000개 이상 지정해 서비스 질의 향상을 유도해야 한다. 대신 주기적 사후 관리를 통해 품질을 강화하는 것은 필수다. 직장 보육시설을 확대하기 위해서는 설치 기준 완화와 더불어 특히 중소기업의 경우는 시설 설치와 운영에 대한 고용보험기금 지원을 확대해야 한다. 중소기업의 경우는 직장 보육시설 설치 의무 사업장이 아닌 경우가 많다. 때문에 소규모 직장 보육시설을 설치하기 위해서는 고용보험기금에서 운영비를 지원하는 수밖에 없다.

셋째, 민간 보육시설에 대한 평가 체계 확립 및 그들의 자조 노력을 유도해야 한다. 어떻게 보면 앞서 언급한 여러 가지 지원책을 현실화시키기 위해서는 스스로의 노력이 중요하다. 모든 민간 보육시설이 평가 인증을 통한 서비스 질 관리 대상이 될 수 있도록 인증 신청과 재정 지원을 연계하는 한편, 우수 보육시설에 대한 지원을 확대해야 한다. 또한 모든 시군구에 보육 정보센터를 설치해, 단순 교육이나 정보 제공을 넘어서 지역사회 자원과 시설과의 원활한 연계를 지원하는 코디네이터 역할을 수행하도록 해야 한다. 물론 보육 서비스 품질 제고를 위한 지도도 실시해야 할 것이다.

넷째, 보육료 지원을 합리화해야 한다. 현재의 재산의 소득환산율, 맞벌이 부부 지원 기준 등을 현실화하여 보육료 지원을 체감할 수 있도록 해야 할 것이다. 보육료 지원을 받고 싶어도, 재산을 소득으로 환산하여 소득인정액을 산출하고 있는 만큼 소득이 없어도 집 한 채 있으면 지원 대상자가 못 되는 경우가 허다하다. 소득인정액 산출을 할 때, 재산에서 기본으로 공제해주는 금액도 현실에 비해 너무 작다. 때문에 집값이 비싼 도시 지역에서는 보육료 지원 체감이 훨씬 어려운 상황이 발생한다. 따라서 소득환산율을 완화하고, 기본재산 공제도 도시와 농촌의 현실에 맞게, 예를 들자면 도시는 현행 5400만 원에서 1억 800만 원으로 상향시키고, 농어촌의 경우는 2900만 원에서 5600만 원으로 상향시키는 방향이 있겠다. 정부 재정은 더 많이 투입되겠지만 그만큼 국민 체감도는 훨씬 높아질 것이다. 보육료의 정부지원단가도 현실화해 민간 보육시설도 수납 한도액까지 정부에서 지원해줄 수 있도록 해야 한다. 사실 더 부담이 되고 있는 특별활동 비용까지 지원하여 부모 부담을 실질적으로 완화하는 것이 더 바람직하지만 우선 과도한 특별활동을 제한하는 방식이 옳은 방향으로 보인다.

보육이야말로 국민의 체감을 높이고 정부지원의 사각지대를 축소하는 스마트 복지가 적용되어야 할 가장 필수적인 분야로 국가의 전폭적인 투자로 뒷받침되어야 한다. 보육은 대한민국의 미래에 대한 투자이기 때문이다.

7. 복지 깔때기 현상의 해법을 찾아 뛰다

사회복지공무원 7,000명 확충과 소외계층 일제조사

복지 깔때기 현상은 수많은 복지정책이 시도됨에도 불구하고 수급자에게 제대로 전달되지 않는 현상을 말한다. 2011년 보건복지부 연두 업무보고에서도 강조되었고, 최근에는 한나라당 박근혜 전 대표가 강조하면서 더욱 관심이 높아지고 있다. 우리나라는 4대 보험과 공공부조 등 주요 복지제도의 도입과 확대 등을 통해 비교적 단기간 내에 선진국 수준의 사회 안전망을 마련했고, 복지 지출도 2005년도 50.8조 원에서 2011년도 86.4조 원으로 매우 빠르게 늘고 있다.

실제로 보건복지부 장관으로 일하면서 놀랐던 부분이, 우리가 생각하는 것보다 훨씬 더 많은 복지정책, 복지 서비스가 존재하고 있다는 점이었다. 내가 국민에게 꼭 필요한 제도라 생각되어 아이디어를 제시하면, 대부분 이미 제도가 존재하는 경우가 많았다. 하지만 이러한 수많은 복지제도 및 예산의 확대에도 불구하고 국민들이 느끼는 체감도는 높지 않았고, 이는 현 정부에서 복지 전달체계 개선을 국정과제로 설정해 추진해온 배경이 되었다.

그런 연유로 2010년 1월 개통된 사회복지 통합관리망(행복e음)은 산재되어 있는 사회복지 서비스를 통합하고, 자산조사 체계를 근본적으로 개혁하는 성과를 거두었고, 그 결과 복지부 사업만 아니라 다른 중앙부처의 복지 업무도 통합 지원하는 기반이 마련되었다. 사회복지 통합관리망을 통해 현금 급여 및 각종 복지 서비스, 그리고 관련 데이터들을 효율적·효과적으로 관리할 수 있게 되어 보다 많은 맞춤형 서비스를 국민들에게 제공할 수 있을 것 같았지만, 실상은 일선 지자체의 복지 담당 인력 부족으로 인한 문제점은 근본적으로 개선되지 않아 국민의 체감도는 개선은 여전히 적었다.

현재 16개 중앙부처 289개의 복지 급여·서비스의 약 60%인 180개 사업이 시군구-읍면동 주민센터를 통해 지역 주민에게 전달되고 있다. 그러나 적정한 복지 담당 인력을 확보하지 않고 사회복지 통합관리망 개통과 함께 추진된 전달체계 개편은 지자체 현장에서 상당한 어려움을 낳았다. 읍면동 주민센터 복지직을 시군구 통합조사(관리)팀으로 조정 배치했으나, 다양한 복지 급여의 조사 및 사후 관리를 총괄하는 통합조사(관리)팀은 여전히 인력 부족으로 힘겨워했다. 반면 지역 주민에게 대민 서비스를 제공하는 읍면동 주민센터의 인력은 줄어들었다. 가령 읍면동당 1.6명 수준인 복지직 인력으로는 충실한 상담과 정보 제공이 어렵고 찾아가는 서비스는 엄두를 내지 못하는 실정이었다.

즉, 사회복지 통합관리망을 통한 업무 기반을 조속히 안정화시키고, 지역 단위 통합 사례 관리를 강화하고 찾아가는 서비스 등 감동을 주는 복지 행정을 위해서는 그 무엇보다도 복지 담당 공무원 확충이 매우 시급하다는 점이 행복e음 도입에서 부각된 것이다.

복지부에서는 사회복지 통합관리망 개통 및 전달체계 개편 작업이 지역 단위에서 어떻게 작동되고 있는지를 점검하기 위하여 현장 방문을 통해서 사회복지 통합관리망의 일부 보완과 더불어 복지 담당 인력 확충 없이는 전달체계 개편 효과를 거두기 어렵다는 결론을 내렸다. 그 이후 공교롭게도 교육과학기술부가 '4대 학비 지원사업'을 사회복지 통합관리망 및 지자체 조직을 활용해야 하는 상황이 생겨 자연스럽게 복지 담당 인력 논의가 총리실 주관으로 진행되었다. 복지부는 교과부 사업을 포함해서 신규·확대된 사업 등을 제대로 운영하기 위하여 약 3000명 규모의 인력 증원이 필요하다는 입장이었으나, 논의가 구체화하지 못하고 2011년도에 510명을 증원하는 것으로 마무리되었다.

복지 전달체계의 미래 청사진에서, 큰 그림에서 논의된 것이 아니라 단순히 통합조사 업무 중심으로 숫자 놀음을 한 한계에 있었다. 게다가 인력 충원 규모도 작았지만, 총액인건비제도로 인하여 복지직 충원을 강제할 수 있는 수단도 없었으며, 승진 등 사기 진작 방안도 담을 수 없었던 한계가 있었다. 하지만 이렇게 물러설 수는 없었다. 1라운드는 끝났고, 2라운드가 시작되었다.

2010년 11월 30일에 열린 국무회의가 계기가 되었다. 내 후임으로 현 보건복지부 장관인 임채민 장관이 당시 국무총리실장 자격으로 국무회의에서 동절기 취약계층에 대한 범정부 지원 방안을 보고했고, 이때가 기회라고 생각한 나는 복지공무원 확충 필요성을 제기했다. 수차례 지역 현장을 다니면서, 그리고 일선 현장의 복지공무원 간담회를 통해서 절감한 복

〈 복지 관련 인력, 예산, 복지 대상자 등 비교 현황 〉

(2010년 6월 말 기준)

구분	복지담당 공무원	사회 복지직	중앙 복지 재정	지방 복지 재정	복지사업 수 (복지부)	복지 대상자 수
2006년	21,502명	9,805명	56조	15.3조	67개	395만 명
2010년	22,461명	10,335명	81.2조	26.5조	106개	994만 명
2006년 대비 증가율	4.4%	5.4%	45%	71.8%	58.2%	151.8%

지사업의 메신저 역할을 담당하는 복지공무원 확충 없이는 기존의 복지사업도 제대로 작동되기 어렵다는 인식을 전달한 것이다. 이에 대해 대통령은 공감을 표시하면서 "복지 예산은 계속 늘어나는데 복지에 대한 질을 높이려면 그에 대한 인원 보충이 절대 필요"하다면서 총리실에 인력 확충 방안을 적극적으로 검토하도록 지시하면서 2라운드에서 우리는 복지공무원 확충을 통한 승기를 잡게 되었다. 흥미로운 것은 당시 "일선에서 경험해보면 중앙의 예산은 자꾸 내려오는데, 관리하는 인원은 예전과 똑같다. 5~6년 전에 비하면 지금은 복지 예산이 약 2배 정도 늘어났을 것"이라는 대통령의 발언은 사전 준비 없이 나온 것임에도 현실을 거의 정확하게 담고 있었다는 점이다. 위의 비교표를 보면 잘 알 수 있다.

복지 대상자 수는 2006년도 395만 명에 비해 2010년 994만 명으로 3배 가까이 늘어났고, 예산과 복지사업 또한 2배가 늘어났지만, 복지 담당 공무원 수는 거의 변화가 없다. 국무회의 직후 국무총리실 사회통합정책실에 복지 인력 확충 TF가 관계부처 국장급으로 구성되었다. 인력 확충 방안을 마련하는 데 있어서 가장 역점을 둔 것은 실태 조사다. 최초로 보건복지부와 행정안전부가 산하 연구기관(보건사회연구원, 지방행정연구원)과 합동으로 지자체 복지 인력에 대한 실태 조사를 수행함으로써 확충 규모에 대한 정책적 판단을 내릴 수 있는 근거를 마련했다.

60개 시군구에 대한 서면 실태조사를 포함해서 10개 시군구에 대해서는 TF에 참여하는 관계부처 합동으로 현장 실태조사를 병행 실시했다. 특히 현장 조사는 관계부처 공무원으로 하여금 지자체 현장에서의 복지 업무 수행의 어려움, 인력 증원 필요성 등을 인식할 수 있는 계기로 작용했다. 복지 담당 공무원을 단계적으로 7000명 확충하는 방안은 2011년 3월에 사실상 확정되었다. 다들 불가능하다고 했지만, 부양의무자 기준 완화와 함께 복지 분야 역점사업으로 복지부 월례조회 때마다 복지 전달체계 개선과 복지공무원 확충이 반드시 이루어내야 할 과제임을 계속 강조해왔던 보람이 있었다.

마지막까지 상당한 진통을 겪은 과제는 인력 확충에 필요한 재원을 어떻게 처리할 것인가에 대한 문제였다. 총리실 복지 서비스 향상 TF에서 지방이양복지사업의 국고 환원 등 지방재정의 부담을 완화하는 방안을 논의했으나, 분권교부세 사업의 근본 구조를 바꾸는 문제이기 때문에 쉽게 결론을 내리기 어려웠고 확충 발표가 계속 지연되었다.

지방직 공무원의 인건비는 원칙적으로 행정안전부가 관리하는 보통교부세를 활용하는 것이 타당하다. 그러나 지방 재정이 최근 매우 어려운 상황에 처해 있을 뿐만 아니라 복지직 공무원 충원을 지자체로 하여금 효과적으로 이행토록 하기 위해서는 적정 수준의 국고 보조가 필요했다. 아이러니하게도 내 후임인 임채민 장관이 총리실의 카운터 파트너였다. 임채민 당시 총리실장과 한나라당 정책위의장에게 인력 확충 대책의 중요성을 강조해 설득했고, 2011년 7월 8일 비공개로 진행된 제1차 서민생활대책점검회의에서 인력 확충의 필요성과 더불어 재원 대책 마련에 있어서 기재부와 행안부의 협조를 요청했다. 결국 2011년 7월 13일 당정 협의 조찬회의에서 복지 인력 확충 방안을 최종 협의해 발표할 수 있었다.

혹자들은 작은 정부를 지향한다면서 공무원 수를 또 늘렸느냐며 비판하고 있지만, 최소한 복지직 공무원은 당연히 늘어나야 한다. 제 아무리 복지정책을 많이 만들고 사상최대의 예산을 편성해도 그 온기가 서민들에게 다가가지 않는 것은 복지서비스에 혼을 불어넣을 메신저가 부족하기 때문이었다. 복지직 공무원 충원은 밥그릇 늘리기가 아니다. 복지 깔때기 현상을 해결하고 맞춤형 복지를 실현하기 위한 복지 전달체계의 미래 청사진 마련의 주춧돌이라고 자신 있게 말할 수 있다.

이는 복지 사각지대에 놓여 있던 2만 3669명의 소외계층을 발굴한 '복지 사각지대 발굴 및 보호를 위한 전국 일제조사'의 경우도 마찬가지였다. 사회복지 공무원이 확충될 때까지만 기다릴 수는 없었다. 하루라도 빨리 제대로 된 복지 서비스를 받지 못하고 있는 이들을 구제해야 했다.

2011년 5월 23일부터 6월 15일까지 3주간 행해진 전국 조사는 그간 복지 대상자 발굴과는 달리, 교각·창고 등 주거 취약 지역 조사 및 노숙·주민등록말소자 등 탁상행정으로는 파악할 수 없는 비정형 대상자 발굴에 집중되었다. 그 과정에서 인력 부족의 문제로 시민들의 도움을 요청했는데, 발굴된 대상자 총 2만 3669명 중 시민들의 신고에 의한 경우는 5769명이었다. 이들에게는 긴급복지, 기초생활수급, 민간 후원 등의 지원을 완료하거나 조치 중에 있다. 단 3주간의 조사에서 이러한 성과를 거둔 것은 시민들의 참여가 컸다. 턱없이 부족한 사회복지 공무원만으로는 소외된 우리 이웃을 사각지대에서 구제할 수 없다. 정부의 노력만으로 정책 사각지대를 해소하기에는 역부족이고, 사회구성원들의 함께 참여함으로써 찾아가는 복지서비스를 실현할 수 있다. 정부 일방이 정책을 만들고 집행하는 국가중심의 복지서비스가 아니라 사회구성원 모두가 공동 책임지는 이른바 '복지사회'로 패러다임의 전환이 필요하다.

8. 일로영일(一勞永逸)
일하는 복지, 탈빈곤 희망 사다리 프로젝트

이명박 대통령은 2010년 새해 화두로 '지금의 노고를 통해 오랫동안 안락을 누린다'는 뜻의 '일로영일'을 내세운 바 있다. 2011년 신묘년 새해를 맞이하면서 나는 신년사를 통해 사회 전체를 보듬는 기여보비(寄與補裨, 이바지하여 돕고 부족함을 보태어준다)의 마음으로 어려운 서민들의 모자라는 부분은 적극적으로 채워준다는 자세로 능동적 복지사회의 구현에 최선을 다하겠다고 의지를 표명했다. 또한 보건복지정책의 방향을 양질의 일자리를 제공하고, 물고기를 낚는 법을 알려주어 스스로 일어설 수 있도록 돕는 적극적인 시스템으로 방향을 전환하겠다고 밝힌 바 있다.

탈무드에서 우리가 가장 많이 인용하는 격언 중 하나가 바로 이 '고기를 먹여주기보다는 고기 잡는 법을 가르쳐주라'는 말이 아닐까 싶다. 부양의무자 기준 완화 등을 통해 그동안의 복지 사각지대 해소에 노력했다면, 이를 바탕으로 이제 이들이 단순히 지원만 받고 머무는 것이 아니라 빈곤에서 탈출할 수 있도록 일을 할 수 있도록 만드는 것도 매우 중요했다. 기초생활보장제도의 보호를 받는 수급자들이 지금 조금 힘들더라도 일을 통해 삶의 의미와 보람을 찾아 오랫동안 안락을 누리기를 원했던 것이다.

외환위기 이후 빈곤이 사회문제로 대두되면서 국민기초생활보장법이 2000년에 도입되었고, 빈곤층에 대한 자립 지원이 정부 차원에서 제도화되었다. 제도 시행 10년간 탈수급 등 성과도 적지 않았으나, 빈곤층이 꾸준히 증가하는 현실 속에서 자활사업의 실효성 문제는 계속 제기되고 있었다. 언론에서는 복지·주거·교육 등 다방면에서 계층 간 진입 장벽이 높아지고 있다고 시리즈 보도를 펼치는 한편, 사회적으로 복지 확대 요구와 함께, 증가하는 복지 재정의 효율적 사용에 대한 요구도 커지고 있었다. 또한 1990년대 말 외환위기, 2000년대 말 글로벌 경제 위기를 거치면서 심화된 양극화에 대응하기 위한 정부의 능동적 역할이 요구되고 있었다. 하지만 미래 지속 가능한 복지를 위해서는 보호를 위한 재정 투입만을 가지고는 한계가 있을 수밖에 없었고, 때문에 '탈빈곤·자립 지원'을 핵심 정책 아젠다로 설정하고, 근로 능력 있는 기초수급자의 탈수급과 궁극적으로 이들 저소득층이 중산층으로 올라설 수 있도록 제도적·재정적 지원을 강화하는 방향을 수립했다.

실제로 기초생활보장제도가 2000년 도입되어 제도 도입 10년이 되었으나 기초 수급자의 탈수급률은 매년 10%를 넘긴 적이 없었다. 복지정책이 대상자에 대한 '기여'에 초점이 맞춰져 있었고, 대상자의 '책임'에는 무관심해왔던 것으로 단순히 어려운 국민들을 보호 대상으로만 보려고 했던 것이다. 복지부도 소외계층에 대한 지원에 대한 목소리만 높이다 보니, 타 부처에게 효율성 없는 부처라는 핀잔을 종종 들어야 했고, 회의석

고양시 덕양구의 노인일자리사업 현장 및 덕양노인종합복지관을 방문해 현장의 목소리를 청취했다.

상에서 경제부처에 왕따를 당하는 경우도 발생했다. 보건산업이 신 성장 동력 산업이고, 보건복지 일자리가 일자리 창출에 가장 큰 기여를 했다며 보건복지부도 효율성 높은 부처라고 아무리 외쳐봤자 공허한 메아리에 불과했다. 따라서 현재의 빈곤 정책이 변화된 빈곤 현실에 효과적으로 대응하고 있는지에 대해 분석하고 큰 틀에서 빈곤 정책의 선진화 방안을 논의해나감과 동시에, 우선적으로 일할 수 있는 빈곤층의 자활에 초점을 맞추어 개선 방안을 마련, 추진하도록 했다.

2009년 기준 157만 명 중 근로능력자는 28만 명이고, 이 중 자활사업에 참여해야만 생계급여를 수급하는 조건부 수급자는 4만 2000명이었으며 자활사업 참여 의무는 없으나 본인의 희망에 따라 약 2만 2000명의 차상위계층이 자활사업에 참여하고 있었다. 이러한 자활사업에 있어서 다음과 같은 문제점들이 있었다.

참여자 선정에 있어서 수급자 선정 기준의 정확성 결여 및 지자체의 업무 역량 부족으로 인해 수급자 선정 과정에서 오류 문제와 판정주체별(의사·공무원) 판정의 통일성 미흡 등의 문제가 지속적으로 제기되었다. 또한 자활사업이 취업수급자, 근로 무능력자는 배제하고 조건부 수급자에만 집중함에 따라 정책 대상이 매우 협소한 점에 대한 개선 요구가 제기되었다. 개인별로 적성, 취약점 등이 다름에도 불구하고 공급자 편의적으로 자활근로사업단 프로그램이 운영됨에 따라 수요자 중심이 아닌 공급자 중심의 획일적·단편적 사업 방식에 대해 개선할 필요가 있었다. 또한 일을 해서 자신의 소득이 늘어날수록 국가에서 지원받던 급여가 감소되는 문제, 탈수급 시 모든 급여가 중단되는 문제는 오히려 일을 했을 때 일을 하기 전의 소득보다 적은 '역전 현상'까지 가져오는 등 기존의 체제로는 기초생활수급 대상에서 탈수급하려는 유인이 부족한 실정이었다.

그래서 탈빈곤 희망 사다리 프로젝트라는 이름으로 탈수급 제도의 전면적 개편이 추진되었다.

먼저 2012년까지 탈빈곤 집중 지원 대상을 19만 명으로 확대하여 적극적인 탈빈곤 지원을 실시하기로 했다. 협상론에 'Aim-High' 이론이라는 것이 있다. 목표를 높게 잡을수록 얻게 되는 과실은 크다는 것이다. 19만 명이라는 목표가 무리라는 지적이 있었지만, 복지 분야의 모든 과제들은 그러한 불가능 속에서 해결해야 하는 문제였기에 적극적으로 추진하도록 했다.

탈빈곤 집중 지원 대상 발굴을 위해 근로 능력 유무 평가를 개선하고 자활사업에 참여하지 않아도 되는 조건 부과 제외자의 요건을 현행 주 3일 근로(사업소득자 포함)외에 일정한 기준 소득을 추가했다. 이로써 기준 소득에 미치지 못하는 경우, 자활사업에 참여토록 하여 방치된 취업수급자를 탈빈곤 집중 지원 대상에 포함하고, 생계비의 부정수급도 방지하고자 했다. 또한 일할 의지가 있어도 양육·간병 등 가구 여건상 일하기 곤란한 수급자에게는 사회 서비스를 우선 연계하여 근로 활동 참여 기회를 제공했다. 또한 고용부의 취업 성공 패키지, 복지부의 자활사업 참여를 통해 적극적인 취·창업 지원을 실시하고, 정부 양곡 배송사업, 영양플러스 등 정부에서 위탁하는 사업을 자활 참여자에게 연계함으로써 시장 진입 전의 경과적 일자리를 확대했다.

고용부의 취업 성공 패키지와 복지부의 자활사업 간에는 매우 첨예한 갈등이 존재했다. 고용부의 취업 성공 패키지의 경우는 대상 계층이 단순히 사정이 어려운 계층이었지만, 복지부의 자활사업 대상자는 심각한 알코올중독에 정신건강 상태가 양호하지 않은 가장 심각한 상태의 기초생활대상자들이었는데, 고용부는 이러한 여건을 감안하지 않고 자신들의 취업 성공 패키지가 취업 성공률이 높다는 이유로 자신들이 사업을 통합하여 관리하고자 했다. 우여곡절 끝에 자활사업과 취업 성공 패키지를 적극 연계하도록 조정되어 시너지 효과를 기대할 수 있게 되었다.

다음으로, '맞춤형 희망 경로' 개척을 위한 사례 관리를 강화했다. 지역사회의 역할이 중요했다. 지자체를 중심으로 지역의 복지·고용 전문가가 참여하는 사례 조정 회의를 통해 자활 역량 평가의 객관성을 확보하고, 개개인의 특성에 따라 탈수급을 실질적으로 지원할 수 있도록 '개인별 자립 지원 계획' 수립을 강화하여 맞춤형 탈빈곤 경로를 제시하도록 했다. 또한 자활 참여자의 고용보험 전면 가입을 통해 다양한 직업훈련의 기회를 적극 활용할 수 있도록 했다.

그리고 일할수록 유리한 근로유인체계 구축을 통해 일을 통한 빈곤 탈출을 적극 지원했다. 수급자가 취업한 경우 저축을 통해 목돈을 마련할 수 있도록 돕는 '희망키움통장' 대상을 확대하도록 했다. 희망키움통장은 수급자가 본인이 저축한 금액에 정부와 지자체가 근로소득 장려금을 매칭해주고, 여기에 저축액에 비례하여 사회복지공동모금회의 민간 지원금을 지원하여 최대 저축액의 6배를 더해 목돈을 만들어주는 사업이다. 개인적으로 이 '희망키움통장'은 사업성격에 꼭 맞는 정말 잘 어울리는 이름이라고 생각한다. 그리고 희망키움통장 가입자가 탈수급하는 경우 의료·교육 급여에 대해 한시적으로 2년간 지원하도록 했다. 기초수급자들이 드디어 탈수급(사실상 탈빈곤)을 하게 되는 경우에 기존의 지원이 끊겨 소득이 역전되는 현상을 방지하고자 함이었다. 아울러 근로 빈곤층에 대한 사회보험료 부담을 완화하기 위하여 수급자가 일을 통해 탈수급하면 국민연금, 건강보험 등 본인 부담 사회보험료를 일정 기간 자활 기금에서 지원할 수 있도록 관련 시행령 개정 등도 추진했다.

마지막으로, 빈곤층의 일자리 제공 및 탈빈곤·탈수급을 위하여 지자체 및 수행기관의 성과 관리를 강화했다. 중앙에서 제 아무리 무언가 만들어내도, 실제 실행하는 지자체에서 적극적이지 않다면, 아무런 소용이 없기 때문이었다. 지자체가 탈수급을 적극 지원하도록 탈수급 평가 지표를 개발하고 지자체 복지 업무 평가 등에 탈수급 실적을 반영했다. 또한 실적에 따라 성과급을 지원하는 성과 중심 자활사업(희망리본프로젝트)을 확대함으로써 적극적으로 탈수급을 지원했다. 지자체, 지역 자활센터, 고용센터 간 정보 공유 및 연계 강화를 통해 효율적인 맞춤형 자활 지원체계도 구축했다.

이러한 노력에도 불구하고 빈곤층의 자립·자활을 촉진하기 위하여 남겨진 과제들이 적지 않은 상황이다. 근로 능력자의 부정수급을 방지하고 적극적인 자활을 촉진하기 위해서는 근로 능력 판정체계의 전문성과 통일성을 제고할 필요가 있다. 자활 기금을 효율적으로 활용하고 성과를 극대화할 수 있도록 자활 기금 활성화 방안을 비롯하여 법·제도 개선을 적극 추진하는 것이 필요하다.

현 지자체별 설치된 자활 기금은 시군구별 조성액이 작아 광역 단위 투자 및 규모의 경제 실현이 어렵기 때문에, 자활사업 브랜드화를 위해 중앙에 규모화된 자금 조성이 필요하다. 2009년 12월 기준 자활 기금 보유액은 총 2361억이나, 각 시군구가 보유한 금액은 각각 10억 미만에 불과하고, 게다가 시군구별 조성된 기금은 지자체 출연금을 주 재원으로 하여 중앙으로 취합하기 어렵다.

따라서 정부 출연을 통해 초기 기금 조성 후 지자체별 자활 기금으로 적립 중인 연 47억 원가량의 자활 수익금 및 기금 운용 수익금, 민간 기부금 등을 재원으로 활용하여 중앙 기금으로 적립한 후, 단계적으로 지역의 자활 기금을 통합해나갈 수 있는 제도적 장치를 마련해야 한다고 생각한다. 민간 기부 활성화를 위해 기부금에 대한 조세 혜택 등을 제공한다면, 이러한 가칭 '국민자활기금'을 통해 자활 공동체·사회적 기업 등에 대한 초기 투자 비용 장기 저리로 대출해주고 희망키움통장의 매칭 금액을 높여줄 수 있을 것이다.

그리고 지자체, 고용안정센터, 자활센터 등 자활 인프라 간 역할 재정립 및 종사자 처우 개선 등을 통해 정책 효율성을 제고해나가야 할 것이다. 자활 지원은 기초생활보장제도의 수급을 저해하는 현 급여체제의 문제, 즉 '전부 아니면 전무' 문제의 해결이 전제되지 않으면 그 성과에 한계가 있으므로, 기초생활보장제도의 전반적 개편에 대한 논의를 통해 탈수급 기제 마련의 노력을 해나가야 할 것이다.

9. 서로 이해했던, 그래서 가능했던 장애아동지원법 제정

남이 아닌 우리의 문제

국내 장애인 수는 500만 명 이상으로 추산된다. 하지만 우리는 주변에서 장애인을 쉽게 만나볼 수는 없다. 여러 가지 이유가 있겠지만 가장 큰 이유는 장애인들이 길거리에 잘 다니지 않기 때문이다. 신체적으로 장애인이 외출하여 거리에서 일상생활을 하기에는 장애인의 특성에 적합하지 못한 주변환경 때문에 불편함도 있지만, 정서적으로 장애인을 바라보는 사회적 편견의 장벽 때문에 오도 가도 못하며 칩거할 수밖에 없는 게 우리의 현실이다.

우리는 장애인 복지를 모두를 위한 복지로 이해해야 한다. 그리고 우리 중 누구라도 또는 우리 가족 중 누구라도 장애인이 될 수 있는 잠재적 장애인이라는 점을 깨달아야 한다. 우리 사회에서 가장 힘들고 어려운 사회적 약자인 장애인을 국가와 사회가 품지 못한다면 제 의무를 다하지 않는 것이다. 장애인에 대한 문제는 남의 문제가 아닌 우리의 문제이다.

장애인을 위한 정책으로 장애인 연금법, 장애인 활동 지원에 관한 법률 등 나름 많은 관심을 가지고 추진했지만, 수혜대상인 장애인들에게는 다소 만족스럽지 못한 부분이 있었다. 앞으로 보완해야 할 부분이 많은 것도 사실이다. 이 중 개인적으로 가장 큰 관심을 가지고 있었던 정책이 있는데, 바로 우리 아이들, 장애 아동을 위한 정책이었다.

2010년 12월 기준으로 등록된 장애아동은 총 8만 명으로 전체 장애인 인구의 3.2%에 불과하다. 하지만 이들의 88%는 3급 이상의 중증 장애이며, 75%는 뇌병변·지적·자폐성 장애로 돌봄이나 치료 부담이 크고 일생 동안 자립이 어려운 특성이 있다. 그러나 현재 재정적·제도적 여건에 의해 장애아동에 대한 지원의 대부분은 저소득층에 한정되어 있어 국가로부터의 복지 지원은 매우 제한적이라 할 수 있겠다.

장애아동과 그 가족이 처한 이러한 상황에 대한 인식을 바탕으로 국회에서 윤석용 의원이 장애아동에 대한 포괄적이고 광범위한 지원을 내용으로 하는 장애아동복지지원법안을 제안했다. 장애아동복지지원법은 초기 작성 시부터 장애아동에 대한 특별한 관심을 갖고 있는 전국장애아동보육시설협의회에 전국장애인부모연대가 적극적으로 참여했고, 공동 발의한 의원이 120명이나 될 정도로 관련 단체와 국회의원들로부터 그 취지를 크게 인정받았다.

보건복지부 또한 장애아동복지지원법이 갖고 있는 취지를 이해하고 초기부터 발의 의원실 및 관련 단체(전국장애아동보육시설협의회, 전국장애인부모연대)와 적극적으로 대화에 나섰다. 그러나 제정안은 장애아동에 대한 광범위하고 강력한 지원을 내용으로 하여 항상 문제가 되는 그놈의 '재정 여건' 때문에 협상이 쉽지 않았다. 발의 의원실에서 제출한 재정 추계는 5년간 2310억 원이었지만, 복지부에서 다시 추계를 해보니 1조 원 이상으로 2011년 기준 복지부 장애인정책국 전체 예산이 8141억 원 수준임을 감안할 때 재정당국의 동의를 받아내기는 사실상 불가능했다. 무엇보다도 아이들의 문제라 적극적으로 지원하고 싶었지만 매우 안타까웠던 것이 사실이다.

재정당국과 이 법안 통과를 소망하고 있는 부모들의 사이에서 고뇌의 시간들이 이어졌고, 그 때문에 검토를 위한 충분한 시간을 달라는 입장 표명이 법안을 무산시키려는 의도라는 오해까지 이어졌다. 안타까운 마음에 장애아동을 돌보는 부모들의 마음을 이해하고 적극적이고 지속적으로 당사자 단체와 협상해나가도록 하라고 지시했고, 이후 지속적으로 매주 구체적인 협상을 진행했다.

이와 동시에 다른 한편으로는 법 제정에 대한 다른 이해 관계자들의 의견을 수렴하고 법 제정에 부정적인 입장을 갖고 있는 재정당국 등을 설득해야 했다. 장애아동복지지원법안은 장애아동에 대한 광범위한 복지 지원을 의무적으로 무상으로 지원하는 것을 특징으로 하고 있어 재정당국의 입장에서는 제안 당시부터 대표적인 포퓰리즘 법안으로 인식될 소지가 다분했다. 따라서 초기에는 법률 내용의 세부적인 내용에 대한 반대 수준이 아니라 법 제정 자체에 대한 반대의 입장을 취했다고 할 수 있다. 개인적으로 아이들에 대한 문제는 미래를 위한 투자로, 복지 분야 개념과는 별개로 다루어야 한다는 소신이 있다. 보육에 대한 국가의 지원을 확대하고, 아동 복지를 확대하는 것은 바로 무엇보다 수익률이 높은 미래에 대한 투자라는 게 내 생각이다.

원래 보건복지부는 법 제정의 취지에 처음부터 공감했으나, 재정적인 문제 때문에 고민이 많았었기에 재정당국의 입장에서 수용 가능한 수준을 타진해, 그 범위 내에서라도 우선 법률안을 통과시켜야 할 필요가 있었다. 이 과정에 장애인정책국 직원들은 기획재정부로 거의 출근을 하다시피 하면서 장애아동의 부모들이 왜 이러한 법률의 제정을 희망하는지 설득하고 또 설득했다. 나 또한 이 문제가 우리 아이들의 문제인 만큼 전향적으로 검토해달라는 요청을 재정당국에 거듭 요청했다. 그러한 노력 덕분인지 결실을 맺어 초기에는 법 제정 자체에 부정적이었던 입장에서 점점 선회하여 예산 추가 소요를 최소화하는 선에서 묵인하는 정도의 동의를 얻어낼 수 있었다.

법률안에 대한 수정사항이 어느 정도 가닥이 잡히고 다음 국회 일정이 다가오자 법 제정에 직접적인 관련이 있는 국회의원실에 대한 설명과 설득을 시작했다. 또한 한국장애인부모연대 소속 장애인 부모들은 국회가 개회되는 6월 초부터 열흘이 넘는 기간 동안 각 당사뿐 아니라 상임위 주요 의원들의 사무실 앞에서 순번을 정하여 1인 시위를 진행했고, 장애인 부모들이 각 지역구 의원들에게 면담을 요청하여 법 제정에 동의해줄 것을 강력하게 요청하는 등 법 제정에 대한 당사자들의 의견을 적극적으로 전달했다. 또한 상임위 통과 이후에는 법사위 소속 의원들을 개별적으로 찾아다니며 법 제정의 필요성을 설명하고 협조를 요청했다.

법안 통과의 운명이 걸린 법안소위 당일인 2011년 6월 10일 아침, 상임위 법안소위 회의실 앞으로 윤석용 의원과 함께 전국장애아동보육시설협의회와 전국장애인부모연대 관계자와 회원들이 도착했다. 윤석용 의원은 장애인정책국장과 장애인연금팀장에게 그간 서로 서운했던 것은 잊고 모쪼록 장애아동복지지원법이 제정되도록 힘을 합쳐달라며, 모든 것은 복지부의 안을 수용하겠다는 입장을 밝혔다. 화기애애한 분위기가 흐르고 장애아동복지지원법을 반대하는 의원도 없을 것으로 보여, 이대로 법률안이 통과되어 그동안 직원들과 장애아동 부모님들이 애써온 고생이 드디어 빛을 보는가 했다. 하지만 그 전까지 문제 제기를 한 적 없는 국회 전문위원이 입법위임 원칙에 어긋나서 법사위 통과가 어렵다는 문제 제기를 하면서 법 제정 자체가 무산될 수 있는 최대의 위기를 맞았다.

  법안소위에서 문제가 되었던 사항 중 가장 컸던 문제는 장애 영유아를 위한 보육 지원의 순차적 시행 시기와 교사의 자격을 대통령령에 위임한 것이었다. 다소 무리한 것일 수도 있는 위임 조항을 만든 이유는 협상과정에서 구체적인 협의안을 내지 못했기 때문이었다. 합의에 이르지 못한 내용을 하위 법령에 미루어놓고 법 제정 후 쟁점을 풀어나가려고 한 것이 화근이었던 것이다. 고민에 고민을 거듭한 결과 복지부 측은 공대위 측과 최후 협상을 하게 되었다. 즉, 현재 일하고 있는 장애아 담당 보육교사에 대한 경과 조치를 두고 이들의 기득권을 인정하는 것으로 정리하면서 복지부 안을 수용하도록 설득했다. 공대위 측에서는 수용하기 어려운 안이었지만 자칫 법률 제정이 무산될 수도 있는 상황이어서 그들도 끝까지 반대할 수만은 없어 수정안을 받아들였다.

  다행스럽게도 오후에 속개된 회의에서 법률안은 협상안대로 통과되었다. 또한 장애 영유아를 위한 보육교사의 처우 개선을 3년 이내 개선하는 것과 장애아동복지지원센터에 지원판정팀을 두고 시범 운영하는 것 등에 대하여 의원들의 문제 제기로 부대 결의되었다. 이로써 장애아동복지지원법 제정의 첫 관문을 무사히 넘기고 이후 본회의 통과까지 법 제정은 일사천리로 진행되었다.

이처럼 천신만고 끝에 법률안이 본회의를 통과하던 날인 2011년 6월 29일, 국회 한편에서는 잔치가 벌어졌다. 장애인 신문에 실린 사진에는 커다란 플래카드 앞에 윤석용 의원과 관련 단체 사람들, 그리고 장애인 부모와 장애아동들이 환하게 웃고 있었다. 지방에서부터 장애를 가진 아들을 데리고 온 엄마는 아이가 더 나은 복지 지원을 받게 되어 기쁘다고 했다. 이들은 법 제정에 힘써주어 감사한다는 감사패를 의원들에게 전달하고 케이크를 자르고 잔치를 벌였다. 서로가 서로의 입장을 이해해주고, 조금씩 양보한 결과였다. 장애아동복지지원법 통과라는 큰 의미도 있었지만, 우리 사회에서 심각한 수준으로 치닫고 있는 갈등이 이렇게 서로의 협상과 이해를 통해 해결되었다는 측면에서 그 의미가 깊었다.

　우리가 겪는 수많은 갈등 과정에서 협상이 이루어질 때, 우리는 협상이란 상대방과의 '제로섬게임' 또는 '파이 갈라 먹기'라고 생각한다. 즉, 실제로는 그렇지 않은 상황임에도 불구하고 협상으로 얻어질 수 있는 성과는 정해져 있어 상대방이 많이 차지하면 그만큼 자신에게 돌아오는 몫이 적어진다고 생각하는 것이다. 협상자가 이와 같은 오류에 빠지게 되면 서로 간에 가지고 있는 목적과 정보의 공개를 통해 협조적이고 호혜적인 협상을 하기보다는 파괴적인 협상을 할 수밖에 없다. 즉, 협상을 하는 당사자들이 제로섬 편견에 빠지게 되면 양 당사자 간의 협상 이익이 서로 병립될 수 없다고 보는 것이다. 우리가 겪는 많은 협상들이 바로 이렇게 파행으로 치닫고 있다. 서로가 생각하는 공통적인 목적, 대의를 위하여 작은 것들은 서로 버릴 줄 아는 양보 정신이 정말 중요하다. 상애아동복시시원법이 통과되는 일련의 과정을 지켜보면서 정치권에 있는 사람으로 정말 많은 것을 배울 수 있었다.

장애아동에 대한 특별한 고려를 전제하는 장애아동복지지원법의 제정을 통해 장애아동의 복지 지원 확대를 위한 기초적인 기틀이 마련되었다는 측면에서 법 제정의 의의가 있다. 앞으로 이 법을 통해 장애아동에 대한 복지 지원이 지속적으로 확대될 수 있도록 부단히 노력하여, 장애아동 부모들이 장애아동복지지원법에 거는 기대에 부응할 수 있도록 해야 할 것이다.

10. '전자발찌법'부터 '도가니방지법'까지

어린 생명들의 뼈아픈 희생,
'불편한 진실' 앞에 우리 모두는 부끄럽다

영화 〈도가니〉를 극장에서 처음 접한 것은 9월 말이었다. 청각장애학교에서 벌어진 성폭력 사건을 다룬 실화였기에 보는 내내 마음이 불편하고 무거웠다. 영화에 대한 감상은 나만 그런 것이 아니었다. 개봉한 지 한 달도 지나지 않아 관객 수가 400만 명을 뛰어넘었다고 하니, 〈도가니〉가 주는 분노가 어느 정도였는지 짐작할 수 있을 것이다. 그와 함께 어두운 현실을 바꿔야 한다는 사람들의 인식이 한데 모여 매우 큰 사회적 반향을 일으켰다.

영화의 배경이 된 광주 인화학교에서 2000년부터 5년간 벌어진 당시 사건은 사회복지법인 재단 운영의 불투명성, 법조계 전관예우 문제, 학교 내에서 상습적으로 발생한 성범죄와 아동학대를 외면한 교육청-지자체의 책임 떠넘기기, 지연·학연에 휘둘려 약자의 반대편에 섰던 검·경·법원 등 권력기구들의 처신과 지자체와 종교단체까지 결탁된 토착비리 등 당시 우리 사회가 갖고 있었던 총체적 부조리를 그대로 보여준 부끄러운 자화상이었다. 더욱이 성폭력 가해자들이 집행유예로 풀려나 버젓이 학교로 복귀해 다시 교편을 잡고 있다는 실상에서는 너나 할 것 없이 공분할 수밖에 없었다.

'도가니 사건'은 취약계층 보호라는 공익적 기능을 수행해야 할 복지재단 관계자가 시설 수용자의 인권을 침해하고 전횡을 일삼았는데도 수년간 은폐됐었다. 사회복지법인의 재단 운영이 감시·견제를 받지 않는 이사장 중심의 족벌경영으로 유지되어, 법인과 복지시설 등에 불법 사실이 발생하더라도 기관 운영의 폐쇄성 때문에 시정 조치가 용이하지 않은 탓이다. 이 같은 구조를 끊기 위해 사회복지법인에 전문성을 갖춘 인사가 공익이사로 의무적으로 참여해 본래 설립 목적대로 운영될 수 있도록 하는 임원제도의 구조적 개선이 필요했다.

더불어 성폭력 범죄, 학대와 같이 시설 이용자의 인권을 심각하게 유린하거나, 보조금·후원금 등을 배임·횡령하여 중대한 불법 행위를 저지른 임원과 종사자가 법인 운영에 관여하거나 시설에 계속 근무함으로써 시설 운영과 이용자의 정서적 환경에 부정적인 영향을 미치고 있는 것을 차단시켜야 했다. 특히 복지시설에서 아동 성범죄와 같은 중대한 인권침해 사례를 근절하기 위해서는 성범죄 경력이 있는 사람의 취업 제한을 통해 복지법인과 시설로부터 격리시켜야 한다. 또한 법인과 시설에도 이용자의 인권을 유린하는 중대 성범죄가 발생했을 때 시설 폐쇄, 법인 취소 등 강력한 제재를 통해 사회적 경각심을 제고할 필요가 있다고 본다.

우리 사회에서 가장 힘없고 여린 취약계층을 마땅히 보듬어야 할 복지법인과 종사자들에게 보다 높은 도덕성과 이용자들에 대한 인권 보호 의무를 요구하는 것은 국가 및 지방자치단체의 책임과 견주어 결코 가볍지 않다고 여긴다. 이에 사회복지사업법을 개정하여(일명 '도가니 방지법') 법인 운영의 투명성을 기하고 서비스의 수준을 높여 취약계층의 인권을 보호하고자 했다.

우리 사회의 가장 어두운 구석에서 들을 수도, 말할 수도 없었던 청각장애아들이 겪어야 했던 불편한 진실의 실상을 영화를 통해 대면한 나로서는 하루라도 빨리 제도 개선에 착수해야 했다. 국회와 정부할 것 없이 가장 먼저 움직였다. 그도 그럴 것이 스스로를 보호할 수 없는 사회적 취약계층을 국가와 사회가 보듬어 안는 사회 안전망을 확충하기 위해 제도 개선에 책임 있는 국회의원이자, 불과 몇 주 전까지만 해도 사회복지사업을 최종 관장하는 보건복지부의 장관이었기 때문이다.

혹자들은 앞뒤 가리지 않고 먼저 칼을 빼든 나를 두 가지 점에서 우려했다. 하나는 '2007년 8월 사회복지법인의 투명성을 제고하기 위해 공익이사제 도입을 핵심으로 정부가 제안했던 사회복지사업법 개정안이 무산된 것은 당시 야당이 복지법인들의 극심한 반대를 우려하며 법안 통과에 다소 소극적이었기 때문에 그 책임이 적지 않다고들 하는데 현재 한나라당 의원이면서 그 논란의 한가운데 뛰어들어 비난의 화살을 모두 감수할 것인가' 하는 것과, 다른 하나는 '복지부 장관으로 재직 당시에는 문제 해결을 하지 못하고 장관직을 그만두고서 뒷북친다'는 것이었다. 2007년 당시 법안이 보건복지 상임위원회에 상정되어 여야의원 할 것 없이 제대로 논의조차 하지 못하고 17대 국회 임기 만료로 자동 폐기된 것이지만, 한나라당 의원이기에 당시의 오명을 불식하기 위해서라도 오히려 어느 당 의원보다 발 빠르게 나설 수밖에 없었다. 더불어 장관 재직 시절 '도가니'

비슷한 사건이라도 발생했더라면 불의 앞에서 쉽게 타협하지 않는 평소 성격상 장관직을 걸고 이를 뿌리 뽑으려 했을 것이다. 그러한 비난과 책임 논란보다 부끄러운 것은 당시의 '도가니 사건'이 여전히 현재 진행형으로 개선되지 않고 있다는 점이다.

만시지탄이긴 하나 누군가는 나서야 했다. 돌이켜보면 지난 수년간 온 국민이 분노했던 아동 대상 성폭력 범죄들로 인해 수많은 '영혼의 학살'이 자행됐었다. 17~18대 국회에서 아동 성범죄 근절을 위해 각고의 노력을 기울여왔던 내가 기억하는 사건들만 해도 여럿이다. 용산 아동 성폭력·살해 사건, 안양 초등학생 실종·사망 사건, 조두순 사건 등에 이르기까지 어린 생명들의 뼈아픈 희생을 담보로 그동안 성폭력 범죄를 엄단하기 위한 법적 장치들이 가까스로 도입되어왔다.

17대 국회에 처음 진출하여 초선의원으로서 여러 방면의 의정활동에 전력을 기울이던 중 2004년 12월 밀양에서 집단 여중생 성폭행 사건이 발생했다. 여성 의원으로서, 그 이전에 딸아이를 둔 엄마의 심정으로 불편하고 분노할 수밖에 없는 성폭력 사건으로 17대 국회 첫해 겨울을 혹독하게 보냈었다. 나를 포함한 한나라당 의원들이 진상조사에 나섰고, 성폭력 범죄와 같은 인면수심의 중대범죄로부터 여성·아동 등 사회적 약자를 보호하는 사회안전망을 만드는 것을 국가의 당연한 책무로 여기게 되었다.

부녀자를 대상으로 상습적으로 성폭력을 저지르는 범죄자들에게는 '전자발찌'를 채워서 행동을 감시하는 강력한 제도를 도입해서라도 성폭력 범죄를 근절하겠다는 의지를 구체적으로 표현한 것이 이듬해 4월 국회 한나라당 교섭단체 대표 연설을 통해서였다. 당시 미국과 프랑스, 네덜란드 등 선진국에서도 성폭력 범죄 등의 대책으로 전자발찌 제도와 화학적 거세까지 허용하는 강력한 장치를 도입하고 있는 터였다.

흔히 '영혼의 학살'이라 일컫는 성폭력 범죄는 성을 매개로 이루어지는 모든 신체적·언어적·정신적 폭력으로 피해자는 물론 그 가족들이 그 상처와 후유증을 평생 멍에처럼 짊어지고 가는 것에 비해, 가해자에게 상대적으로 관대한 처벌과 허술한 사후관리 대책으로 범죄 예방이 어려워 여성과 어린이 등 사회적 약자들의 인권이 수없이 유린되어왔다. 특히 최근의 성폭력 범죄는 피해자의 연령층이 초등학생, 유치원생 할 것 없이 점차 낮아지는 대신 성범죄자의 재범률은 높아지고 있어 특단의 대책이 요구된다. 이와 같은 당시 성폭력 범죄의 실상과 이를 근절하기 위해 고안해낸 것이 이른바 '전자발찌제도'였으며 이를 구체적으로 법문화하여 '특정 성폭력 범죄자에 대한 위치 추적 전자장치 부착에 관한 법률안'을 2005년 7월 국회에 제출했다.

'전자발찌 법안' 등 성폭력 범죄 근절과 피해자 보호를 위한 법률안들은 국가가 가장 우선하여 보호해야 할 사회적 약자의 인권 유린을 방지하기 위해 가장 시급한 민생 법안이었음에도 불구하고 국회 본회의를 통과하기까지는 1년 9개월의 시간이 흘렀다. 법안을 만들어놓고도 국회에서 장기간 처리되지 못했던 이유 중에는 소위 '성범죄자의 인권'도 보호되어야 한다는 인권단체 등의 반대가 중요한 역할을 했다. 당시 여당도 법안심사에 소극적이었고 해당 상임위원회인 법사위에서는 각 당의 당리당략이 얽혀 우선 처리 쟁점법안에서 밀려나기 일쑤였다. 그러나 전자발찌 제도를 제안하고 법안을 국회에 제출해놓고 통과될 때까지 무작정 손을 놓고 기다릴 수만은 없었다.

전자발찌 제도를 제안하고 공론화할 때는 인면수심의 성폭력 범죄로부터 사랑하는 자녀의 희생을 겪었던 부모님들과 함께 흘렸던 눈물이 있었다. 미모사(미성년 성폭력 피해자 부모 사랑방) 회원들은 "힘없는 아이들이 가해자의 성폭력으로부터 강하게 저항하다 생명을 잃었다"면서 자식을 가슴에 묻은 한을 피눈물로 토로하며 "가해자에 대해서는 '물리적 거세'와 사형, 그 이상의 처벌이라도 목숨을 잃은 아이와 맞바꿀 수는 없는 것"이라며 분노를 삭이지 못했다. 다른 한 분은 "자신의 어린 아들이 아이의 아버지인 남편이 저지른 성폭력에 희생됐다"면서 아이를 데리고 앞으로 살아갈 세상이 더욱 걱정이라고 했다. 그분들이 평생 짊어지고 가게 될 멍에를 다른 아이들의 희생을 막아보겠다는 그 의지로 승화시켜, 어려운 가운데서도 국회에 와서 토론해주셨고 때로는 기자회견장에 함께 서서 아동 성범죄 근절 법안들이 하루속히 통과되기를 눈물로 호소해주셨다. 나 역시 당시로서는 유례없었던 국회 본회의장 앞 1인 시위까지 단행했었고 국회 기자회견장에도 수차례 서서 여야 지도부와 국회 법제사법위원회를 결단을 촉구하는 등 각고의 노력을 기울였다.

나는 미모사 어머님들의 눈물과 나의 절박한 호소들이 밑거름이 되어 뒤늦게라도 전자발찌 법안 등 아동 성범죄 근절 법안들이 통과되었을 것이라고 믿고 싶다. 물론 그 작은 노력들이 언론과 동료 의원들의 인식을 제고하게 됨으로써 '전자발찌 법안' 제정의 결실을 가져왔을 것이다. 그러나 실상 '이중처벌'과 '가해자의 인권 과다 침해' 논란에서 끊임없이 발목을 잡혀왔던 전자발찌제도가 법률로 제정되기까지 1년 9개월 사이에는 2006년 2월 용산 초등학생 성폭행 살해 사건을 비롯해 이후 대구와 인천 등지에서도 연쇄 성폭력 사건이 일어나는 등 아동을 대상으로 한 충격적인 성폭력 범죄가 끊임없이 발생해왔다. 거리 곳곳을 활보하는 성폭력 범죄자들로부터 수많은 어린 생명들이 '영혼의 학살'을 경험하고 나서야 비로소 법적 안전망을 갖출 수 있게 된 것이다.

나는 전자발찌법안이 통과된 2007년 4월 2일 국회 본회의 당시 그 순간을 잊을 수 없다. 이미 만들어놓은 법안이 좀 더 일찍 시행됐더라면 성범죄 전력자들에 의한 아이들의 희생을 최소화 할 수 있었을 것이라는 안타까움과 함께, 법안과 통과까지 애써주신 성폭력 피해 아동 부모님들의 용기 있는 결단과 성원에 감사하는 마음도 크게 자리했다.

2008년 9월 전자발찌 제도가 본격적으로 시행된 이후 현재까지 전자발찌를 부착한 성범죄자들의 재범률을 획기적으로 낮추는 등 성폭력 범죄 예방에 일정 부분 정책적 성과를 거두고 있어 다행스럽다. 그러나 2009년 9월 또 한 번 대한민국을 경악하게 만들었던 끔찍한 아동 성폭력 사건이 발생했다. 일명 '조두순 사건'으로 8세 여자 어린이가 과거 성범죄 전력자의 무차별 성폭행으로 인해 신체 일부분을 영구적으로 훼손당했지만, 사건 당시 범죄자가 만취상태였던 점이 감안돼 심신미약으로 법정형이 감경되었다는 사실에 무거운 자괴감이 들었다.

2009년 11월 아동 성범죄를 근절하기 위해 또다시 미진한 법률안 개정에 나서 '성폭력 범죄의 처벌과 피해자 보호 등에 관한 법률'과 '청소년의 성 보호에 관한 법률' 개정안 두 건을 국회에 제출했고, 미성년자에 대한 성폭력 범죄의 공소시효를 피해자가 성년에 이를 때까지 정지시키는 등 관련 내용이 상당 부분 국회 통과되어 현재 시행 중에 있다.

전자발찌 제도를 비롯해 '화학적 거세'로 불리는 성도착증 성폭력 범죄자에 대한 약물 치료, 대폭 보완된 성범죄자 신상공개 제도 등 성범죄자에 대한 처벌을 강화하고 엄정히 대처할 뿐만 아니라 성범죄의 예방을 통해 궁극적으로 피해자를 보호할 수 있도록 하는 다양한 조치들이 시행되기까지 정말 부끄럽게도 어린 생명들의 숱한 희생이 담보가 되어 법적 안전망이 간신히 진일보한 것이다. 여기에는 영화 〈도가니〉의 힘도 무시할 수 없었다. 그로 인해 이제 13세 미만 아동과 장애가 있는 여성에 대한 성폭력 범죄의 공소시효를 폐지하여 성범죄 가해자를 끝까지 추적하여 처벌할 수 있게 되었다.

복지부 장관을 내려놓고 나서 서둘러 준비한 사회복지법인의 투명한 운영과 취약계층의 인권 보호를 위한 '도가니 방지법'에 이례 없이 여야 국회의원 100명이 동참하여 국회에 제출됐다. 이 같은 문제의식을 공유하고자 주관한 〈도가니〉 국회 상영의 열기 또한 남달랐다. 개봉중인 영화를 국회에 상영할 수 있도록 CJ E&M 측의 전폭적인 후원이 뒷받침됐고, 영화를 함께 본 동료 의원, 사회복지시설 관계자, 일반 직장인, 대학생 등 대부분이 너나 할 것 없이 눈시울이 뜨거워졌다고들 했다. 상기된 얼굴로 관람을 마친 이들의 느낀 분노 역시 불편한 진실들을 개선해 나가는 동력이 되어줄 것이다. 광주 인화학교에서처럼 들을 수도 말할 수도 없었던 피해 아동들을 도가니 사건 때처럼 외면하지 않고 우리 사회가 관심을 갖고 보듬어 안을 수 있는 부모의 마음을 갖게 되면 좋겠다. 우리 아이들의 뼈아픈 희생을 딛고 탄생한 '전자발찌법'과 '도가니방지법'을 통해 부디 제2, 제3의 조두순 사건과 도가니 사건이 재연되지 않기를 바란다.

그간의 과정에서 내 가슴속 분노하는 마음이 모든 일의 동력이 되어주었다. 거기에는 미모사 어머님들의 얼굴이 스쳐가고, 전자발찌법 당시에

경찰청 여성청소년 과장이었고 지금은 광주경찰청에서 도가니 사건을 총괄하게 된 이금형 청장의 헌신적 노력이 있었다. 한없이 어리기만 했던 그 아이들의 희생이 헛되지 않도록 하려면, 이제 남은 것은 '불편한 진실'들을 바꿔야 할 우리 어른들의 몫이다.

11. 무상복지는 없다
'공리론'과 '사회정의론'의 최대공약수는?

평등의 가치를 두고 많은 해석들이 뒤따른다. 같은 원칙을 적용시키거나, 같은 처지에 있는 사람을 똑같이 대우하는 것을 의미한다. 법 앞의 평등은 잘못을 한 이들에게 똑같은 원칙을 적용해 동일한 처벌을 하는 것이다. 그러나 각자가 처한 상황을 아랑곳하지 않고 똑같은 대우를 하는 것은 정의롭지 못하다. 몸이 불편한 장애인과 비장애인에게 동일한 100미터 달리기 기록을 요구한다거나 재산의 차이가 다른 사람에게 동일한 세금을 내라고 요구할 수는 없기 때문이다. 그것은 다름의 차이가 인정되지 않는 평등으로 오히려 부당하며 정의롭다고 할 수 없다. 그렇다면 정의는 무엇인가? 모든 사람에게 획일적 평등을 적용하는 것이 아닌, 저마다의 차이를 고려한 상태에서 만인이 공감할 만한 원칙을 제시하고 그 원칙에 따라 사람들을 대하는 것이다.

《사회정의론》에서 존 롤스는 서로의 다른 처지를 감안한 평등이 합당하며, 그 사회에서 가장 최소의 혜택을 보는 사람에게 우선적인 기회를 주는 것이 정의롭다고 말했다. 사회제도는 구성원들에게 정의롭다고 공감을 얻어야 실현될 수 있다. 불법적 행위에 대하여 문제를 제기할 수 있는 것도 그 제도의 공정성에 동의하기 때문인 것을 고려하면 이 정의의 문제는 매우 중요한 사회 운영의 잣대가 될 것이다.

최대 다수의 최대 행복이라는 벤담의 '공리론'과 최소의 혜택을 보는 사람에게 우선적인 기회를 주는 것이 정의롭다는 롤스의 '사회정의론'의 최대공약수는 무엇일까? 그것이 바로 우리가 추구해야 할 복지의 방향이라고 생각한다.

복지의 방향을 논하기 전에 먼저 우리나라의 복지 현황에 대해 이야기해보자. 우리나라는 그동안 선진국 수준으로 복지제도의 틀을 열심히 확충해왔다. 기본적인 복지라고 할 수 있는 4대 보험과 공공부조제도 등의 제도적 기반을 단시일에 구축해왔는데, 이는 우리의 4대 보험 완비 소요 기간이 32년이라는 점에서, 미국의 63년, 독일의 105년과 비교해보면 알 수 있다. 그 밖에 IMF 이후에 기초생활보장제도, 사회 서비스 바우처 등을 비롯하여 기초노령연금, 노인장기요양보험, 보육료 지원 확대 등 지속적으로 서민 복지정책의 제도적 틀을 완비하고 대상별 특성에 따른 맞춤형 복지의 기반 구축하기 위해 노력해온 것은 사실이다.

이 때문인지 최근 정부 재정 지출 중 복지 분야는 여타 정부 지출 분야에 비해 빠르게 증가해, 최근 5년(2007~2011년)간 연평균 복지 지출 증가율은 8.9%로 총지출 증가율(6.7%)을 크게 상회하고, 2011년의 경우도 정부의 총지출 대비 복지 지출 비중도 28%로 역대 최고 수준까지 올라갔다. 최근 7년간 우리나라의 복지 지출 증가율은 연평균 14.2%로, OECD 국

〈1998년 이후 복지제도 확대 추이〉

1998~2002년	2003~2007년	2008년	2009년	2010년
· 전 국민 연금 · 기초생활보장	· 긴급 복지 지원 · 사회 서비스 바우처	· 기초노령연금 · 장기요양보험 · 근로장려세제	· 보육료 대상 확대 · 민생 안정 대책	· 장애인 연금 · 행복e음 · 4대보험 징수 통합

가 평균에 비해 약 2.5배 빠른 속도다.

하지만 안타깝게도 면면을 들여다보면 아쉬운 점이 많다. 장관으로 취임해 놀랐던 것 중의 하나가 4조 원에 육박하는 의료 급여, 7조 5000억 원의 기초생활보장 등 예산에 있어 고정지출 예산비율이 높아 새로운 사업을 펼칠 수 있는 재량 지출이 매우 적다는 점이었다. 더욱이 지출 증가 요인이 대부분이 결국 인구 고령화, 연금제도 성숙 등에 따른 자연 증가분으로 연금 및 건강보험 지출 증가분이 전체 사회복지 지출 증가분의 85%를 차지하는데 반해, 취약계층 지원 및 보육·가족 등 복지 서비스 분야 지출 증가는 상대적으로 미미한 수준인 점이 매우 안타까웠다. 그동안 복지 지출을 확대해 가면서 전체적인 서민 복지정책의 제도적 틀을 마련하고 있었지만, 건강보험, 기초생활보장제도, 국민연금 등 큰 정책에 따른 자연증가분이 워낙 커서 새로운 아이디어를 내기 힘든 구조가 되어 있는 것이 사실이다.

복지부 장관인 나조차도 아쉬운 부분인데 국민들의 복지 체감도는 훨씬 떨어지는 것이 당연했다. IMF 회복 후 10년도 안 되어 또다시 불어 닥친 글로벌 금융 위기로 국민들의 마음은 피폐해질 대로 피폐해졌다. 또한 우리나라의 복지 지출 규모가 빠르게 증가하고 있다고 해도, 아직은 주요 선진국의 40%, 고령화율·연금제도 미성숙 등 외적 변수를 감안하면 70% 수준으로 상대적으로 낮은 건 부인할 수 없는 사실이다. 아무리 우리가 맞춤형 복지를 외치며 노력을 해도 국민들이 못 느끼면 아무 소용없는 것 아닌가?

그렇다고 고정적으로 지출될 수밖에 없는 의료 급여, 기초생활보장, 국민연금, 건강보험은 사회 안전망 확대, 노령화, 신 의료기술 등장 등으로 가만히 있어도 기하급수적인 지출증가가 예상되는데도 국가재정상태를 전혀 고려하지 않고 선심성 복지들을 남발하며 재정파탄을 지켜볼 것인가? 그것도 아니다.

그러면 우리는 어떻게 해야 할까? 우리는 복지 지출의 빠른 증가 속도와 저출산·고령화라는 인구통계학적 환경뿐만 아니라 분단이라는 우리의 특수성을 감안한 통일 대비 미래 지출 등 다양한 요인까지 고려해야 한다. 복지 지출 효율화를 통한 지속가능성은 제고하되, 취약계층에 대한 지원을 확대하는 병행 전략이 필요한데, 이는 결코 만만한 것이 아니다. 여기까지는 진보건 보수건, 혹은 보편적 복지를 주장하건, 지속 가능한 복지를 주장하건 대한민국을 사랑하는 이들이라면 누구다 동의를 할 것이다. 하지만 문제는 과연 '무상'이 실현 가능하냐는 것이다.

무상복지를 외치는 쪽에서는 재원을 마련하기 위해 축소해야 한다고 외치는 비과세·감면제도가 상당 부분이 경직성 지원에다가 근로자·농어민 등 취약계층에 대한 지원인데, 조삼모사(朝三暮四)도 아니고 이쪽에서 빼서 다른 쪽에 넣어서 생색을 내려는 식의 무상복지는 감히 무상복지가 아니라고 말하고 싶다.

무상이라는 개념 자체는 굉장히 위험한 발상이다. 무상이 아닌 '복지정책의 친서민화' 또는 '복지정책의 효율화'라면 또 모른다. 복지를 확대할 때 오는 재정은 국민들의 세금으로부터 나올 수밖에 없다. 국민이 납부하는 세금과 국가재정이 한정되어 있기 때문에 분출하는 복지욕구에 현명하게 대응하는 것이 정부의 역할이다. 복지 분야의 대부분 지출은 불가항력적이다. 되돌릴 수 없다는 의미이다. 우리는 이미 IMF와 2008년 글로벌 금융 위기 당시 행했던 한시적 지원 사업을 되돌리는 데 수많은 저항에 직면했던 적이 있다. 또한 앞서도 이야기했지만 우리가 지금부터 새로운 복지를 아무것도 하지 않는다 하더라도, 우리가 감내해야 할 부분은 매우 크다.

조세연구원과 보건사회연구원의 자료를 토대로 국민들이 부담이 얼마나 늘어나야 하는지 몇 가지 시나리오를 가지고 예를 들어보겠다. 이 시나리오들은 현재의 복지 지출의 증가 추세를 고려한 것으로 무상복지 논란에서 제기되고 있는 내용들을 반영하지 않은 시나리오라는 점을 말해둔다.

먼저 시나리오 1은 현 수준의 조세부담률인 20.8%를 유지하는 경우다. 이 경우 우리나라의 국가채무는 GDP 대비 2010년 기준 36.89%에서 2050년에는 116%까지 늘어나게 되고, 국민들이 1년 동안 낸 세금과 국민연금·의료보험료·산재보험료 등 각종 사회보장기여금을 합한 총액이 국내총생산(GDP)에서 차지하는 비중, 국민부담률은 2010년 26.40%에서 2050년 30.61%까지 늘어나게 된다.

시나리오 2는 국가채무비율을 EU의 가이드라인인 60% 수준을 유지하는 경우다. 이 경우에는 2050년에 조세부담률은 현재 20.8%에서 23.8%

까지 늘어나고, 국민부담률은 33.7%까지 늘어나게 된다.

시나리오 3은 국가채무비율을 글로벌 금융 위기 전인 2007년 수준인 30.7%로 유지하여 국가재정건전성을 유지하는 경우인데, 이 경우에 조세부담률은 2050년에 25.4%, 국민부담률은 35.2%로 전망되고 있다.

내가 이 세 가지 시나리오를 통해 말하고자 하는 것은 우리가 새로운 복지를 위해 아무것도 하지 않아도, 미래에 우리 후손이 짊어져야 할 부담은 매우 높아질 수밖에 없다는 것이다. 여기에 국민연금은 소득대체율과 수급률의 조정 없이는 2060년 소진될 위기에 있으며, 건강보험은 재정 적자를 막기 위해 현재 개혁작업을 벌이고 있지만, 현재의 추세대로라면 2030년에 당기 적자가 48조 원이나 발생할 위기에 처해 있다. 우리는 현재의 삶뿐만 아니라 우리 후손의 먹거리, 후손의 부담을 간과해서는 안 된다. 그리고 당장의 복지도 중요하지만, 국가의 백년대계를 위해 '지속 가능한 복지'를 고민하면서 복지 지출에 대한 국민의 추가적인 부담이 불가피한 상황에서 향후 우리 사회가 수용 가능한 복지 수준 및 국민부담 수준에 대한 사회적 논의가 필요하다.

무상보육? 매우 중요하다. 개인적으로 보육 문제는 미래에 대한 가장 가치 큰 투자라고 본다.

무상 의료? 국민의 건강보나 더 중요한 것이 어디 있는가?

무상 급식? 우리 아이들에게 밥 먹이겠다는데 어느 부모가 싫어하겠는가?

하지만 한정된 재원과 미래의 지속가능성에 대한 고민으로 우리는 최대 다수의 최대 행복이라는 벤담의 '공리론'과 최소의 혜택을 보는 사람에게 우선적인 기회를 주는 것이 정의롭다는 롤스의 '사회정의론'의 최대공약수를 함께 찾아야 한다.

  그리고 정말 궁금하고 물어보고 싶은 것이 있다. 빈부 격차의 해소와 보편적 복지가 공존이 가능할까? 빈부 격차 해소가 가장 중요하다고 주장하면서, 재벌가 회장의 손녀나 기초생활수급자 가구의 자녀나 똑같이 복지 혜택을 주어야 한다고 주장하는 것은 모순이 있다고 생각한다. 우선 빈부 격차 해소를 하고, 최소한 모두가 경쟁이 가능한 출발선상에 설 수 있을 때 우리가 보편적 복지를 논의할 수 있는 것이 아닐까? 빈부 격차를 해소하기 위해서는 우리는 사회적 약자인 소외계층에게 더 많은 배려를 통해 그들이 같은 출발점에 설 수 있도록, 다시 한 번 기회를 줄 수 있도록 해야 하는 것이다. 누구에게나 똑같은 대우를 한다면 빈부 격차가 좁혀질 수 있을까? 양극화 시대 해법은 서민복지이다. 최소한 복지 문제는 이념의 대립 없이, 선거의 도구로서가 아닌, 열린 토론의 장에서 함께 고민하고 함께 나아가야 할 것이다.

03

스마트 복지,
가야 할 길은 아직 멀다

스마트 복지
SMART
WELFARE

1. 왜 스마트 복지인가?

사회변화에 기민하게 대처하는 똑똑한 복지

엘빈 토플러는 그의 저서 《부의 미래》를 통해 사회의 빠른 진화 속도에 비해 주요 제도들은 변화의 소용돌이에 발맞추지 못하고 뒤처진다고 지적하고 있다. 그는 작금 세계가 직면하고 있는 위기 상황의 요소로 '속도의 충돌'을 언급한다. 기업과 기술은 시속 100마일의 속도로 혁신과 진화를 거듭하고 있는 반면, 정부는 25마일의 거북이걸음으로 뒤따라가면서 스스로 천천히 변화할 뿐만 아니라 빠르게 반응하는 사회속도마저 떨어뜨린다는 것이다. 특히 정치조직은 시속 3마일, 법은 시속 1마일의 지지부진한 속도로 변화하며 사회 발전의 발목을 잡고 있다고 지적하고 있다.

선진국으로 나아가기 위해 경제위기 상황을 신속하게 극복하고, 국민들의 삶의 질 향상을 위한 경제·사회적인 변화를 통해 시대적 흐름에 부합할 수 있어야 한다. 그럼에도 우리나라의 경우 공공부문과 주요제도들의 변화는 국민의 기대수준에 훨씬 미치지 못하고 있는 것이 현실이다. 세계경제포럼(WEF)이 평가한 2011년 국가경쟁력 순위에서 한국이 22위를 차지했음에도 제도적 요인은 65위, 정책결정의 투명성은 128위 등 공공부문에서 심각하게 뒤처져 있음을 볼 때, 선진국 문턱을 넘어가는 데 공공영역이 오히려 걸림돌로 작용하고 있지 않나 하는 자괴감이 든다.

산업사회가 고도화되고 인터넷, 정보통신기술의 발달 등 사회적 환경의 변화와 국민의식 수준의 향상으로 국민들을 위해 만들어진 기존의 정책과 제도는 변화된 사회환경 하에서 제대로 작동되지 못하는 수가 있다. 용도 폐기 혹은 리모델링 혹은 새로운 제도로 대체됨으로써 정책고객인 국민들의 요구에 부응할 수 있어야 한다. 특히 복지정책의 경우도 사회양극화, 저출산·고령화의 심각한 국가적 위기 상황 앞에 복지에 대한 국민들의 욕구와 기대수준은 자연스레 커지기 마련이고, 이에 적절하게 균형감있게 부응하는 것이 정부의 현명한 역할이다. 이러한 사회환경의 변화로 기존의 복지제도와 복지기술들이 더 이상 효과적으로 작동되지 않게 되자 국민들은 피부에 와닿지 않는 복지정책들의 개혁을 끊임없이 요구하게 되었다.

보건복지부 장관직을 수행하게 되면서 이러한 문제들로 인해 엄청난 중압감을 느꼈다. 사상최대의 복지예산을 편성하고, 수많은 전문가들이 토론하면서 실제 정책현장에의 적용가능성을 수없이 검토해 생겨난 정책과 제도들이 어째서 현장에서 제대로 작동하지 않는 것인지에 대한 답을 찾아내야 했다.

또한 아무리 올바른 정책이라도 수혜자인 국민들이 충분히 납득할 수 없다면 정책에 대한 신뢰도가 낮아져 실제 정책현장에서 그 기대효과가 나타날 수 없다. 국민들이 그 정책을 충분히 신뢰하지 않는 데에는 여러 가지 이유가 존재한다. 정책추진의 주요과정에서 역할을 하는 이해당사자들의 문제 즉, '칸막이'로 상징되는 정부조직의 경직성, '밥그릇 싸움'으로 비춰지는 이해단체들의 대립, '당리당략'으로 불리는 정치권에서의 여야 간 입장 차이 등 설득과 타협이 되지 않는 많은 변수들로 국민들의 요구사항을 제대로 수용하지 못하기 때문이다. 정책 추진과정에서 그러한 갈등이 반복되다 보면 국민들은 쉽게 피로감을 느껴 해당정책을 불신하게 된다. 안타까웠다. 국민들의 의식수준은 저만치 가 있는데 그에 뒤따라가지 못하며 정책추진이 지지부진하게 되면서 그 정책과 해당부처, 나아가 정부 전체가 신뢰를 상실하는 것을 막아야 했다.

더욱이 정치권에서는 '무상논쟁'이 촉발되어 한정된 국가재정상태 변수를 고려해 전국민 대상의 보편적 복지냐, 취약계층부터 보호하는 선택적 복지냐의 이분법 사고가 팽배해지면서 이로 인해 발생하는 사회적 갈등도 봉합해야 할 숙제였다.

이 같은 문제의식들에 대한 답을 구하는 것이 급선무였다. 우선 사회변화 및 국민의식 수준과 동떨어져 있는 정책들 대신해 현장에서 바로 적용될 수 있고 작지만 국민들이 쉽게 체감할 수 있는 '틈새 복지'가 국민들의 목소리를 반영할 수 있다고 보았다. 보다 더 근본적으로 급증하는 국민들의 복지요구에 부응하고 기존 정책의 효율성 및 국민 체감도를 극대화하는 한편, 양극화 완화에도 기여해 사회통합을 이룰 수 있는 복지로의 개념 정립이 필요했다. 최근 복지분야 정책환경으로 설명되는 친서민 정책기조 강화와 재정건전성 확보, 어찌보면 서로 모순되는 양자의 조화를 위해 고안해낸 개념이 바로 '스마트 복지(Smart Welfare)'이다.

사회 환경의 변화에 기민하게 반응하지 못해 더 이상 효과적으로 작용하지 못하는 복지제도와 기술, 정책을 '무딘 복지(dull welfare)' 혹은 '어리석은 복지(dummy welfare)'라 표현한다면, 이와 반대되는 개념을 똑똑한 복지의 스마트 복지라 정의할 수 있다. 무딘 복지하에서는 정책의 사각지대가 광범위하게 발생할 수밖에 없으며 투입한 예산 대비 효율성이 낮고, 제도의 지속가능성을 담보할 수 없다는 한계가 존재한다. 게다가 무딘 복지는 국민들이 무엇을 원하는지, 무엇이 문제인지를 신속하게 진단하고 순발력 있게 해결해 나갈 수 없다. 따라서 효율적이면서 지속가능한 복지정책을 추진하기 위해서는 기존과는 다른 복지 패러다임의 전환이 요구되었고, 이에 부합하는 것이 스마트 복지였다.

그 주된 방법으로 제도가 수행될 사회 제반환경에 적합한 복지기술과 제도를 개발하여 효율성을 확보하고자 했다. 무딘 복지를 스마트 복지로 전환하려면 사람들의 사고방식이나 행동양식의 변화 즉, 복지에 대한 패러다임의 일대 전환이 선행되어야 한다.

장관 직속인 복지부 사회정책선진화기획관실을 중심으로 새로운 복지의 틀을 마련하고 이를 실현시켜 나갈 수 있는 과제들을 수없이 토론하고 논의했다. 이를 통해 스마트 복지의 개념을 만들고 이에 따른 20여개 수반 과제들을 결정하였다. 이 과제들을 토대로 한국보건사회연구원과 서울대 김상균 교수의 연구까지 이어져, 스마트 복지의 실천적 과제들이 그 모습을 드러내게 되었다. 나는 스마트 복지를 다음의 3가지 핵심가치를 지향하는 실천적 복지 전략으로 분류하고자 한다.

변화에 발 빠르게 대응하는 '민첩한 복지'
글로벌 금융위기의 발생과 사회 양극화로 인해 중산층이 몰락하고 서민

가정은 생활고를 호소하고 있다. 핵가족화 및 저출산·고령화의 인구사회학적 변화는 '홀몸가구' '독거노인' '한부모가정' '맞벌이가구' 등 복지수요가 높은 계층들을 양산해내고 있다. 뿐만 아니라 스마트폰과 SNS의 급격한 확산, 미디어 다원화 등 사회적 환경이 급작스럽게 변화하면서 국민들의 삶의 형태는 변화했고, 복지에 대한 의식수준과 삶의 질 향상에 대한 욕구는 나날이 높아지고 있다. 하지만 이러한 변화의 물결에 기존의 제도와 정책은 따라가지 못하고 있는 게 사실이다.

스마트 복지는 이러한 '변화'를 이해하고, 원인을 신속하게 분석하고 발 빠르게 국민적 요구에 부응하는 '민첩한 복지'로서, 국민들이 만족하는 '체감형 복지'를 실현하는 데 그 목표를 두고 있다. 보육에 대한 국민적 요구에 부합하기 위해 젊은 부부들의 육아에 대한 비용부담을 줄여주기 위해 만 5세아 무상보육을 시행하고 보육료 지원을 확대하는 것, 독거노인 100만 명 시대의 독거노인 돌봄 서비스 확대, 급증하는 노인만성질환 문제를 해결하기 위해 경로당을 건강관리센터로 활용하는 문제, 국민들의 다양한 복지요구에 부응하기 위해 사회복지공무원 7000명을 확충해 이들이 정책대상을 직접 찾아가 이들의 목소리를 듣고 발 빠르게 복지서비스를 제공하는 것 등이 변화에 민첩하게 대응하여 국민의 체감도를 높이는 스마트 복지에 해당한다.

국민의 상식에 부합하는 '눈높이 복지'

국민연금으로 노후소득이 보장되고 건강보험을 통해 의료 분야 서비스를 지원받을 수 있으며 보육료 지원제도를 통해 이 같은 분야에 복지욕구가 있는 국민들이면 대부분 그 혜택을 누릴 수 있다. 그러나 제도들을 지속적으로 내실화하고 있음에도 불구하고 대상자와 지원수준에서 여전히 사각지대가 존재하고 있다.

스마트 복지는 국민들의 눈높이에서 이 같은 사각지대를 바라보고, 이를 해소해 나가는 데 목적을 두어 촘촘하게 '틈새 없는 복지'를 제공함으로써 정부 지원이 필요한 국민들에게 직접적인 복지정책의 수혜자가 될 수 있도록 만든 것이다. 즉, 국민들의 눈높이와 상식에 부응하는 '눈높이 복지'다.

생활고에 시달리고 있지만, 따로 사는 자식의 200만 원 조금 넘는 수입 때문에 정부로부터 지원 받지 못하고 폐지를 주워야 하는 할머니를 위한 '부양의무자 기준 완화', 건강보험료 2만 원 내는 1000억대 부자에 대한 상대적 박탈감을 해소하기 위한 '건강보험 부과체계 개편', 우리 아이들이 응급상황에서 제대로 된 치료를 받기 위한 '소아전용응급센터 설치', 아이를 어린이집과 유치원에 보내지 않고 가정에서 돌볼 경우 보육료 대신 지원하는 '양육수당 지급', 재난적 의료비로 빈곤에 떨어지는 서민들을 구제하기 위한 '의료안전망기금 설립' 등 바로 이런 것들이 의료와 복지의 사각지대를 해소하고 국민의 상식에 부합하는 스마트 복지다.

효율적이고 지속가능한 '합리적 복지'

양극화, 저출산·고령화 위기로 분출하는 복지욕구와 한정된 국가재정을 어떻게 조화롭게 매칭하여 정책적 지원을 효율적으로 할 수 있을지, 재정적인 측면과 제도 운영에 있어서 어떻게 지속가능성을 확보할 수 있을지에 대한 고민에서 스마트 복지를 적용시켜 볼 수 있다. 재정적인 측면에서 당대의 복지수요와 부담수준에 관한 균형점을 찾는 것 뿐 아니라 국가

재정 상태를 감안해 지금 당장의 세대가 누릴 수 있는 최대한의 복지가 아니라 후손들에게 빚을 물려주지 않은 '지속가능한 복지'를 위해서 적용될 필요가 있을 것이다. 더불어 한정된 자원을 얼마나 효율적으로 사용하느냐에 따른 비용효과성 측면도 고려되어야 할 부분이다.

국민 부담을 최대한 줄이기 위한 리베이트 척결과 약가인하, 최대다수의 최대행복을 위해 복지전달체계 효율을 극대화하는 사회복지통합관리망(행복e음), 지속적인 복지확대와 일자리 창출 요구에 부응할 수 있는 사회서비스분야 '제3섹터 활성화', 국가의 미래성장동력을 마련할 의료기관의 해외진출 및 해외환자 유치의 거점기관으로 '보건산업진흥원 재편' 등 분야가 효율적이고 지속가능한 복지를 위해 검토될 수 있을 것이다.

스마트 복지는 이러한 3가지 가치를 지향하는 경제와 복지, 성장과 분배의 선순환을 통해 지속가능한 국가발전에 기여하는 한국형 복지의 구현방식(method)이다. 단순히 능동적 복지, 휴먼 뉴딜과 같은 담론(discourse)의 차원이 아니라, 기존 복지정책의 한계를 극복하기 위한 전략(strategy)의 차원으로 이해될 수 있으면 좋겠다. 국민의 복지 수요와 부담 수준 간 균형에 대한 고려 없이 정치적 구호 차원에서 제시되고 있는 저부담 또는 무부담 고복지를 지양하고, 제도설계·제도운영기술·자원동원 등에 있어 정교하고 효율화된 접근을 통해 실현가능한 대안을 제시하고자 하는 것이다.

2. 경로당을 건강관리센터로!

노인 만성질환, 국가가 책임지는 시스템 구축

2010년 12월 말 기준으로, 경로당은 전국에 6만 737곳이 있다. 그곳에는 건국과 산업화, 민주화 과정을 거치며 숨 가쁜 생애를 살아온 대다수의 어르신들이 노인복지관과 연계한 취미 여가, 평생교육, 사회 참여 등 다양한 활동을 하며 노후를 보내고 있다. 경로당에 가본 이라면 누구나 그 어르신들에게 경로당은 잠시 들러가는 곳이 아닌 일상의 일부라는 것을 잘 알 수 있을 것이다. 하지만 국가와 지역사회의 인식은 전국적으로 분포한 경로당을 단순히 지원 대상으로만 여겨, 그곳이 노인들의 생활에 도움을 주고 다양한 용도로 활용될 수 있다는 것을 간과하고 있다.

건강보험 기준으로 65세 이상 노인 의료비는 2003년 4조 3700억 원에서 2009년 12조 400억 원으로 3배 가까이 껑충 뛰었다. 전체 의료비에서 차지하는 비중도 6년 사이에 20%에서 31%로 급증한 것인데 이는 가파른 속도로 빨라지는 고령화 사회의 심각한 단면이다. 특히 난치성 만성질환을 가진 노인인구의 증가는 향후 의료비 증가의 큰 요인으로 건강보험 재정에 적신호를 가져올 수밖에 없는 게 현실이다.

건강보험 통계에 따르면 65세 이상 노인 1인당 월평균 진료비는 2004년 11만 4203원에서 2010년 23만 5305원으로 급격히 늘어나고 있는데, 그 원인은 고혈압·당뇨병 등 만성질환이 의료비 증가의 주요인이었다. 노인뿐만 아니라 국민 상당수가 만성질환 발병의 위험 요인을 보유하고 있는데, 인구 대비 고혈압 환자를 나타내는 고혈압 유병률은 2005년 28.0%에서 2009년 30.7%로 증가했으며, 진료비는 2002년 2400억 원에서 2009년 2조 800억 원으로 매우 급격하게 증가했다. 당뇨병 유병률 또한 2005년 9.1%에서 2009년 9.6%로 소폭 증가했으나, 진료비는 1600억 원에서 2009년 1조 100억 원으로 껑충 뛰었다. 고혈압·당뇨 추정 환자는 약 1160만 명으로 추산된다.

노인 인구의 증가와 고혈압·당뇨 등 만성질환의 증가는 결국 심뇌혈관계 중증 질환으로 이어지고, 이에 따라 의료비가 폭증한다는 공식은 이미 증명된 바 있다. 질병관리본부가 2010년 발표한 '심뇌혈관 질환의 경제적 질병 부담 측정 연구'에 따르면, 심뇌혈관계 질환으로 인한 경제적 질병 부담은 의료비, 비의료비, 간접비용까지 합해 13조 6106억 원으로 나타났다.

이러한 추세에 대해 우리는 그 심각성을 고려해봐야 한다. 노인 의료비 증가 그리고 만성질환의 증가는 향후 의료비 부담 증가뿐만 아니라, 고령화 사회에서 절대 다수를 차지할 노인 계층의 삶의 질 향상을 위해서도 지금부터 해결방법을 찾아야 할 문제다. 게다가 고혈압과 당뇨의 경우는 인지율과 치료율이 높기 때문에 충분히 사전 예방으로 더 큰 질병으로 이어지지 않게 할 수 있는 질병이라는 점에서 우리는 보다 비용효과적인 수단으로 자신의 건강을 스스로 관리하고, 위험 요인이 있을 경우는 규칙적으로 치료받아 혈압·혈당을 정상 범위로 조정하도록 해야 한다.

그동안 우리의 복지정책은 취약계층에 대한 보호, 사회 안전망 구축에 중심이 있었다면, 이의 내실화를 기하는 동시에 고령사회에 따른 '삶의 질 향상'에도 초점을 맞추어야 한다. 이에 따라 우리가 심각한 급성질환에 걸리거나, 아파서 치료를 받으러 병원에 가는 '치료 중심의 의료' 개념에서 병원에 가기 전에 충분히 예방을 할 수 있는 그리고 쾌적한 노후 생활을 위해 만성질환에 대비할 수 있는 '예방 중심의 의료' 개념으로 전환이 필요하다. 특히 우리의 우수한 IT기술을 활용해 다양한 기술을 개발해왔다면, 이제 그 기술을 확산하여 우리의 생활에 스며들 수 있도록 해야 할 것이다.

그런 이유로 내가 제안하고 싶은 것은 전국에 있는 6만여 곳의 경로당의 여러 가지 여가 프로그램과 별개로, 노인 유동인구가 많은 경로당을 중심으로 '어르신 건강관리센터'로 전환하여 사전 예방적 시스템을 구축하자는 것이다.

경로당을 건강관리센터로 활용하여 건강한 노후에 대해 관심이 높은 어르신들, 아파도 참으며 병원에 안 가거나 접근성이 떨어져 병원에 가기 힘드신 어르신들에게 '건강관리의 자기 책임'을 강화하고, 고혈압, 당뇨 등 만성질환을 중심으로 손쉽게 자신의 상태를 측정할 수 있도록 한다면 국가 재정 측면이나 어르신들의 삶의 질 차원에서나 두 마리 토끼를 잡을 수 있는 훌륭한 대안이 될 것이다.

어르신 건강관리센터에는 혈압, 신장, 체중, 체성분, 맥박, 혈당 등을 측정할 수 있는 장치가 설치되고, 어르신들은 방문할 때마다 그 장치로 자신의 건강 정보를 무료로 측정하게 된다. 그 건강 정보는 '지능형 건강관리 시스템'으로 보내져, 많은 데이터 가운데 숨겨져 있는 유용한 상관관계를 발견해내어 활용할 수 있는 정보로 만들어내는 데이터 마이닝(data mining) 기법을 통해 개개인에 맞게 분석되어, 어르신들이 쉽게 알 수 있도록 건강관리 리포트로 통보된다. 그리고 이러한 건강 정보에 기반해 간호사들이 어르신들을 상담해드리고, 필요한 경우는 의료 서비스와 연계할 것이다. 또 지역 보건소 및 자원봉사 의료단체와 연계하여 방문간호 및 현장 의료지원 서비스를 제공할 수도 있을 것이다.

지역사회에서 경로당의 역할은 매우 중요하다. 그만큼 경로당이라는 장소에 대한 개념을 이제는 바꾸어야 한다. 어르신들이 편하게 쉴 수 있으면서도, 그들의 안락한 노후 생활을 위한 서비스를 제공할 수 있는 장소로 지역사회와 국가가 관심을 갖고 전폭적인 지원을 함으로써 그 기능 전환을 모색해보아야 한다. 어르신들이 노후에 겪는 가장 큰 문제는 건강 문제이다. 따라서 이들은 복지서비스 중 '건강검진 서비스'를 가장 선호한다. 경로당 건강관리센터에서 평상시 건강상태가 주기적으로 체크된다면, 고혈압과 당뇨 등 만성질환으로 지출되는 노인들의 의료비용을 경감시키는 효과가 있다. 국가차원의 노후 건강관리를 통해 만성질환의 발병을 사전예방한다면 국민건강증진에 크게 기여하게 될 것이다.

3. 촘촘한 다층 의료안전망 구축

의료안전망기금 조성

흔히 말하는 사회 안전망이란 현존하는 제도 밖으로 밀려나 보장 범위를 벗어남으로써, 최소한의 욕구를 해결하지 못하고 있는 빈곤층 또는 환경의 변화 등으로 빈곤층으로 전락할 위험 상태에 있는 계층을 위해 그들이 처한 어려움을 완화 내지 해소 시킬 목적으로 운영하게 되는 여러 가지 장치로 정의 할 수 있다. 즉, 빈곤층이나 취약계층을 주 대상으로 하되, 더 넓게 보면 당장 빈곤하지 않지만 실업 등으로 소득이 줄어들거나 중단되는 경우, 혹은 질병 등의 사유로 지출이 줄어들거나 급증을 유발하는 사회경제적 비상사태 등이 발생하는 경우, 즉 과거 IMF와 2008년 글로벌 금융위기 등의 상황에서 어려움에 처하게 되는 계층의 위기 극복이 가능하도록 개인 또는 가구 단위에 사회적 도움을 제공하는 것이 사회 안전망의 주 역할이라고 볼 수 있다.

2011년 새해 대통령 업무보고에서 이러한 문제점을 중요시하며 서민들

⟨2011년 대통령 업무보고 발표 자료 중에서⟩

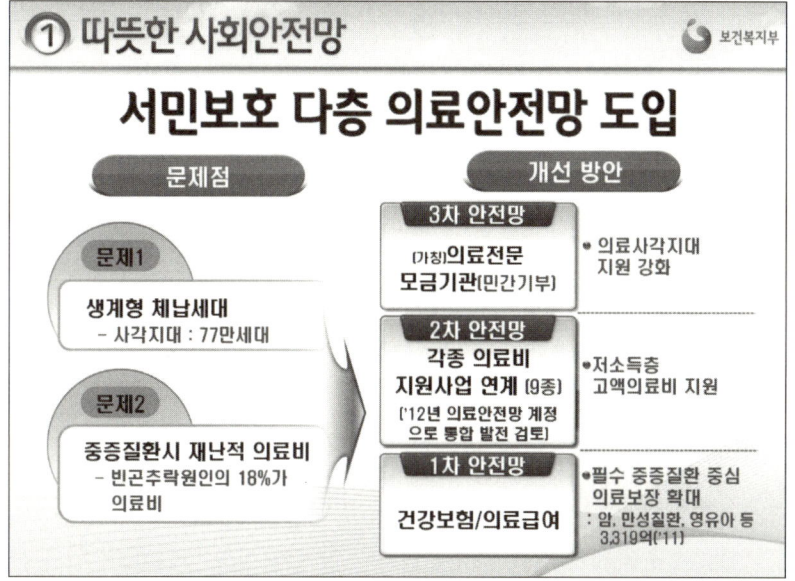

을 보호하기 위한 다층 의료 안전망을 도입하겠다는 계획을 밝힌 바 있었다. 건강보험에 대한 생계형 체납 세대가 77만 세대에 이르고 있으며, 빈곤 추락 원인의 18%가 의료비라는 통계는 중증 질환으로 인해 발생하는 재난적 의료비가 얼마나 서민들에게 부담이 되는지를 잘 말해준다.

대통령 업무보고 자료에서 2차 안전망을 보면 의료 안전망 계정으로 통합 발전 검토 수준으로 언급되어 있지만, 사실 2차 안전망은 '의료 안전망 기금 설립'에 해당한다. 재정당국과 부처 간 협의 과정에서 이견이 있어 명시하지는 못했다. 하지만 재정 문제를 차치하고서라도 왜 '의료 안전망 기금 설립'이 필요한지 살펴보고자 한다.

먼저 의료 안전망의 개념을 다시 정리해보자면, 의료 안전망은 사회 안전망의 일종으로, 의료욕구 때문에 곤궁에 처한 개인 또는 가구 단위에게 욕구를 해결할 수 있는 기회를 제공하는 모든 제도로 쉽게 정리할 수 있다. 광의의 개념을 적용하게 되면 의료 안전망은 전 국민을 대상으로 하는 건강보험, 국민기초생활보장 수급권자·의료급여법에 의한 수급권자·타법에 의한 수급권자 등을 대상으로 하는 의료급여제도, 그리고 특수목적에 맞게 설계된 긴급구호제도, 희귀난치성 질환자에 대한 지원제도, 응급대불제도 등 기타 의료 관련 제도를 포괄하게 되는데, 협의의 개념이 적용되면 건강보험은 제외되고, 저소득 빈곤층에게 초점을 두게 된다.

현재 의료 안전망을 건강보험, 의료 급여, 기타 의료비 지원사업 등으로 볼 때, 여러 가지 문제점이 상존하고 있다. 물가 상승률 이상으로 건강보험료를 인상하더라도 건강보험의 비용 보장성이 증가하지 않으며, 의료 급여 역시 현재의 재원 규모로는 수급권자 범위를 늘리기 어렵고, 수급권자의 도덕적 해이로 인한 '의료 쇼핑' 등 비효율적 지출이 발생하고 있다. 그리고 근본적으로 '전 국민 건강보험'이라는 우리나라의 건강보험체계의 우수성에도 불구하고 아직도 공공재원 수준이 부족하다는 점이다.

우리나라의 2008년 국민의료비 규모는 66조 7000억 원으로 그중 35.0%는 가계 직접부담 지출이었는데, 국고 지원이나 건강보험 등의 공공재원 비중은 55.3%로 OECD 평균 72.5%에 크게 못 미치는 수준으로 나타났다. 즉, 의료비의 상당 부분을 의료 이용 당시 본인이 직접 부담해야 하기 때문에 단기간 고액의 의료비가 발생하거나, 장기간 지속적으로 의료비가 발생하는 이들에게는 과중한 본인부담이 발생할 수밖에 없는 것이 현실이다. 때문에 결과적으로 현재의 제도하에서는 필연적으로 의료 사각지대에 놓여 있는 계층이 발생할 수밖에 없고, 의료 이용에 비용 부담의 어려움을 호소하는 일정 소득 수준 이하의 고액 중증 질환 환자에 대해 비급여 및 급여 본인부담금 일부 혹은 전부를 무이자·저금리 장기 융자할 수 있도록 하는 의료 안전망 기금 조성이 필요한 것이다.

의료 안전망 기금의 수혜 대상자에 대한 사회적 논의도 중요한데, 우선 기본 원칙은 당연히 기초생활수급자, 차상위계층과 함께 차차상위계층 정도를 대상으로 해야 할 것이다. 이 계층의 국민들이 암, 심혈관계, 뇌혈관계, 정신질환, 희귀난치성 질환 등 중증 질환에 걸리게 되면 생계 유지가 불가능하고 빈곤으로부터 빠져나올 수 없게 된다. 심지어 경제적 이유로 생명을 포기하는 사례도 발생할 위험이 다분하기 때문이다.

재정당국이 신규 기금 설치에 매우 부정적인 것은 잘 알고 있으나, 의료 안전망 기금의 경우는 매번 내가 강조하는 '사회 통합으로 사회갈등 비용 해소' 라는 측면에서 매우 중요하고, 반드시 필요하다고 생각한다. 재원은 6000억 원 규모의 복권기금 충당금 중 일부를 지원받는 등 특별 목적기금 등의 공공재원과 병원, 기업 등 민간의 자발적인 참여에 의한 기부금을 주된 재원으로 마련할 수 있다고 본다. 국가 재정만을 중심으로 조성할 경우 재정당국의 반대 등 사회적 합의 도출에 상당한 기간이 필요할 것으로 예상되며, 의료 부분은 금전적 기부 이외에도 재능 기부 형태의 의료 서비스 제공과 같은 봉사활동도 중요하기 때문에 민간 분야와 함께 만들어나가야 할 것이다. 그리고 또 논란의 소지가 있어 충분한 사회적 합의가 뒤따라야 하겠지만, 담배 및 주류에 대한 건강증진부담금 또는 담배세를 목적세로 전환한 후 인상하여 의료 안전망 기금의 재원으로 활용하여 의료 사각지대 해소 및 재난적 의료비를 막는 데 적극 노력해야 한다.

4. 지방 복지재정 시스템 개편
사회복지교부금 신설, 포괄 보조금 도입

2005년 복지사업 지방 이양과 국고보조사업의 지속적인 증가로 지자체의 재정 부담은 크게 증가했다. 2000년에서 2010년까지 지자체 예산의 연평균 증가율은 5.5%에 그치고 있지만, 사회복지 예산 증가율은 15.5%로 2.8배 수준이다. 지방 이양 사업 재원 충당을 위해 한시적으로 도입된 분권 교부세는 당초 2009년 만료되는 것이었으나 2014년까지 연장하고, 세율 또한 내국세총액의 0.83%에서 0.94%로 상향 조정한 바 있으나, 복지 수요 증가에 따른 지방비 부담을 상쇄하기에는 크게 부족하다. 2004년에서 2009년까지 지방 이양 사업 지방비 부담 연평균 증가율은 23.5%지만, 분권교부세 증가율은 6.9%에 불과하기 때문이다.

이처럼 지자체의 사회복지 비용 부담 증가에도 불구하고, 재정 운용과 지역 실정에 맞는 융통성 있는 사업 시행 등 재량 지출의 권한은 매우 적은데, 이는 사업별 국고 보조, 대상자 선정 및 사업 내용과 관련한 중앙정

〈 중앙 및 지자체 복지 재정 현황(2005~2010년) 〉

	2005	2006	2007	2008	2009	2010	연평균 증가율
정부 총 지출 (조 원)	208.7	224.1	238.4	262.8	301.8	292.8	6.8%
복지 재정 (억 원)	507,709	560,261	613,848	688,176	804,151	812,464	9.3%
지자체 순계예산 (조 원)	107.0	115.4	111.9	124.9	137.5	139.8	5.5%
지자체 사회복지 예산(억 원)	128,858	153,220	172,825	216,658	241,455	265,342	15.5%

부의 지침에 따를 수밖에 없기 때문으로, 사실상 복지사업의 지방 이양은 제대로 이루어지지 않고 있다고 이야기할 수 있다.

각 자치단체의 전체 예산 중 지방세와 세외 수입 등 자체수입의 비중을 나타내는 재정자립도는 우리나라 전국 지방자치단체의 평균이 51.9%로 아직 중앙의 지원에 절반 이상의 재원을 의지할 수밖에 없는 현실에서, 2005년 복지사업의 지방 이양은 그 취지는 좋았으나 다소 성급한 부분이 있지 않았나 하는 생각이다. 국민들의 삶의 질 향상에 대한 욕구와 목소리는 나날이 늘어가면서, 현재 우리 사회에서 '보편적 복지'와 '지속 가능한 복지'에 대해 끊임없는 논쟁이 벌어지고 있는 마당에 결국 복지 분야에 대한 지자체들의 중앙 의존도는 당연히 높아질 수밖에 없다. 결국 이러한 국민적 요구에 부응하기 위해서는 우리가 지금부터 제도적 보완은 물론 개편에 대한 고민에 착수해야 할 것이다.

나는 이 문제에 대해 두 가지 정도를 제안하고 싶다. 지자체의 안정적이고 내실 있는 복지사업 수행을 위해 사회복지교부금 신설, 포괄보조금 제도 도입 등이 필요하다고 생각한다.

우선 사회복지교부금의 신설이다. 행안부의 특별교부금, 교과부의 특별교부금과 마찬가지로 사회복지 분야에 있어서도 교부금을 신설하여 국민들의 복지에 대한 요구에 능동적으로 대응해야 할 것이다. 재원은 현행 분권교부세와 부동산교부세 규모, 그리고 지방 이양 전인 2004년 국고 보조율 등을 감안하여 사회복지교부세율을 설정할 수 있는데, 대략 예시하자면 내국세 총액의 1.49% 정도로 추산할 수 있다. 분배방식은 사회복지교부금 중 일반교부금은 지자체별 복지 수요와 재정력 등을 기준으로 배분하고, 특별교부금은 복지정책의 성과에 따른 인센티브로 차등 지원할 수 있을 것이다. 물론 이러한 사회복지교부금을 도입하기 위해서는 합리적 기준에 따라 지방 이양 사업과 국고 보조 사업간 역할을 면밀히 재분류해야 할 것이고, 지자체별로 너무나 다양한 복지사업에 대한 평가체계 확립이 선행될 필요가 있다.

다음은 사회복지 포괄보조금제도의 도입이다. 포괄보조금은 개별사업이 아닌, 보다 광범위한 보조 대상 사업 분야에 대해 포괄적으로 사용하게 할 목적으로 중앙정부가 지방정부에게 자금을 이전하는 제도를 말하는데, 재원으로는 포괄보조제도에 합당한 복지사업의 국고 보조금을 활용할 수 있을 것이다. 개별 사업에 대해 대상자 선정, 사업 내용 등 관련한 중앙정부의 지침이 너무 상세하게 정해져 있어 지자체가 자율적으로 지역 형편에 맞추어 사업을 진행하기가 참 어렵기 때문에, 복지사업이 지역 사회의 요구에 부응하지 못하게 되는 경우가 발생하기 때문이다.

굳이 예를 들어보자면, 어떤 지역의 특수성상 학교 급식이 어렵고, 학교 급식을 위해서는 급식실을 설치해야 하는 부분이 있으며 오히려 노인 인구가 많아 노인들을 위한 급식이 필요한데, 중앙에서는 자꾸 국고 보조를 학교 급식에만 국한하여 준다면, 지자체로서는 그 재원을 정말 효율적으로 쓰기 힘든 부분이 있다. 때문에 포괄보조금을 도입하는 경우 지자체가 좀 더 재량권을 가지고 복지사업을 행할 수 있을 것으로 기대할 수 있다. 미국의 경우는 취약계층 자활 기반 강화, 아동·성인 학대 방지 등의 분야에 대하여 주정부를 대상으로 한 사회 서비스 포괄보조금을 1974년에 도입한 바 있다.

대상 사업과 분배 방식에 대해서는 고민이 더욱 필요하다. 국가 최소 기준에 해당하는 급여 및 서비스 제공 사업을 대상으로 할 수는 없고, 지자체의 재정 자율성 및 사업 운영의 유연성 보장이 필요한 사업으로 한정되어야 할 것이다. 기초수급자에 대한 생계 급여를 축소하게 할 수는 없다는 것은 굳이 자세히 설명하지 않아도 될 것 같다.

그리고 포괄보조금의 정책 목적과 기대 효과를 적절히 반영할 수 있는 변수와 통계를 활용하여 배분해야 하는데, 각 지자체별, 지역별 재정 여력 격차를 감안해야 할 것이다. 서울의 강남과 지방의 농촌에 똑같은 변수와 통계를 활용할 수는 없지 않은가? 예를 들어 노인 복지 포괄보조금을 내리는 경우에는 노인 인구 중심의 지표를 개발할 수 있을 것이다. 여기서도 우리는 반드시 지자체의 자율성에 대응하는 책임성 확보 장치 마련이 필요하다. 단체장들이 선거를 위해, 본인의 홍보를 위한 선심성 예산에 이 제도가 활용되지 않도록 해야 하기 때문인데, 그래서 지역 실정에 맞게 복지사업을 기획·집행할 수 있는 지자체의 역량 제고가 함께 수반되어야 한다. 그리고 어느 지자체는 무엇을 주는데, 우리는 왜 안 주는가 라는 식의 국민들의 불만이 없도록, 그 지역사회 밑바닥부터 '무엇을 원하는지, 무엇을 줄 수 있는지'에 대한 버텀업 방식의 논의가 있어야 할 것이다.

5. 노인빈곤 문제 해결을 위한 공공형 역모기지 제도 도입

소득 보장의 사회보장제도에서 자산 영역의 복지로 지평 확대

노인 빈곤 문제의 심각성에 대해서는 2부에서 다룬 바 있다. 우리나라의 경우 초고령 사회로의 진입과 더불어 전반적으로 공적 소득보장체계가 미흡하여 노인 빈곤율이 매우 높을 뿐만 아니라, 장기적으로 급속한 저출산·고령화로 인한 높은 부양비는 청장년 세대와 노인 세대 간의 사회적 갈등을 악화시킬 우려가 있는 것이 사실이다. 통계청 조사에 따르면, 18세 이상 인구 중 국민연금을 포함하여 노후 준비를 하고 있다고 응답한 비율이 약 3분의 2인데 비해, 나머지 3분의 1은 노후 준비를 하고 있지 않은 것으로 나타났고, 주택 마련, 자녀 교육과 출가 등으로 인해 저축 여력이 매우 낮은 현 세대 및 미래세대 노인의 빈곤 문제는 심각한 사회문제로 대두되고 있는 것이 사실이다.

이러한 문제 때문에 부동산만 있고, 별도의 소득이 없는 이들을 위해 도입한 것이 역모기지론이라고 볼 수 있는데, 주택이나 농지를 담보로 금융

기관에서 일정 기간 일정 금액을 연금식으로 지급받는 장기주택저당대출을 말하는 주택연금, 농지연금 등의 역모기지론은 최근 증가 추세에 있음에도 불구하고 공공성이 낮고 이용 실적이 저조하다. 2007년 7월부터 주택연금제도가 도입된 후 2009년 3월에 대상자의 자격 요건을 완화했으나, 2009년 5월 기준 총 가입 건수는 1718건에 불과한 것으로 나타났다. 역모기지론을 쉽게 설명하자면 집을 담보로 연금을 받아가고, 사망 시에 담보주택 처분 가격으로 대출을 상환하는 개념이다.

시중 은행의 주택담보 대출금리에 비해 상대적으로 저렴한 금리에 제공되고 있기는 하지만, 주택연금제도는 3개월 CD(양도 가능 정기예금증서) 금리에 1.1%, 농지연금은 4%의 금리가 가산되어 이자가 설정되고 있어 공공형이라고 보기는 사실상 어렵다. CD금리가 3.5%대를 왔다 갔다 하는 상황에서 주택연금제도의 금리는 4.5% 수준인 셈이다.

따라서 실질적으로 이 제도를 제대로 활용하기 위해서는 제도의 타겟 대상을 재산으로 인해 기초생활수급 등으로부터 제외된 저소득 노인가구로 삼고, 이들이 자신의 주택을 최대한 활용하도록 공공형 역모기지 제도를 도입함으로써 자력과 공공의 중간 형태의 소득보장체계를 구축할 필요가 있다고 생각한다.

노인 수급 가구의 경우 평균 소득은 51만 2000원이며, 이 중 기초생활보장 급여가 절반을 넘게 차지하고 있다. 그런데 소득은 최저생계비 미만이지만, 부양의무자 기준 혹은 재산의 소득 환산으로 인해 수급을 받지 못하는 비수급가구의 소득은 46만 5000원으로 오히려 수급가구에 비해 낮게 나타나는데, 게다가 이 중 절반 이상을 지인이나 친척 등에게 도움을 받는 사적이전소득에 의존하고 있다. 소득이 역전되고, 사각지대에 놓여 있는 것이다.

따라서 본인 명의의 주택에 거주하고 있는 65세 이상 노인 단독 혹은 노인 부부 가구를 대상으로 주택을 담보로 금융기관에서 연금식으로 주택연금을 지급받되, 노인 가구의 소득에(최저생계비 미만, 최저생계비 100~120%, 최저생계비 120~150%) 따라 할인율을 차등 적용하도록 할 수 있을 것이다. 설명하자면, 할인율은 연금산정이자율로 이 할인율이 낮으면 월 연금 지급액이 높을 수밖에 없고, 높으면 거꾸로 연금 지급액이 낮아질 수밖에 없다. 따라서 이러한 가구들에 대하여 할인율을 차등 적용하게 되면, 자연스럽게 저가의 주택을 가지고 있더라도, 월 지급액이 높아질 수밖에 없는 것이다.

여기에 최저생계비 100% 미만 가구의 경우는 기초노령연금, 각종 공적 현금 및 의료비 지원, 연료비 지원 등의 현물 지원 그리고 각종 사회 서비스와 연계할 수 있는 지원체계를 강화하고, 특히 기초노령연금 등 사회복지급여의 자산 조사 시 주택연금은 소득에 포함하지 않도록 해야 할 것이다. 이 제도의 잠재적 수요 집단은 주로 소득이 최저생계비 150% 미만(주요 대상은 최저생계비 120% 미만)이면서, 자가 주택 보유자 혹은 전세 보유자 집단이 될 것이다. 최대 잠재수요는 약 100만 가구이며, 주요 대상은 약 71만 가구로 추산된다.

공공형 역모기지 제도의 도입의 가장 큰 의미는 기존 소득 중심의 사회보장제도에서 좀 더 포괄적인 '자산' 영역의 복지로 지평을 확대한다는 것이다. 기존의 사회보장제도가 단순한 소득보장제도였으나, 점점 재산이 축적되고 활용도가 높아지면서 재산의 유동화 가능성이 높아져 왔는데, 공공형 역모기지 제도 도입을 통해 수급을 할때 재산을 소득으로 산정한 것 말고도 이제 재산을 직접 소득화시킴으로써 어려운 계층에 대한 소득보장의 새로운 방향성을 모색할 수 있는 방안이라고 볼 수 있다. 이러한 자산의 소득화를 통해 노인 빈곤 문제 해결에 일조할 수 있을 것으로 보이는데, 보건사회연구원의 연구를 감안하면 비수급 빈곤 노인 가구(66만 8485가구) 중 14.7%인 9만 8200가구 모두가 역모기지 제도를 활용하여 빈곤에서 벗어난다고 가정하면, 노인가구의 빈곤율은 약 2.8%p 줄어드는 효과가 있을 것이다.

다만 저소득층 노인 가구의 주택 가격 5000만 원~1억 원 사이에 많은 대상 가구들이 몰려 있어 월 주택연금액이 매우 낮을 것으로 추정된다. 따라서 이것만으로 온전한 소득보장을 가져오기에는 한계가 있다. 그리고 저소득계층의 특성상 부양을 제대로 하지 않더라도 부모의 작은 재산이라도 부모 사후 상속받으려는, 혹은 자식들에게 그것이라도 상속해주려는 부모의 마음 때문에 정서적인 어려움이 있을 수도 있다는 것이 한계점이다. 이에 대해서는 이 제도의 주택담보 가격 산정에 있어 미래의 주택에 대한 가치를 보다 높게 측정될 수 있도록, 정부가 직접 보증을 해주는 방식도 고려해야 할 것이다.

6. 권역별 '복지파수꾼' 설치로
권리 구제는 높이고, 부정수급은 낮춘다

복지 전달체계 효율 극대화

사회복지 통합관리망의 개통으로 복지체계의 조사 및 감시체계는 갖추었으나, 계속적으로 급증하는 부정수급은 정작 지원대상이 되어야 할 사람들은 소외시키게 된다. 아직까지는 부정수급 급증 경향에 효과적으로 대응할 수 있는 시스템이 미흡한 것이 사실이다. 현행 수급자 관리 시스템에 의해 발견된 부정수급 가구는 3년간 3.7배나 증가했다.

이러한 부분에서도 놀랐던 사실은 보건복지부의 부정수급 단속 인력은 지자체로부터 파견받은 3명에 불과하다는 것이다. 부정수급을 감시하고, 권리를 구제해야 하는 것의 중요성에 대해 인지하여 복지급여권리과를 신설한 바 있지만 중앙에서 통제하는 데는 분명 한계가 있었다.

영국의 경우, 1998년 이후 3000명 규모(IS 수급자 약 420만 명)의 부정수급 조사단을 운영 중인데, 이를 통해 최대 연간 1조 4000억 원의 복지 재원을 절감했다. 미국은 10개 권역별 부정수급 모니터링 조직을 운영 중이

〈부정수급 가구 적발 현황〉

(괄호 안은 증가율)

2004년	2005년	2006년	2007년
3,837가구	4,930가구 (28.5%)	8,779가구 (78.1%)	14,351% (63.5%)

며, 이에 대한 경제 타당성 분석은 7로 매우 높게 나타난 바 있다. 돈을 줄이자는 얘기가 아니다. 이렇게 절감되는 재원은 사각지대에 놓여 있는, 부정수급자로 인해 오히려 혜택을 못 받는 계층에게 되돌아 갈 수 있는 매우 큰 재원이 될 수 있을 것이다.

사회복지 통합관리망으로 부정·중복수급을 막아 연간 3287억 원의 재정 절감 효과를 거두었었고, 이를 보다 시급한 사람들에게 지원하자고자 하는 것이 대통령과 정부의 의지라는 점은 이를 충분히 반증한다. 재정당국이야 절감된 돈을 형평성의 원칙에 따라, 여러 곳에 나누어 쓰고 싶겠지만, 새 사업을 벌이려면 그 만큼 다른 예산을 줄여 재원을 마련하라는 PAY-GO 원칙을 떠올려보면, 이렇게 절감한 예산으로 보다 시급한 이들의 권리 구제를 하는 데 사용할 당위성은 충분하다.

그런데 우리가 사각지대를 축소해나가기 위해서는 '선 보장, 후 부양비 징수'에 따른 업무 부담 해소 및 적극적 권리 구제가 관건이지만 이를 제대로 수행할 기구가 없다는 것이 가장 큰 문제자 장벽이다. 선진국의 경우, 수급자 불만 예방 및 공정성을 위하여 권리 구제단을 별도로 운영 중이라는 점은 앞서 언급한 바 있고, 우리는 현재 인력과 예산 등 뒷받침되

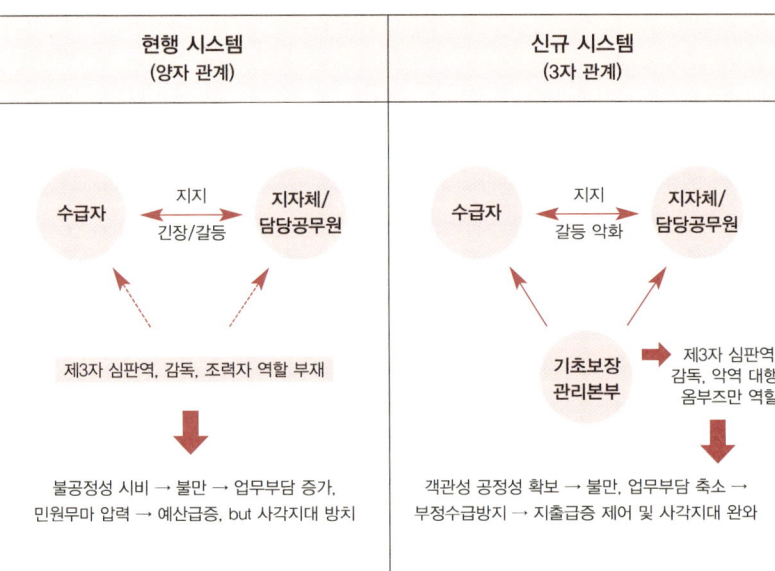

지 않는 구조적 한계하에서 부정수급 단속, 벌칙 부과, 징수, 체납 처분 및 권리 구제, 근로 능력 판정 등 제3자적·준사법적 기능을 업무 과중 상태인 사회복지 담당 공무원의 개인적 역량에만 의존하고 있어, 끊임없는 분쟁과 업무 부담, 예산의 지속 급증, 사각지대 방치 불가피라는 4중고에서 헤어 나오지 못하고 있다.

이러한 문제를 해결하기 위한 정책 대안으로, 중앙·지자체 합동 6대 권역별 '복지파수꾼'의 설치를 제안한다. 전국을 크게 6개 권역으로 묶어 (서울·인천·경기/강원·경북·대구/부산·울산·경남/광주·전남·전북·제주/대전·충남·충북) 배치하여 권역당 약 40여 개 시군구를 관할토록 하여 권리 구제 및 부정수급방지를 전담하도록 하자는 것이다.

복지파수꾼이 기초생활보장제도에 대한 관리본부의 역할을 수행하고 심사와 감독, 구제하는 역할까지 수행하게 되면, 업무의 객관성·공정성 확보와 더불어 사회복지 담당 공무원들이 갈등과 분쟁으로 인해 본연의 업무를 수행하지 못해 발생하는 일들이 줄어들 것이다. 일원화된 창구로 인해 권리 구제 및 부정수급 관리를 위한 표준 사례 수집 및 체계화도 가능해질 것이라고 생각한다. 인력구성도 많은 인원이 필요한 게 아니다. 각 권역별로 약30명 정도의 인원으로 구성하고, 여기에 지자체 사회복지 공무원, 중앙부처 공무원 그리고 민간의 사회복지사 등이 함께 협력하여 인력 증원을 최소화한다면, 별도의 재정 부담 없이 충분히 가능한 대안이 될 수 있을 것이다.

7. 국민이 낸 연금으로 바로 국민에게 혜택을!

연금복지재단 설립, 자산유동화 연금 도입

이건희 삼성 회장이 국민연금에서 매월 받는 노령연금액 전액을 영아원에 기부하여 언론에 보도된 적이 있다. 이건희 회장도 국민연금 가입자로 그동안 매월 연금 보험료를 납부해왔고, 만 60세가 되던 2002년부터 수급 대상자가 되었다. 국민연금 수급자 300만 명, 100만 원 이상 수급자가 다수 발생하면서 이건희 회장과 같은 연금 기부 및 기부 희망자가 증가하고 있으나 기부 행위에 대한 체계적 관리와 정보가 미흡하여 활용도가 떨어지고 있는 것이 사실이다.

해외에서는 이미 이러한 제도를 위한 지원책이 시행되고 있다. 직역연금/개인연금 수급자가 연금의 일부를 기부할 경우 감세 혜택을 주고 있으며, 별도의 복지재단에 연금 일부를 기부하게 되면, 각 재단에서는 복지시설이나 여타 필요한 곳에 지원하고 있다. 일본의 경우는 연금복지재단을 운영하고 있는데, 일본 후생연금사업진흥단은 복지시설 사업을 운영하는 주체로 재단법인을 설립하여 복지사업을 실시하고 있다.

국민연금법에서는 매년 신규 여유자금의 1%를 복지사업에 투자할 수 있도록 되어 있으나, 현실은 전체 기금의 0.04%만 복지 분야에 사용하고 있는데, 이는 기금운용위원회의 보수적 운용에 기인하고 있다. 이러한 실정에, 개인의 연금 기부를 통해 조성되는 재원을 복지에 사용할 수 있는 근거를 만들어 연금 가입자들에 대한 복지를 늘려가는 것은 큰 의미가 있다. 따라서 국민연금공단에서 실시하고 있는 사회 공헌 활동과 연금수급자의 일반 후원금을 통한 복지 증진 사업 및 연기금을 활용하여 운영하고 있는 복지사업을 총괄적·전문적으로 수행할 기관이 필요하기에 연금복지재단의 신설이 필요한 것이다.

국민연금이라는 특수성상 연금복지재단은 연금과 관련된 복지사업, 연금 가입자와 수급자를 대상으로 한 사업을 발굴하고, 연금수급자들의 기부 활성화를 위한 유인체계를 마련해야 할 것이다. 소액이지만 지속적으로 연금의 일부를 기부하는 것이 왜 필요한지, 어떤 기능을 할 것인지에 대해 지속적인 홍보도 필요하다. 연금수급자들이 손쉽게 기부할 수 있도록 연금 기부체계도 간소화하고, 연금 소득에 부과되는 세제에 대한 혜택, 소득공제 등에 대해서도 검토할 필요가 있다. 재원은 연금수급자 및 일반 국민의 기부 및 후원금을 중심으로 시작하되, 국민연금의 복지사업 투자 확대에 대한 사회적 합의가 이루어지면 보다 재원을 확대해갈 수 있을 것이다. 이러한 재원을 바탕으로 그동안 하지 못했던 국민연금 가입자에 대한 복지사업, 이를 테면 국공립에 준하는 국민연금 보육시설, 국민연금 납부 지원, 국민연금 사각지대 해소 등 다양한 사업을 추진할 수 있을 것이다.

또 한 가지 제안하고 싶은 것은 공공형 역모기지론과 다소 유사한 자산유동화 연금의 도입이다. 주택연금을 비롯한 기존의 역모기지 제도가 취급 자산을 주택으로 한정했다면, 자산유동화 연금의 경우는 취급자산을 실버주택, 오피스텔, 상가주택, 상가, 판매 및 영업시설, 전답·토지·임야 등을 포함하는 실물자산으로 확대한 것이다.

현행 주택연금제도에서는 9억 원 이하 단독, 다세대, 연립주택, 아파트 등만 담보 가능하며, 실버주택(2010년 7월부터 포함), 오피스텔, 상가주택, 상가, 판매 및 영업시설, 전답 등은 대상에서 제외되고 있는데, 가입 실적이 부진한 것이 사실이다. 가구주가 55세 이상인 가구의 경우 부동산 중 주택 이외의 자산 비중이 50% 내외라는 통계청의 자료를 보면, 노후 소득보장을 위해서 적극적으로 검토해볼 필요가 있다. 방식은 당연히 앞서 말한 실물자산을 양도받아 관리·사용·처분하여 확정급여 방식의 연금을 지급하는 것이다. 물론 기초수급자 및 비수급 빈곤층 등이 소유한 한계자산도 취급해야 할 것이다.

한 가지 예를 들자면, 쪽방촌에 사는 기초수급자가 보유한 한계자산의 경우, 그 하나로는 현금화가 될 가치가 부족하지만, 인근의 여러 기초수급자의 한계자산을 함께 고려하는 경우, 충분히 자산유동화가 가능해질 것이다. 매출채권, 금융기관 대출금, 부동산 등 모든 형태의 자산을 담보로 채권을 발행해 자금을 조달하고 유동성을 확보하는 자산유동화를 통해 그들 대신에 국가가 자산을 현금화할 수 있고, 가치화 할 수 있는 길을 열어주는 것이기도 하다.

국민연금 가입자로서는 주택이 없는 경우에도 노후에 안정적인 소득보장이 가능하다는 장점이 있고, 개인 책임 또한 강화해나갈 수 있다. 부동산시장의 경우는 주택 가격의 급격한 하락 및 이로 인한 내수 소비 위축을 완화해나갈 수 있을 것이며, 부동산 유지·보수·관리, 또는 가치 평가와 관련한 저소득층 일자리 창출, 고령 전문직 일자리 창출 및 사회 참여 기회 제공 또한 우리가 제도를 어떻게 만들어가느냐에 따라 충분히 가능할 것이라고 본다.

또한 더 나아가서는 자산을 통한 국민연금 보험료 납부 허용도 고려해 봄 직하다. 납부 예외 등으로 연금 가입 기간이 짧아 연금을 받지 못하거나 급여액이 충분치 않을 것으로 예상되나 불입할 소득이 없는 경우에, 은퇴 시점에 국민연금 납부 예외 기간에 대한 보험료를 자산으로 일괄 납부하거나, 자산 납부를 통해 연금 가입 기간 연장을 허용하게 되면, 현재 506만 명의 국민연금 납부 예외자들 중 많은 이들이 국민연금제도의 우산 밑으로 들어오는 것을 기대할 수 있을 것이다.

이를 위해서는 이를 운영해나갈 주체에 대한 고민도 필요하다. 그 잠재 수요 계층에 대한 추계에 따라 다르겠지만, 새로 설립되는 기구를 통해 운영 할 수도 있고, 기존에 주택연금을 운용하고 있는 주택금융공사를 활용할 수도 있을 것이다.

8. 보건복지 제3섹터 활성화
민간 주도의 지속가능한 사회서비스 일자리 창출

장관으로 부임한지 3개월 정도가 지난 2010년 11월, '미국 사례연구 방문단'에게 두 가지 임무를 지시했다. '자원봉사 또는 복지와 일자리를 결합한 새로운 사회서비스 제공모델 탐색'과 '미국 아메리콥스(AmeriCorps)사례를 중심으로 국가봉사단의 한국적 적용 방안 모색'이 그 두 가지였다. 후자의 경우는 코리아핸즈(Korea Hands)라는 봉사단을 성공적으로 런칭시킨 바 있지만, 앞으로 우리가 좀 더 고민해야할 부분은 전자인 '자원봉사, 복지와 일자리를 결합한 새로운 사회서비스 제공모델'에 관한 것이다.

사회서비스는 개인과 사회 전체의 복지 증진 및 삶의 질 향상을 위하여 사회적으로 제공되는 서비스로 정의할 수 있다. '보육', 아동·장애인·노인 보호 등의 '사회복지', 간병·간호 등의 '보건의료', 방과 후 활동·특수교육 등의 '교육' 그리고 공공행정 등을 포함한다고 보면 된다. 사회서비스가 우리에게 얼마나 중요한지는 그동안 '고용 없는 성장' 추세 속에 사회서비스 분야가 일자리 창출을 주도해온 사실만 봐도 잘 알 수 있다. 2000년도에서 2008년도까지 총 일자리 증가분 242만 명의 45%가 사회서비스 분야였고, 2009년 글로벌 금융위기로 인해 고용이 7만 2000명 감소하는 상황에서도 공공행정 분야에서 19만 1000명, 보건사회복지에서 15만 6000명 등 사회서비스 분야에서 총 39만 5000명의 고용창출이 이루어져 사회서비스가 고용의 안전판 역할을 수행한 바 있다.

하지만 이러한 최근 증가세에도 불구하고 사회서비스 일자리 비중은 아직 외국에 비해 크게 낮은 수준이며, 특히 사회서비스업 중 공공행정 및 교육서비스에 비해 보건·사회복지의 비중이 선진국 수준에 크게 못 미치고 있다. 미국 12.5%, 일본 9.4%인 것에 비해 우리는 4.7% 수준에 머물고 있는 것이다.

다양한 돌봄 서비스 등을 통해 급증하는 복지욕구를 충족시켜주면서 일자리까지 창출해 두 마리 토끼를 잡을 수 있는 것이 바로 사회서비스 분야이다. 똑같은 재정을 가지고 최대의 효과를 낼 수 있는 지속가능한 복지로서의 스마트 복지, 그것이 바로 '사회서비스 확충'이라고 자신 있게 말할 수 있다. 따라서 간병, 보육, 돌봄 등 유망 서비스 중심으로 보건·사회복지 분야 일자리를 전략적으로 육성하여 우리나라 사회서비스 고용비중을 선진국 수준으로 높이고, 구조조정 중인 도소매업·자영업 등의 일자리 감소를 보완할 필요가 있다.

수년간 정부 주도로 사회서비스 분야 시장은 급속히 성장하였으나, 지속가능한 사회서비스 발전을 위한 민간 부문의 자생적 시장 육성과 고용 확대 노력은 아직 미흡한 게 사실이다.

이에 복지체계의 선진화·지속가능성을 담보하기 위해 유의미한 공급

주체이자 성장 잠재력을 가진 제3섹터를 활성화할 필요가 있다.

제3섹터에 대한 정의는 다양한데, 영미권 국가에서는 '비영리(Nonprofit)'라는 의미가 강하고, 유럽 국가에서는 'Social Economy', 즉 사회적 경제라는 의미가 강하다. 영미권 국가의 경우 주로 비영리조직(협회와 재산 등)을 제3섹터로 인식하는 반면 대륙유럽에서는 협동조합과 상호부조조직 등을 포함하는 것으로 인식하고 있는데, 결국은 정부와 기존의 시장과 별개의 영역으로 비영리법인을 비롯한 비영리조직이라고 정리하는 것이 편할 것이다.

우리가 현재 직면하고 있는 매우 중요한 과제가 바로 복지의 확대와 일자리 창출이라는 점에서, 제3섹터가 활성화되면 그들이 주로 제공하는 간병 등 돌봄 서비스, 사회 취약계층에 대한 보육·지원 등 사회서비스는 우리의 복지 확대 요구를 충족시키는 동시에 일자리까지 창출하는 매우 합리적인 대안이 될 수 있을 것이다.

일본에서는 공익 법인과는 별도로 특정 비영리 활동을 목적으로 10인 이상의 사원을 구성한 비영리기관(NPO)에 대하여 기본 재산 요건 없이 법인 설립을 허가한 결과 6만 개의 NPO들이 생겨나 13만 명의 고용 창출 효과를 거둔 바 있고, 미국의 경우는 NPO들의 수입 재정 규모가 미국 GDP의 10%를 훨씬 넘어서면서 미국 내 인력시장의 10%, 1000만 개 이상의 일자리를 공급한 사례가 있다.

때문에 우리 또한 NPO 등 제3섹터 영역에 대한 전략적 지원이 매우 중요하다. 단순한 재정 지원 일자리로는 한계가 있기 때문이다. NPO들에 대하여 이들이 안정적 수익 구조로 자립할 수 있도록 각종 세제 혜택, 신규 기관 한시적 사회보험료 지원, 기관 카드수수료 인하 등의 혜택을 줄 수 있을 것이다. 또한 이들 기관의 영역인 간병 등 돌봄 서비스를 제도화하고, 보육 서비스 다양화, 교육·웰빙 등으로 사회서비스 범위를 지속적으로 확대해나간다면 충분히 가능하다고 본다.

제3섹터의 역할은 두 가지로 나뉠 것이다. 사회서비스 제공형과 취약계층 고용형으로 볼 수 있는데, 사회서비스 제공형의 경우는 앞서 말한 NPO 등 비영리법인 설립 확대를 통한 고용 창출, 사회서비스 제공기관을 1000개까지 확대하여 국민들에게 보다 질 좋은 사회서비스, 복지 서비스를 제공해줄 수 있을 것이며, 취약계층 고용형의 경우는 자활공동체 300개를 사회적 기업화하고 이를 통한 창업과 취약계층의 일자리를 창출해나갈 수 있을 것으로 본다.

9. 주택 바우처 도입
저소득 임차가구 주거비 부담 완화

저소득 임차가구에 대한 임대료 지원제도로 주택 바우처를 도입할 필요가 있다. 이를 위해서 현행 기초생활보장제도의 주거 급여를 통폐합하여 국토부에서 운영하는 방안도 검토해보아야 한다. 현행 기초생활보장제도의 주거급여는 생계 급여와 함께 현금으로 지급되어 생활비의 일부로만 인식되어 당초 목적인 주거 수준 향상에 거의 도움이 되지 않는 것이 현실이다. 주거 급여를 받아도 주거에 사용되기 보다는 단순생활비로 사용되고 마는 것이다. 통합 급여가 결국 개별 급여 형태로 가야 하는 것은 자명한 사실이지만, 저소득층에게 우선 가장 시급한 문제인 주거권부터 해결해나가기 위해서는 대책이 필요하다.

최저주거비는 중소도시 전세 아파트 4인 가구 기준으로 계측되고 있는데, 당연히 이는 지역과 가구 규모에 따른 주거 욕구의 차이를 반영하지 못하고 있다. 제도 시행 이후 최저생계비 대비 최저주거비의 비율이 낮아지고 있어 집값 상승, 전세가 상승 등 주거비가 폭등하는 현실과는 심각한 괴리가 있는 것이다.

현재 저소득층에 대한 주거 복지는 복지부의 주거 급여와, 국토부의 임대주택 공급으로 이원화되어 있어 총체적 차원에서 저소득 취약계층의 주거 복지 증진을 위한 관리에는 한계가 있다. 그래서 부처간 사업을 통합 조정하여 중복지원 없이, 실질적인 주거 여건 향상이라는 정책 목표를 달성해야 한다고 본다.

그에 따라 '주택 바우처 도입'이 대안이 될 수 있다. 임차가구 중 임대료 등 주거비 과부담 가구에 대하여 임대료를 지원하되, 바우처로 지급하자는 것이다. 주거비 과부담 가구의 기준은 예컨대 소득의 일정 수준 이상, 즉 20% 이상을 주거비로 지출하는 가구로 지역별·가구 규모별 주거비 차이를 반영, 부양의무자 기준을 미적용하는 등 현행 기초생활보장제도와 다른 별도의 기준을 마련해야 한다. 또한 중복지원이 없도록 주택 바우처의 소관부처를 국토부로 하여 주거 복지와 관련한 지원을 일원화할 필요가 있다.

주거 급여와 주택 바우처의 차이점은 주거 급여는 지급 시 고려 요인이 가구생활비 규모, 소득, 재산, 부양의무자 등이라면, 주택 바우처는 소득, 임대료 지불 능력, 가구 규모의 주거 수요, 지역, 점유 형태, 기타 주거 복지 수혜 등 실질적인 주거와 관련한 요인들이 주된 고려 요인이라는 점이다. 또한 재정적 측면에서 볼 때도 주거 급여의 경우는 최저주거비 계측 방식에 따라 변동성이 있는데, 주택시장 변화에 대한 고려가 거의 없고 그 효과를 평가하기가 어렵다는 한계가 있는 반면에, 주택 바우처는 사회 재정을 적정하게 배분해 중장기적으로 예산을 절감할 수 있으며, 적정하게 사용되었는지 정책 비용 편익 분석에 대한 평가가 가능하며, 주택시장 변화에 따른 비용을 충분히 고려해 수혜자의 사정을 감안함으로써 능동적 대처가 가능한 장점이 있다. 게다가 바우처로 지급되기 때문에 주거 이외에 다른 목적으로 사용되지 않아, 서민가구의 주거 안정에 큰 역할을 할 수 있을 것이다.

10. 보건의료 정보 통합 제공체계 구축

경쟁 원리와 효율성 강화

인터넷 포털의 지식검색 서비스를 보다 보면, 많은 이들이 의료비, 진료비, 필수 예방접종 등 각종 보건의료 정보에 대해 관심이 높은 것을 쉽게 알 수 있다. 또한 어떤 비급여 의료 시술을 하기 위하여 그 비용을 문의하는 것도 많이 볼 수 있는데, 제공 정보는 천차만별이어서 정보의 소외계층이라면 일명 '바가지'를 쓰기 쉽다. 또한 각 기관이 가지고 있는 데이터들이 서로 정합성 있게 교류되지 않아, 더욱 유의미한 데이터를 산출해내기 어려운 형편이다.

현재 각 기관들의 보건의료 정보 제공 현황을 보면, 건강보험 분야는 건강보험공단이 가입자 중심의 자료를 가지고 있고, 심사평가원은 의료기관에 대한 심사 중심의 정보를 가지고 있어 이를 가지고는 보험 재정의 거시적 동향과 질환별·세부 변수별 변동 등 종합적 파악이 곤란하여 보다 시의성 있는 정책을 펼치기 어렵다. 의료 자원 분야를 보면, 각 의료기관들이 시군구에 신고하는 비급여 시술에 대한 자료 등과 심사평가원이 보유하고 있는 자료, 이외 별도 장비, 인력 등 자원 조사 체계가 지나치게 분산되어 있어 정보가 불일치하고, 기준과 시점이 다른 데이터들로 활용이 곤란하다. 의료 이용 분야에서 건강보험은 건강보험공단과 심사평가원이, 국민건강영양조사·지역사회건강조사는 질병관리본부가, 의료 이용에 대한 적정성 평가는 심평원이, 의료기관에 대한 평가인증 정보는 평가인증원이 각각 기관별로 운영하고 있는 형편이다.

따라서 기관별로 분산 운영되고 있는 보건의료 정보를 '의료소비자 정보 제공 시스템' 및 '보건의료정책 지원 시스템' 두 개의 시스템으로 통합·연계하여 의료소비자들에게는 포털 서비스를 돌며, 정확하지 않은 정보에 노출되는 것을 방지하고, 보건의료정책 수립 당사자들에게는 보다 유용한 자료를 제공하여, 많은 국민들을 대상으로 정책 만족도를 높일 수 있다.

먼저 의료소비자 정보 제공 시스템은 소비자의 의료 이용 편의 증진을 위한 의료기관의 비용, 의료의 질 등의 정보 중심으로 통합 안내 체계를 구축하여, 신뢰할 수 있는 보건의료 정보를 제공함으로써 의료소비자의 권리 증진에 기여할 수 있을 것이다. 그 안에는 각 질환별·비급여별 의료비 공개, 의료기관 평가 인증, 감염 정보 등 의료 서비스의 질, 그리고 특수 진료, 응급의료, 심야 의료 등 서비스 이용 정보 등이 들어가야 할 것이다. 더욱 만족도를 높이기 위해서는 포털 서비스와 연계하여, 포털 서비스에서 검색 순위가 높은, 또는 질문이 많은 의료 정보를 제공하는 방법도 있을 것이다. 이를 통해 의료소비자들에게 충분한 정보 제공을 하여 선택의 권리를 높이는 한편, 의료기관들은 경쟁을 통해 질 좋은 서비스를 낮은 가격에 제공하도록 유도할 수 있을 것이다.

건강보험 급여비 지출 변동, 병상, 인력, 장비 등에 대한 의료 자원 현황, 의료 이용 실태 등의 콘텐츠를 추출하여 보건의료정책 지원 시스템을 정비할 경우, 정책 담당자는 정책 수립 및 분석을 위해 필요한 의료 자원, 실태 등을 데이터로 연계하고 통합 사용할 수 있게 되어 데이터의 중복·오류 방지 및 실태 분석 등을 통해 자원의 효율적 관리를 기대할 수 있을 것이다.

11. 기초생활보장 급여체계 개편
통합 급여에서 개별 급여로

2006년도에 실시한 차상위 실태 조사에 의하면 기초생활보장제도 수급자의 월평균 소득은 70만 7000원으로 비수급 빈곤층 57만 2000만 원보다 높은 것으로 나타났다. 취업 시 생계급여 등이 박탈되므로 취업을 하지 않거나 음성적으로 근로하는 사례도 있고, 충분히 취업 능력이 있음에도 수급권 박탈을 우려해 취업보다는 자활사업에 참여하게 되는 불편한 진실 때문에 기초보장 급여체계 제도 개편의 필요성에 대해서는 정부 및 국회, 관련 단체들에서 끊임없이 제기되어왔다.

빈곤하지만 기존 정책에서는 배제된 광범위한 사각지대가 존재하고, 170만 명의 차상위계층이 존재하지만 모든 정부부처의 복지사업은 기초생활보장 수급자에게 우선 지원되는 등 비수급 빈곤층에 비해 편익이 너무나 크기 때문에 현실에서 빈곤 특성에 맞는 다양한 욕구별 급여체계 마련이 시급하다.

지역별·가구 규모별 주거비 차이를 반영하고, 주거 형태별·근로 능력별·학생 유무별 다양한 가구 특성을 반영한 수급 자격의 다원화를 통해 '욕구 평가에 따른 맞춤형 급여 기준 설정'이 필요할 것이다. 현재의 통합 급여체계에서 욕구별 급여체계로 세분화해야 한다는 말이다. 생계, 주거, 의료, 교육 등 각 급여를 분리하여 욕구 특성별로 급여 기준을 다원화 하면서 복지제도와의 연계성을 극대화시켜 생애 주기별 맞춤형 복지체계의 기반을 탄탄히 다져야 한다.

부양의무자 기준을 중위소득으로 향상시키는 쾌거는 이미 거의 달성했지만, 주거 급여와 교육 급여의 경우는 부양의무자 기준을 대폭 개선하여 '교육'과 '주거'라는 우리가 헌법에서 보장하고 있는 권리를 보장해주어야 한다. 그리고 항상 문제로 지적됐던 '봉고차 모녀' 사례에서 비롯된 재산 기준 문제는 재산의 소득 환산제도를 전면 재검토함으로써 해결방안을 찾아야 한다.

의료 급여의 경우는 현행 1종, 2종 구분을 폐지하고 전체적인 건강보장체계의 틀 내에서 제도의 발전 방향을 모색해야 할 것이다. 건강보험의 급여 범위와 동일하게 운용하되 본인부담금, 본인부담상한제 등을 통해 소득 수준별로 차등화시켜 차상위계층의 일부도 혜택을 볼 수 있도록 수급 자격을 조정해야 할 필요가 있다.

주거 급여의 경우는 임대료를 과부담하고 있는 임차가구에 대한 임대료 보조가 목적인데, 부양의무자 기준을 적용하지 않되, 주거 급여가 적정하게 주거의 목적으로 사용될 수 있도록 주택 바우처 형태로 지급하거나, 사용 목적을 강제할 수 있는 방법을 강구해볼 수 있다.

교육 급여의 경우 가장 중요한 것은 타 부처 교육사업과의 연계 및 통합이다. 이는 사회복지 통합관리망을 통해 충분히 가능한 부분인데, 대학생 장학금, 대여 장학금, 유아 학비, 무상 보육료, 교복 지원비, 교통비, 수학여행비뿐만 아니라 민간의 지원까지 통합 관리하여 최대의 교육 혜택을 수급자들에게 줄 수 있어야 한다. 부처별·민관별 산재된 교육 지원을 통합시켜 전 생애적 교육 복지 지원체계 구축의 기반을 마련해야 할 것이다.

마지막으로 생계 급여의 경우는 현행 가구 규모별 생계 급여액에 임대료를 제외한 주거비를 포함하는 개념으로 급여가 확대되어야 하며, 근로능력자의 경우 보충 급여 형태로 합리적인 지급이 필요하다.

이러한 욕구별 급여체계, 즉 개별 급여로의 전환은 '부분 수급-부분 자립' 식의 다양한 조합으로 수급자의 자립 노력을 지속적으로 촉진시켜 빈곤 탈출의 기회를 높여줄 것이며, 주거-교육-의료보장-근로복지의 연속적 복지체계로 발전 가능하여 급여 대상자들을 오히려 확대함으로써 재정은 절감되면서도 혜택을 보는 이들을 훨씬 늘어나는 긍정적 효과를 가져올 것으로 기대된다.

12. 글로벌 경쟁력 강화를 위한 보건산업진흥원 개편

보건산업의 전략적 육성

1부에서 언급했던 것처럼 HT산업(보건의료산업)은 미래 국부 창출에 기여할 신 성장 동력으로 세계가 주목하고 있는 분야다. 보건의료산업은 다른 산업에 비해 성장 잠재력과 고용 창출 효과 및 연관 산업들에 대한 경제적 파급 효과가 높은 산업이라는 점은 앞서 충분히 언급한 바 있다. 선진국들은 이미 보건의료산업을 통한 국가 성장 동력 확충을 위해 세계 시장 진출 및 세계 시장에서의 영향력 확대를 추진 중이며, 우리나라도 보건의료산업의 해외 진출 확대를 위해 정부 차원의 노력을 대폭 강화하고 있는 상황이다.

이 시점에서 우리나라의 역량을 선진국 수준으로 끌어올릴 수 있도록 체계적으로 지원할 수 있는 전문기관의 육성이 필요한데, 현재의 준정부기관인 보건산업진흥원으로는 다소 추진력이 떨어지는 부분이 있다. 의료 서비스 산업의 해외 진출 경험과 전문 인력이 부족하고, 해외 진출을 위한 지원제도와 각종 정보가 부처·기관별로 분산 운영되어 종합적·체계적 지원이 곤란하다. 또한 각종 수출 지원제도의 경우, 제조업 중심으로 설계되어 의료기관이 이용하는 데 매우 제한적이며, 의료기술 및 장비의 우수성에도 불구하고, 전반적인 인지도가 낮아 진출국 내 기반 확보와 환자 유치에 제한이 있는 문제점들이 있다.

때문에 우리나라 보건의료산업 해외 진출의 구심점 역할을 할 기관이 필요하다. 보건의료산업에 있어 해외 사업 수주 및 프로젝트 개발, 사업 계획 수립, 의료기관 건립 관리, 의료기관 운영 지원을 지원하고, 국내 의료기관의 해외 진출을 위해 해외 시장·제도·수요 정보 등을 종합적으로 제공하며 컨설팅, 해외 마케팅 등을 통해 해외 진출 의료기관을 해외 환자 유치 거점으로 네트워크를 구축할 필요가 있다. 또한 철저히 비즈니스 마인드 차원에서 건설업체, 금융기관, 병원 등 관련 주체들이 사업에 참여하여 프로젝트 개발부터 의료기관 운영 관리까지 수요자 요구에 맞는 비즈니스 모델을 설계할 수 있는 역량을 갖춰야 한다.

예를 들자면, 지원 기관에서 직접 해외 정부 또는 민간의 의료기관으로부터 프로젝트를 수주하여 의료기관 건설부터 위탁운영까지 수행하면서, 국내 기업들을 참여시키는 사업 모델도 있겠고, 국내 의료기관의 해외 의료시설 건립 및 의료법인 설립을 지원하고 경영 컨설팅을 수행하는 사업 모델도 있을 것이다. 국내 의료기관이 현지 법인과 합자 공동운영, 공동투자, 현지 의료기관 위탁운영 등의 형태로 해외 진출하는 것을 지원하는 사업 모델도 고려해볼 수 있다.

의료 선진국들의 경우는 다양한 주주로 구성된 합작회사 형태로 해외진출 사업을 수행하고 있다. 정부기관을 주주로 포함하는 민관합작회사와 건강관리 그룹, 병원, 대학, 부동산 기업, 은행 등 민간 주체들이 주주로 참여하는 민간합작회사 형태가 존재하여, 수요자 요구에 맞춘 다양한 비즈니스 모델을 구현하고 있다. 물론 여기에는 보건의료산업의 해외 진출을 위한 정부의 제도적·재정적 뒷받침이 있어 사업의 성공을 견인하고 있다.

몇 가지 사례를 예로 들어보자면 오스트리아의 VAMED의 경우는 병원에 대한 총체적 운영 및 시설 관리, 의료기술 관리, 물류/조달, IT 솔루션/정보 시스템 구축 사업을 진행하고 있으며, 60개국 500개 이상의 국내외 프로젝트를 수행하고 있다. 싱가포르의 파크웨이 홀딩스(Parkway Holdings Ltd.)의 경우는 병원 및 의료대학을 소유하여 건강관리 사업을 운영하는 아시아 최대의 영리 건강관리 기업으로 의료 서비스, 자산관리, 교육 사업을 수행하고, 의료 부문에서는 싱가포르, 말레이시아, 브루나이, 인도, 중국, UAE 등 아시아 6개국의 16개 병원에서 3400병상 이상을 운영 중이다. 또한 의료 관련 목적으로 부동산 및 관련 자산에 투자하여 수익을 창출하고, 주주들에게 배분하고 있다.

때문에 이러한 것을 참고로 하여 보건산업진흥원을 독립 기관으로서 자체 예산을 확보·운영하는 공사로 설립할 필요성이 있다. 공사화를 통해 정부 출연 또는 주식·채권을 발행함으로써 공사 운영 및 사업 투자 자금을 마련하게 된다면 투자사업을 전문적으로 수행할 수 있는 조직으로서 사업의 자율성과 효율성이 높아질 것이다. 물론 우리가 항상 공공기관의 공사화에 있어 공사 설립에 대한 법적 근거 마련, 예산 확보, 사업 안정화 등에 많은 시간과 노력이 소요되는 부분을 경험해본 선례가 있지만, 그럼에도 불구하고 보다 의욕적으로 나서야 한다. 보건의료산업의 글로벌 시장에서 뒤처질 수 있다는 우려에서, 우리의 미래 신성장 동력을 마련하기 위한 적극적인 고려가 필요하다.

13. 저출산·고령사회 특별회계 신설
저출산·고령사회에 대한 선제적 대응 필요

장관 취임 후 얼마 지나지 않은 2010년 10월, 사회각계의 의견을 반영하여 정부합동으로 제2차 저출산·고령사회 기본계획을 발표한 바 있다. 제2차 계획에서는 5년간 총 75.8조원을 투자하여 육아휴직 정률제, 근로시간 단축 청구권 도입, 직장보육시설 설치기준 완화, 보육·교육비 전액지원 대폭 확대, 신혼부부 주거지원 확대, 임금피크제 보전수당 요건 완화, 시니어 창업지원, 건강검진 수검율 제고, 노인일자리 확대, 건강보험 보장성 확대 및 지출효율화 등 231개의 과제들이 포함되었다.

하지만 문제는 8개 부처에서 이러한 수많은 과제들을 산발적으로 수행하게 되기 때문에 효과성 높은 사업에 대한 선택과 집중, 신규사업의 반영 등 통합적 관리가 어렵다는 점이 었다. 또한 이들 사업에 대하여 핵심 성과지표(출산율 상승, 빈곤노인 감소 등)에 대한 통합적인 성과관리 역시 미흡하여 사업이나 정책의 효율성, 효과성을 담보하기도 어렵다. 게다가 재정당국과 부처 간 또는 부처 상호 간의 저출산·고령화 문제를 바라보는 시각에 많은 차이가 있음에도 불구하고 일반회계 내 일반사업으로 편성되고, 각 부처별 지출한도에 묶여 있어 심각한 저출산·고령화 문제를 반전시키기에는 현실적으로 역부족일 수밖에 없었다.

각 부처에는 소위 실링(ceiling)이라 불리는 지출한도가 존재한다. 재정당국은 재정건전성 관리를 위하여 매년 예산을 편성할 때 부처별 지출한도를 주고, 이를 넘지 않고 예산을 편성하도록 가이드를 한다. 물론 워낙 많은 사업으로 부처들이 지출한도를 정확히 지키기는 어렵지만, 범부처 사업의 예산이 부처의 일반회계에 편성된다면 부처 예산의 재량지출은 축소될 수밖에 없다. 이는 곧 예산을 경직화시켜 새로운 사업의 추진을 매우 어렵게 만든다. 이러한 배경 탓에 각 부처들은 저출산·고령화 문제를 해결하기 위한 선제적인 예산편성을 꺼리게 되어 당초 저출산·고령화 기본계획 수립 목적을 달성하기가 어려워질 수 있다. 이에 저출산·고령사회 특별회계 설치를 제안한다. 이는 내가 여의도연구소장 시절부터 고민해왔던 분야로, 특별회계 신설을 통해 부처별로 산발적으로 퍼져있는 사업들과 정책프로그램을 통합·재조정하여 재정성과를 제고하고 본래의 목적을 달성하고자 함이다.

세출사업에 국민 체감도가 높고 저출산 문제를 조속히 반전시킬 수 있는 효과성 높은 전략사업, 예를 들어 일-가정 양립지원, 양육수당, 방과후 돌봄 같은 국민적 요구가 높고 효과도 높을 것으로 보이는 사업들을 집중적으로 추진할 수 있도록 배치해야 한다. 또 출산율 제고 등 핵심성과지표 집중 관리, 사업성과와 재원배분 직접 연계성을 강화해야 한다. 연차별로 유연하게 효과성 높은 사업은 확대하고 효과성 낮은 사업은 축소·

폐지하며, 급속도로 변하는 사회 환경에 알맞은 신규 사업들을 반영한다면 체감도 높은 '맞춤형 스마트 복지'를 실현시킬 수 있을 것이다.

　재원조달 문제는 별도 재원을 신설하거나 기존 재원을 연계 활용하는 방안들이 검토되어야 한다. 소득세, 법인세, 주세 등 세액 일부 부과하는 가족친화세 신설 등의 접근과, 복권기금 등 각종 기금 또는 세계잉여금을 활용하는 방안 등을 고려해볼 수 있을 것이다.

14. 타임뱅크와 계획기부 도입

나눔의 접근성 및 지속가능성 확보

나눔문화 확산에 있어 중요한 것은 계속 나눔을 이어갈 수 있는가에 대한 '지속가능성', 그리고 누구나 쉽게 나눔에 참여할 수 있는가에 대한 '접근성'이다. 이 두 가지 주요 가치를 실현하기 위하여 두 가지 방안을 제안하고자 한다.

먼저, 도움을 주는 자와 받는 자의 일방적인 경계를 허물고 하나의 네트워크로 순환될 수 있는(time give and take) 타임뱅크(Time Bank)를 설립해야 한다. 자원봉사는 시민사회가 자발적으로 공동체 문제를 해결해 나간다는 점에서 중요한 사회적 자본이라 볼 수 있다. 이에 정부, 지자체 등에서는 자원봉사 활동시간 인증관리, 봉사 수요자-공급자 간 네트워크 구축 등 자원봉사 활성화를 위해 노력하고 있으나, 자원봉사의 저변 확대 및 지속성을 담보할 수 있는 적절한 인정 및 보상 체계는 미흡한 것이 사실이다.

따라서, 자원봉사시간을 타임머니(Time-Money)로 적립하고, 기준시간

이상이 되면 적립한 타임머니를 일정 범위의 서비스나 재화를 구매하는 데 사용할 수 있도록 타임뱅크를 운영하자는 것이다. 이미 영국 내 100군데 이상, 일본·중국·미국·스웨덴 등에서 활발하게 시행 중이며, 우리나라에서도 2002년 민간단체가 처음 도입해 현재 운영중이지만 아직까지 초기단계라 볼 수 있다.

이 제도를 사회서비스의 활용에 다양하게 적용할 수 있을 것으로 기대한다. 우선 바우처 방식의 사회서비스와 연계하여 이용자 자신이 부담해야 하는 보육, 돌봄 등 각종 사회서비스의 본인부담분을 타임머니로 지급할 수 있을 것이다. 또한 자신의 타임머니를 재(再)기부할 수 있도록 설계하여 저소득층 혹은 노부모가 사회서비스를 부담 없이 이용할 수 있는 환경을 조성한다. 사용하지 않는 물건을 모아 재활용한 수익금으로 어려운 이웃을 돕는 '위아자 나눔장터' 등 벼룩시장과 연계하여 확대하는 방안도 고려해 볼 수 있다. 이처럼 자원봉사-재화기부 및 배분-사회서비스 제공을 연계하는 방식의 설계는 자원봉사 저변 확대, 수요계층 증대, 사회서비스 제공 확대, 사회통합에 이르기까지 이어지는 다양한 부가가치들을 실현할 수 있을 것이라고 확신한다. 몇 가지 외국사례를 살펴보면 타임뱅크 네트워크를 보건시스템에 연결, 의료비 일부를 지불하도록 하고, 또래 친구 학습지도 후 타임달러를 지급하거나 타임달러로 재활용 컴퓨터를 구입한다던지, 아파트 거주민의 월세 일부를 타임달러로 결재하는 등 다양한 방식이 활용되고 있다.

또 한 가지는 '계획기부'의 도입이다. 계획기부는 잠재적 기부 수요자의 기부에의 접근성을 제고하고 지속적 기부를 유도하기 위해 금융자산 혹은 비금융자산 등 다양한 형태의 자산으로 기부하는 제도를 말한다. 금융

자산 축적도가 높고 기부문화가 활성화된 미국 등의 선진국에서 발달하고 있는 방식으로, 실제 유산을 기부하거나 기부재단 설립, 기부펀드 조성 등 다양한 형태로 존재하고 있다. 하지만 우리나라는 상대적으로 기부 방식이 다양하지 못해 사회적 관심도에 비해 기부 규모가 작고 일회성 기부가 대부분이다. 우리나라의 GDP 대비 기부금의 비중은 0.85%로 미국(2.2%)의 5분의 2 수준이다.

계획기부의 검토 가능한 대안으로 대규모 금융자산을 기부하는 '기부자 조언기금(Doner Advised Fund)'과 토지 등 비금융 자산을 기부하는 '기부자 자선연금(Charitable Gift Annuity)'이 있다. 기부연금은 기부자의 자산을 자선재단에 기부한 후, 소유권은 재단이 갖되 재단은 기부자 생존 시까지 기부가액의 50% 범위 내에서 일정연금을 지급하는 방식을 말한다. 다행스럽게도 기부자 자선연금의 경우, 얼마 전 정부와 한나라당이 협의한 결과 기부금액의 30~50%범위 내에서 기부자에게 연금을 지급하는 기부연금 제도로 도입될 전망이다.

기부자 조언 기금은 기존의 자선재단 내에 별도로 기부자의 이름 등을 딴 금융 펀드를 설립하고, 기부자의 의사에 따라 펀드 및 기부금 운용 등을 결정하는 방식이다. 평생 땀 흘려 모은 돈을 학생들의 장학금을 위해 기부했으나, 학교에서는 건물신축 등 다른 용도로 사용하여 생기는 분쟁 등을 사전에 방지하자는 취지다. 기부자 조언 기금은 설립 목적이 용이하고, 기부자의 뜻에 따라 자산이 운용될 수 있어 기부금 유용 등 분쟁 예방에도 매우 효과적이므로 도입을 검토할 필요가 있다고 생각한다. 이를 통한 나눔 확산이야 말로 '스마트 복지'를 완성시킬 수 있는 기제가 될 것이다.

감사의 글

385일 "마음을 얻는 데서 시작하라"는 성현의 말씀을 가슴에 새기며……

대한민국 보건복지부 장관으로서 13개월, 385일 동안 국민의 심부름꾼이 되고자 했다. '신뢰, 소통, 나눔, 현장'은 장관을 지내는 동안 복지부를 상징할 수 있는 키워드로 기억되길 바라며 보건복지부의 직원들과 함께 했다. 사흘이 멀다 하고 정책현장을 찾아 이미 만들어진 정책이 제대로 작동되고 있는지, 우리의 정책고객인 국민들이 얼마나 그 정책을 신뢰하고 있는지, 정책추진 과정에서 부족함은 없었는지 소통하고자 했고, 복지부 직원들과 재능나눔은행을 만들어 우리들의 재능을 소외계층과 나누어가고자 노력했다. 바로 '스마트 복지'의 시작이었다.

지난해 연말 열한 살짜리 손녀를 홀로 키우고 계신 할머님 댁을 찾았다. 할머니는 손녀가 외모에 부쩍 신경을 쓰기 시작한 탓에 꽁꽁 얼어붙는 한겨울에도 옷을 든든하게 챙겨입지 않아 속상해 하며, "부모 없이 할머니가 키워서 헐벗고 다닌다"는 소릴 들을까 봐 눈시울을 붉히셨다. 복지부 장관이 집으로 찾아간다고 하니, 손녀의 수급자 보호조치가 탈락될까봐 가슴이 떨린다며 걱정하셨다. 가난과 조손가정이라는 사회적 낙인이 손녀의 성장에 그늘을 드리울 것을 염려하는 할머님의 걱정이 우리 보건복지부가 정책적으로 배려해야 할 서민가정의 일상이었다.

공무원들은 '찾아가는 복지서비스'를 한다고 여기지만, 여전히 '규제, 감시, 적발'로 상징되는 공무원에 대한 인식의 벽이 두터움을 느끼고 왔다. 논어에 "힘있는 총사령관을 빼앗는 것보다 힘없는 한 사나이의 마음을 사로잡는 것이 어렵다"고 했다. 우리 국민 한 사람의 마음을 얻는 것이 공직자인 우리들에게 여전히 어려운 일이지만, 또한 동시에 가장 의미있는 일이 아닐까 여겼다. 사회복지공무원 7000명 증원은 그러한 발상에서 이뤄낸 성과였다.

2011년 새해 복지부의 시무식을 현장에서 국민과 함께 시작했다. 주변의 관심과 보살핌을 필요로 했던 결식아동에게 도시락을 전하고 홀몸 어르신에겐 말벗이 되어드리며, 심야 응급실에서 환자들과 함께하며 매서웠던 세밑 추위를 따뜻한 온기로 채워갔던 순간들이 떠오른다.

보건복지부의 모든 정책이 장관의 브랜드 정책이다
보건복지부 장관으로 있는 동안 가장 많이 들었던 질문 중 하나는 "장관 브랜드 사업이 뭡니까?"였다. 취임 초기에는 어떤 정책을 우선순위로 추진할지, 최우선하여 성과를 낼 분야가 무엇인지 고민도 많았다. 그러나 내가 보건복지부 장관을 맡았던 지난 1년여의 시간은 보건의료 분야, 사회복지 분야, 저출산·고령사회 분야 할 것 없이 모든 분야가 시급하고 전국민의 관심 사안이 되어 있었다.

 이른 아침 눈을 떠 밤늦은 시간 잠자리에 들 때까지 국민연금 기금운용의 수익률 제고를 위해 조찬회의에서 어려운 수식을 풀어내야 했고, 복지부 청사로 돌아오는 중에 휴대전화로 줄기세포 분야에 대한 보고를 받아야 했으며, 집무실 책상에 앉아서는 건강보험 재정상황을, 여성·청소년들의 심각한 흡연문제를 고민했으며, 맞벌이 부부들이 체감할 수 있는 보육정책을 토론하고, 장애인활동지원제도 시행을 앞두고 제반상황을 점검하면서 장사시스템을 어떻게 적용할지 등에 관해서 끊임없이 현장을 찾고 토론하면서 보냈다. 보건복지부의 업무는 그야말로 '요람에서 무덤까지' 사회 전분야를 포괄하는 것이었다. 그렇기에 어느 하나도 그 중요성에 비추어 소홀히 할 수 없었다.

본서는 많은 사람들이 함께 만들어낸 공동저작이다
보건의료 분야에서는 지난 10여년간 변화하고 있는 보건의료환경 속에서 불합리하게 왜곡되어 있던 부분을 재정비하고 지속 가능한 건강보험과 의료체계를 구축해야 하는 어려운 작업에 시동을 걸었다. '보건의료미래비전 2020'으로 합의를 이끌어내기까지 보건의료미래위원회에서 김한중 연세대 총장이 위원장을 맡아 애써주셨고, 의약품 구매불편 해소를 위해 보건사회연구원 조재국 박사가 이해당사자들의 다양한 의견을 조율하기 위해 중재노력을 아끼지 않았다. 국민들의 의료비용 부담 경감을 위해 약가 인하를 단행하기까지 복지부에서 보건의료정책실 보건의료정책관, 건강보험정책관실과 의약품정책과, 보험약제과 직원들이 고생을 많이 했다. 더불어 다제내성균, 감염병, 만성병 등 듣기에도 생소했던 전문 분야는 질병관리본부에서 '전담마크'해준 덕분에 국민건강을 지키는 데 선제적으로 위기관리가 가능했다.

　또한 최근들어 급증하는 복지수요에 대해 주무부처로서 국민들과 재정당국 사이에서 균형점을 찾고자 해법 마련에 부던히 애를 썼었다. 복지사각지대에 있었던 소외된 이웃들을 찾아 든든한 울타리를 만들기 위해, 복지공무원을 증원하고 부양의무자 기준을 완화하는 데 현 보건복지부 장관인 임채민 현 보건복지부 장관(당시 국무총리실장)을 비롯해 복지부의 복지정책관실과 행복e음전담사업단, 그리고 기초생활보장과와 지역복지과에서 청와대와 총리실, 기재부, 행안부, 국회 등을 두루 뛰어다니며 '우리 편'을 만들어내는 데 공을 세웠다.

더불어 교육부와 함께 노력하여 만 5세 공통과정을 도입함으로써 어린이를 둔 가정에 큰 선물을 마련한 것은 나와 17대 국회부터 이 분야에서 호흡을 맞춰온 현재 교육과학기술부 이주호 현 교육과학기술부 장관의 '통큰 양보' 덕에 가능했던 것이었다. 전국 각지를 돌아 1300여명의 기업 CEO를 만나면서 국가적인 저출산·고령화 위기를 극복하기 위해 기업이 먼저 '일과 가정의 양립'을 위해 변해야 한다고 부르짖었다. 16개 시도의 자치단체장들과 전국의 중견기업 CEO들의 참여가 없었다면 불가능했던 여정이었다. 복지부의 보육정책관, 인구아동정책관실 그리고 저출산정책과 직원들의 헌신과 각 지역 보건복지국장들의 협조가 있었기에 가능했다.

그동안 복지부가 정부예산을 얻어다 쓰며 소비만 하는 부처의 오명에서 벗어날 수 있게 한 것은 보건산업 분야가 미래 대한민국의 먹거리산업이 될 것이라는 확신이 있었기 때문이다. 우리의 우수한 보건의료 기술, 인력, 장비 등을 북미시장과 중동 등 전세계로 뻗어갈 수 있도록 토대를 만든 건 복지부 보건산업정책국의 아이디어에서 비롯됐다.

　장관소임을 맡으면서 의원시절부터 남달리 관심을 두고 있었던 나눔문화 확산을 위해 청와대와 국회로, 민간기업과 모금단체들로 백방으로 뛰어다녔다. 작년만 해도 보건복지부의 본연 업무가 아니어서 '낯설다'는 지적들이 많았으나, 나눔이 보건복지부의 중요 정책으로 굳어진 것은 자신의 자산뿐 아니라 시간과 재능, 생명나눔에 헌신적이었던 민간의 나눔 실천자들의 기여가 컸다. 여기에 복지부 나눔정책추진단이 뒷받침하면서 더욱 시너지효과를 낼 수 있었던 듯 하다.

국민의 신뢰는 정책추진의 가장 큰 후원자다
보건복지부 장관으로 재직한 13개월의 시간은 짧게도 길게도 느껴질 수 있는 시간이다. 국민의 심부름꾼을 맡아 오로지 국민의 삶의 질 향상과 국민건강만을 위해 부지런히 뛰어올 수 있었던 것은 앞서 언급한 보건복지부 공직자들의 열정과 전문성 등 남다른 헌신이 있었기에 가능했다. 가장 앞에서는 최원영 차관이 나와 '단짝'이 되어 복지부의 안팎을 살뜰히 챙겼다. 그로부터 일머리를 많이 배울 수 있었다. 복지부가 하는 일에 날개를 달기 위해서는 국회의 입법과 예산심의가 필수였다. 밤늦은 시간까지 '을'의 입장이 되어 국회를 상대해야 했던 기조실 직원들의 노고가 항상 마음에 걸렸다. 또한 우리가 만든 정책이 국민들에게 잘 전달될 수 있도록 보이지 않는 곳에서 땀흘려온 복지부 대변인실의 직원들의 노력들도 적지 않았다. 보건복지부의 모든 정책추진 과정에는 출입기자단의 애정 어린 조언과 신속한 보도가 있었기에 우리의 의지들이 국민들에게 비교적 잘 전달될 수 있었다.

《스마트 복지》! 이 졸저가 나오기까지 보건복지부 정책추진과정의 상세한 상황들을 마치 어제 일처럼 잘 정리해준 보건복지부 서민희망본부 직원들의 노고가 컸다. 더불어 내가 지난 8년간 국회의원과 장관으로, 국민의 공복으로 일할 수 있는 토양을 만들어주신 나의 '정치적 스승' 윤여준 전 환경부장관께서 이 책의 책장을 펼칠 수 있도록 기꺼이 귀한 시간을 허락해주셨다. 또한 보건복지부가 국민을 상대로 정책을 수립하고 집행하기까지 그동안 한국보건사회연구원의 정책제언이 많았다. 거기에 김용하 원장께서 이곳 지면을 빌려 '추천의 글'을 주셨기에 본서가 보다 정책적으로 풍성해지게 되었다.

  대한민국 보건복지부 장관으로 한시도 긴장을 늦출 수 없었던 지난 385일의 순간순간은 내 생애 가장 보람 있고 값진 시간으로 기억될 것이다. 하루를 한 달처럼, 한 시간을 하루처럼 1년여의 길고도 짧은 시간을 쪼개어 쓴 흔적들을 두서없는 글들로 정리해봤다. 이 글을 통해 이 모든 과정에 나와 호흡을 맞추며 굽이굽이 어려운 길을 함께 걸었던 보건복지부의 전체 직원들, 그리고 언제나 뒤에서 든든히 성원해주고 있는 남편과 두 아이, 더불어 성동구의 주민들께도 감사의 마음을 전한다.

       국민 '한 사람'의 마음을 얻고자 절치부심했던 시간들을 떠올리며
                                               진 수 희

KI신서 3666

스마트 복지
Smart Welfare

1판 1쇄 인쇄 2011년 11월 21일
1판 1쇄 발행 2011년 11월 28일

지은이 진수희
펴낸이 김영곤 **펴낸곳** (주)북이십일 21세기북스
출판콘텐츠사업부문장 정성진 **출판개발본부장** 김성수 **국내개발팀장** 정지은
책임편집 장보라 **본문디자인** 박현정 **표지디자인** 송경진 정란 **해외기획** 김준수 조민정
마케팅영업본부장 최창규 **영업** 이경희 정병철 **마케팅** 김현섭 김현유 강서영
국내기획실장 안현주 **기획** 박영미 유승재
출판등록 2000년 5월 6일 제10-1965호
주소 (우 413-756) 경기도 파주시 문발동 파주출판단지 518-3
대표전화 031-955-2100 **팩스** 031-955-2122 **이메일** book21@book21.co.kr
홈페이지 www.book21.com **블로그** b.book21.com **트위터** @21cbook

ⓒ진수희, 2011

ISBN 978-89-509-3422-4 03330
책값은 뒤표지에 있습니다.

이 책 내용의 일부 또는 전부를 재사용하려면 반드시 (주)북이십일의 동의를 얻어야 합니다.
잘못 만들어진 책은 구입하신 서점에서 교환해 드립니다.